NECLA KELEK

Bittersüße Heimat

Buch

Was ist Heimat? Vierzig Jahre nachdem Necla Kelek die Türkei verlassen hat, kehrt sie zurück in das Land, aus dem die fremden Bräute und die verlorenen Söhne kommen.

»Bittersüße Heimat – dieses widerspüchliche Bekenntnis beschreibt treffend mein Verhältnis zu dem Land, aus dem ich komme: Es gibt so vieles in der Türkei, das mir nach wie vor so unendlich vertraut ist – die Gedichte, die Geschichten, die Lieder, der glitzernde Bosporus oder die süße Verlockung der Speisen; und so vieles, was mich zornig macht – das Schicksal der Mädchen und Frauen im Osten Anatoliens, die, der Herrschaft der Männer ausgeliefert, von der Politik allein gelassen werden; die Unfähigkeit der türkischen Gesellschaft, sich zu erinnern an das, was im Namen des ›Türkentums‹ den Minderheiten angetan wurde. Es geht mir um Einblicke und Einsichten in die Mentalität und die Traditionen eines politisch zerrissenen Landes und um Antworten auf die Fragen: Woher kommt, wohin treibt die Türkei?«

Autorin

Necla Kelek, Dr. phil., 1957 in Istanbul geboren, hat in Deutschland Volkswirtschaft und Soziologie studiert und über »Islam im Alltag« promoviert. Sie forscht seit Jahren zu den Themen Religion und Migration und publiziert u. a. in der »FAZ«, »taz« und »Emma«. Sie ist ständiges Mitglied der Deutschen Islamkonferenz, lebt und arbeitet in Berlin. Die vielfach ausgezeichnete Soziologin und Bestsellerautorin erhielt für ihr Buch »Fremde Braut. Ein Bericht aus dem Inneren des türkischen Lebens in Deutschland« den Geschwister-Scholl-Preis 2005. Für »Die verlorenen Söhne. Plädoyer zur Befreiung des türkischen Mannes« wurde Kelek der internationale Sachbuchpreis Corine 2006 verliehen.

Im Goldmann Verlag ist von Necla Kelek außerdem erschienen:

Die fremde Braut (15386)
Die verlorenen Söhne (15436)

Necla Kelek

Bittersüße Heimat

Bericht aus dem Inneren der Türkei

GOLDMANN

Abdruck der Gedichte von Orhan Veli Kanik aus dem Band
»Fremdartig – Garip: Gedichte in zwei Sprachen«
mit freundlicher Genehmigung des J & D Dagyeli Verlages, Berlin.

FSC
Mix
Produktgruppe aus vorbildlich
bewirtschafteten Wäldern und
anderen kontrollierten Herkünften

Zert.-Nr.SGS-COC-1940
www.fsc.org
© 1996 Forest Stewardship Council

Verlagsgruppe Random House FSC-DEU-0100
Das FSC-zertifizierte Papier *München Super* für dieses Buch
liefert Arctic Paper Mochenwangen GmbH.

1. Auflage
Taschenbuchausgabe Dezember 2009
Wilhelm Goldmann Verlag, München,
in der Verlagsgruppe Random House GmbH
Copyright © der Originalausgabe 2008
by Kiepenheuer & Witsch, Köln
Umschlaggestaltung: UNO Werbeagentur, München
in Anlehnung an die Gestaltung der HC-Ausgabe
(Barbara Thoben, Köln)
Umschlagfoto: Theodor Tersch, Wien
GJ · Herstellung: Str.
Druck und Bindung: GGP Media GmbH, Pößneck
Printed in Germany
ISBN: 978-3-442-15603-0

www.goldmann-verlag.de

Ich erhoffe nichts.
Ich fürchte nichts.
Ich bin frei.

NIKOS KAZANTZAKIS

Inhalt

2

Taksim

Was ist Heimat?

Vielleicht gab es sie damals in Istanbul, wenn die Sonne aufging und die Fensterläden morgens um sieben in unserer kleinen Straße *Hürriyet* geöffnet wurden, um die frische Brise vom Bosporus hereinzulassen. Wenn die Teekessel sirrten, die Radios angestellt wurden und auch bei uns aus dem »Koffer-Radio«, einem Apparat so groß wie ein Reisekoffer, leise die Istanbuler Lieder von Dede Efendi erklangen, die mit nur einem einzigen langsamen, schluchzenden Ton beginnen, der sich dann aber – kurz bevor Geige und Trommel einsetzen – aufschwingt, als fliege ein Vogel über die Stadt und das Meer. Ich war sieben oder acht Jahre alt und wartete gern im Nachthemd auf den drei Stufen vor unserem Haus auf Ismet Bey, den Kapitän einer Bosporus-Fähre, der jeden Morgen um die gleiche Zeit das Haus verließ, vor mir seine Mütze zog und mich grüßte: »Guten Morgen, meine Schöne!«

Vielleicht ist Heimat mein Onkel Enischte. Er, der fast so alt war wie die Republik und für mich alles verkörperte, was das Land in all seiner Herzlichkeit, seinem Stolz und seiner Unvernunft ausmacht.

Vielleicht ist Heimat die Familie, das Zusammenkommen zu Geburten, Hochzeiten oder Beerdigungen, das Wissen um die Zugehörigkeit, das Gefühl, da ist jemand, der auf dich wartet.

Vielleicht ist Heimat die Vertrautheit, die aus gemeinsam verbrachten Kindheiten entsteht.

Und doch kann keiner aus meiner Familie einen Ort benennen, an dem er bleiben oder wohin er zurückkehren möchte: weder das kleine Haus meiner Eltern in Zentralanatolien noch Istanbul, Ankara oder Bursa, wo meine Verwandten wohnen; weder Ayvalik, wo sie Ferien machen, noch Niedersachsen, wo meine Geschwister und ich später aufgewachsen sind.

Heimat ist kein Ort.

Mein Onkel Enischte war 13 Jahre alt, als er 1943 aus Zentralanatolien nach Istanbul ging, um dort die Schule zu besuchen. Wie er haben auch meine Eltern und nach ihnen fast alle meine Verwandten Uzun Yayla, das »Weite Tal« bei Kayseri, verlassen. Niemandem ist es schwergefallen wegzugehen, niemand hatte wirklich Wurzeln geschlagen, schon die Eltern oder Großeltern nicht, die aus anderen Gegenden des Landes gekommen und dort angesiedelt worden waren. Zuerst wohnten sie in den verlassenen Dörfern der Armenier. Die Häuser, die sie dann selbst bauten, waren aus Lehm und Stroh, einfach und provisorisch, irgendwann würde man ja doch wieder weggehen.

Wegzugehen, weiterzuziehen scheint für meine Familie wie für die meisten Angehörigen des anatolischen Volkes das Selbstverständlichste der Welt zu sein. Immer wieder verließen sie Höfe, Gärten, Flüsse, Berge. Ganze Dorfgemeinschaften zogen in einen Häuserblock der wuchernden Großstädte, nach Izmir, Istanbul oder Ankara – nicht immer freiwillig; oft wurden sie gezwungen, vom Hunger, vom Militär, vom Mangel. Zurück blieben leere Häuser, Dörfer, die verfielen und verwahrlosten, als sei der Krieg dort durchgezogen.

»Der Türke blickt niemals zurück«, sagte mir Ece Temelkuran, eine türkische Journalistin, bei einem Gespräch in Berlin. Ein Zurück gibt es nicht. »Wen interessiert, woher wir kommen, wohin wir gehen«, sagt der Volksmund. »Das Leben währt drei Tage. Alles ist vergänglich, wir sind hier, um zu sterben. Das Leben ist nichts als eine Prüfung, die Allah uns auferlegt hat.«

Vor vierzig Jahren kam ich als Zehnjährige nach Deutschland. Ich ließ keine Heimat zurück, sondern *Kocabasch*, Großkopf, meinen Kater. Nicht um Istanbul, um ihn weinte ich. Das Gefühl, mehr noch verloren zu haben, kam erst später. Istanbul war nicht wirklich die Heimat meiner Eltern geworden. Nie waren sie in dieser Stadt heimisch geworden, sie lebten dort wie Besucher aus Anatolien, um zwanzig Jahre später wieder fortzugehen. In Anatolien waren wir Tscherkessen, in Istanbul Anatolier, in Deutschland Türken. Zurück in der Türkei *Almancis*, Deutschländer. Meine Geschwister und ich sind ratlos, wo wir unsere Mutter beerdigen sollen, wenn sie stirbt. Sie wäre mit keinem Ort, weder hier noch dort, einverstanden. Wenn ich ihr erzähle, dass ich in Pinarbashe war, sagte sie: »Was hast du dort verloren?« Auch Deutschland ist nie ihre Heimat geworden, obwohl sie seit Jahrzehnten hier lebt. Auf sie wartete überall nur die Fremde.

Mein Vater ging nach zehn Jahren wieder zurück nach Anatolien, meine Geschwister – wenn auch aus anderen Gründen – folgten ihm später. Sehnsucht nach Heimat, nach einer Stadt oder nach Freunden war es nicht, was sie zurücktrieb. Entweder mussten sie, wie meine Schwester, die nach Anatolien verheiratet wurde, oder sie wollten es, wie meine Brüder, die sich bessere berufliche Chancen erhofften.

Dabei hatte alles so vielversprechend begonnen: Die ersten Jahre in Deutschland waren viel zu aufregend, boten zu viel Neues, als dass wir Kinder die Türkei oder die »Heimat« vermisst hätten. Wir waren Teil dieser Gesellschaft und nahmen an allem teil, was sie uns bot. Wir gingen ins Kino, ich spielte im Weihnachtsmärchen des Stadttheaters mit, bis meinem Vater diese Freiheit zu weit ging und er seinen drei Frauen verbot, weiter Kontakt mit den Deutschen zu haben. Ich durfte mit den Klassenkameradinnen nicht mehr gemeinsam Schularbeiten machen, ich durfte nicht mehr schwimmen, ich durfte nur noch an dem teilnehmen, was im Familienkreis stattfand. Meine Mutter traf Verwandte, Vater spielte mit seinen türkischen Bekannten Karten, und aus Weihnachten wurde wieder Ramadan. Von diesem Zeitpunkt an lebten wir getrennt von den deutschen Nachbarn. Nur zu Frau Zizske von nebenan ging ich manchmal. Sie brachte mir bei, gedeckten Apfelkuchen zu backen. »Unsere Eltern auf der einen und die meisten Deutschen auf der anderen Seite haben es uns nicht leicht gemacht, in Deutschland Wurzeln zu schlagen. Wir mussten und müssen uns aber unbedingt von beiden Seiten emanzipieren«, beschreibt Seyran Ates treffend die Situation.[1]

Unsere kleine Welt wurde eine kleine Türkei. Uns türkische Mädchen überwachte »Big Brother«, die Volkspolizei aus Brüdern, Cousins, Onkeln und Vätern. Wie und wo wir uns bewegten, was wir taten – jede noch so kleine Abweichung vom Vorgeschriebenen wurde flugs in der Gerüchteküche registriert und dem »Volksgericht« der türkischen Verwandten und Bekannten signalisiert. Meine Cousine traf die Höchststrafe für unsittliches Verhalten: Nach einem heimlichen Besuch in einer Discothek, bei dem sie von einem Bekannten ihres Vaters beobachtet wurde, schaffte man sie in die Türkei und verheiratete sie dort.

Uns anderen Mädchen blieb das Leben in der Kälte des Nordens, der uns fortan wie der ewige Winter und die endlose Dunkelheit vorkam. Der einzige Lichtblick waren vier Wochen Ferien im Sommer bei den Verwandten. Ich flüchtete mich in meine Fantasiewelt, ins Bett, zu meinen Büchern und zu meinen Erinnerungen an Istanbul, wo mir die Sonne den Rücken gewärmt, wo immer etwas Schönes auf mich gewartet hatte – ein Eis an der Fähre über den Bosporus, eine kalte Limonade in den Pinienwäldern von Camlica. Oder eben Ismet Bey, der freundliche Kapitän.

Vielleicht ist Heimat *sila*, die Sehnsucht nach dem Verlorenen, wenn man in der Fremde ist.

Bei meinen Besuchen in der Türkei habe ich nach dieser Nähe, nach Vertrautem gesucht. Es waren »sentimentale Reisen«, die auf das hofften, was es nicht mehr gab. Gleich der erste Versuch schlug fehl. Vor zehn Jahren bin ich mit meinen beiden Brüdern und meiner Schwester nach Kadiköy in Istanbul gefahren, in die kleine *Hürriyet Caddesi*, die Straße der Freiheit. Wir wollten das Haus unserer Kindheit suchen, ein altes Holzhaus im osmanischen Stil, das am Anfang einer Straße lag, die sanft einen Hügel hinaufführte. Das Haus war abgerissen worden, das Grundstück diente als Parkplatz. Nur ein Rest himmelblauer Farbe an der Brandmauer zum Nachbarhaus erinnerte noch an unser Kinderzimmer. Wer geht, hat den Ort, der einmal Heimat war, für immer verloren.

Bevor ich mich wirklich mit dem Land meiner Herkunft auseinandersetzen konnte, musste ich klären, wohin ich gehöre. Bin ich nun Türkin mit einem deutschen Pass oder eine »türkischstämmige« Deutsche? Schreibe ich in diesem Buch als Türkin über die eigenen Landsleute? Oder als Deutsche? Und woher nehme ich das Recht, als eine, die gegangen ist, über die Türkei zu sprechen?

Aus dem Verlust von dem, was einst Heimat war, kann auch Gewinn werden. Es hat seine Zeit gebraucht, bis ich das erkannte. Denn dafür musste ich eine Menge lernen. Ich habe, als ich hierher kam, Menschen angetroffen, die eine andere Vorstellung vom Leben, von Beziehungen, Politik und Freiheit hatten als meine türkischen Eltern und Verwandten. Es hat seine Zeit gebraucht, bis ich verstanden habe, was Distanz oder Zurückhaltung meinen deutschen Freunden bedeutete: dass Respekt kein Gehorsam, sondern Achtung vor dem anderen ist, dass Zurückhaltung keine Kälte, sondern Höflichkeit ist. Ich musste mich damit auseinandersetzen, wenn ich nicht »fremd« bleiben wollte. Dadurch lernte ich mich selbst besser kennen und überwand allmählich die Angst vor dem Alleinsein.

»Wie kann ich ein ›Ich‹ sein, ohne meine Eltern, mein Land zu verraten?«, fragte mich ein türkischer Jugendlicher bei einem Interview. Muslimische Gesellschaften begreifen sich als unauflösliche Gemeinschaften – jede und jeder ist Teil dieser Schicksalsgemeinschaft. Die entscheidende Frage, nicht nur für die Integration, sondern auch für die eigene Identität, lautet deshalb, ob der Einzelne es schafft, sich von dem verordneten »Wir« zu befreien, ein »Ich« mit einer eigenen Stimme zu werden und sich selbst zu entscheiden, für die Gemeinschaft, in der er lebt, Verantwortung zu übernehmen.

Der Weg zu einem Platz in dieser Gesellschaft führt nur über die Auseinandersetzung mit dem eigenen Selbst. Wer darauf wartet, dass die hiesige Gesellschaft für ihn ein neues Kleid bereithält, in das er nur hineinzuschlüpfen braucht, um zu einer anderen Identität zu kommen, der wird bitter enttäuscht werden. Man muss Distanz entwickeln, zu sich selbst, zu seinem Herkunftsland und zu seiner neuen Heimat. Nur dann wird man ein selbstbestimmtes Leben führen und neue Wurzeln schlagen können. Wer sich hingegen dem Fremden verschließt, vergibt eine große Möglichkeit, sich weiterzuentwickeln – das gilt für beide Seiten, für die, die kommen, wie auch für die, die hier sind. Auch die aufnehmende Gesellschaft muss für Veränderungen offen sein.

Migranten, die bereit sind, sich auf eine solche Auseinandersetzung einzulassen, verfügen über ein doppeltes Kapital: Wir kennen die Kultur, aus der wir kommen, und lernen eine neue kennen. Aus der Differenz zwischen beiden kann Neues entstehen. Der Blick wird geschärft, man schaut kritischer auf manche gesellschaftlichen Vorkommnisse als diejenigen, die damit wie selbstverständlich aufgewachsen sind. Mir hat das ermöglicht, etwas zu sehen, was die hiesige Gesellschaft nicht sah oder nicht sehen wollte: die elende Situation der »Importbräute«, die ich in meinem Buch »Die fremde Braut« beschrieben habe; oder »Die verlorenen Söhne«, die gewalttätigen muslimischen jungen Männer, die sich – zerrissen zwischen den Imperativen ihrer Herkunftskultur und den Anforderungen einer modernen Gesellschaft – so schwertun, hier zurechtzukommen.

Mit diesem durch Fremdheit geschärften Blick wende ich mich in diesem Buch meiner »bittersüßen Heimat« zu, aus der die fremden Bräute, die verlorenen Söhne kommen – und auch ich selbst. Das widersprüchliche Attribut »bittersüß« scheint mir passend für die Beschreibung meines Verhältnisses zu dem Land meiner Herkunft: Es gibt so vieles in der Türkei, das mir nach wie vor so unendlich vertraut ist – die Gedichte von Orhan Veli, die Romane von Halide Edit und Orhan Pamuk, die Geselligkeit, die süße Verlockung der Speisen, die sehnsuchtsvollen Lieder Istanbuls, das Glitzern des Bosporus. Und daneben gibt es so vieles, das mich erbittert und zornig macht – dass Mädchen und Frauen in Diyarbakir, Malatya oder Gaziantep, die ihre Rechte nicht kennen, von der Politik allein gelassen werden; dass kleine christliche Gemeinden sich vor der Feindseligkeit ihrer muslimischen Umwelt hinter hohe Mauern zurückziehen müssen; die Bereitschaft, Verbrechen »im Namen der Ehre« zu begehen, gegen die die Frauenorganisation Ka-mer kämpft; die Gleichgültigkeit der Menschen gegenüber allem, was von einer Vergangenheit zeugt, die älter ist als die Herrschaft der Osmanen; die Tabuisierung der Vergangenheit, in der die Türken Armenier und Griechen verfolgt, vertrieben und ermordet haben.

Die türkische Industrie- und Handelskammer warb jüngst in deutschen Zeitungen mit dem Slogan »Es ist Zeit, die Klischees über die Türkei zu überdenken und sich ein realistisches Bild des Landes zu machen«. Ich bin dem gefolgt und habe mich aufgemacht nach Anatolien. Ich habe diese Reisen allein, aber auch zusammen mit meinem Lebenspartner Peter Mathews gemacht, weil es in bestimmten Gebieten der Türkei unmöglich ist, als Frau allein zu reisen.

Die Türkei, das sind nicht die geografischen und intellektuellen drei Prozent Europa des Landes, die sich in Istanbuls Szenen, in den Cafés von Cihangir oder Nisantasi als modern und weltoffen feiern und nicht wahrhaben wollen, dass auch die Stadt am Bosporus mehrheitlich längst von jenen »Leuten vom Dorf« bevölkert wird, die sie als Hirten und Bauern verspotten. Diese Ignoranz kommt teuer zu stehen: »Jetzt sind wir dran«, sagte mir der Bruder einer Abgeordneten, die der Partei Tayyip Erdogans angehört. »Wir«, das sind im Wesentlichen die Millionen Menschen aus Anatolien, die sich an ihre Traditionen klammern und immer schon von den herrschenden Eliten der Osmanen wie der Kemalisten als rückständig verachtet und den archaischen Clans überlassen wurden. Für die kriegerischen Osmanen war Anatolien, das 97 Prozent des Landes ausmacht, nur Durchgangsstation, sie wollten weiter nach Westen, wo es reichere Beute zu holen gab. Für Atatürk und die Republikgründer war es das Rekrutierungsbecken zur Durchsetzung des »Türkentums«, ein Land, aus dem nahezu alle vertrieben wurden, die nichtmuslimisch waren, um das, was den Christen gehört hatte, den »zuverlässigeren« Muslimen zu überlassen und sie so an die Fahne binden zu können.

Die Türkei hat ein Bild von sich, das auf einem Trugschluss basiert. Es heißt »Türkentum« – eine Drohvokabel, die dazu gedient hat, schon manchen Kritiker, manche Kritikerin wegen angeblicher »Verunglimpfung« hinter Gitter zu bringen. Wer die Geschichte des Osmanischen Reiches studiert, eines Vielvölkerstaats mit vielen verschiedenen Religionsgemeinschaften, wird erkennen, dass das »Türkentum« eine »Erfindung« der Väter der Republik ist, um ihren Herrschaftsanspruch gegen alle »Nichttürken«, die in Anatolien lebten, durchzusetzen. Erklärt uns das, wa-

rum die Türken das Türkentum wie einen heiligen Gral verteidigen? Worauf gründet es, woraus besteht es? Wie wurde Anatolien türkisch, und wo blieben die anderen Volksgruppen, die das
Vielvölkerreich ausmachten? Welche Kultur, welche gesellschaftlichen Strukturen und welche Werte haben die Osmanen nach
jahrhundertelanger Herrschaft den »Türken« hinterlassen? Was
haben sie ihren muslimischen Untertanen an Bildung, Gemeinwesen, Städtebau gegeben?

Die Geschichte der Republik hat einen Namen, der wie ein
überlebensgroßer Schatten auf allem liegt: Atatürk. Wie geht die
türkische Gesellschaft mit ihrer Vergangenheit um?

Wie sieht das Leben der Frauen in Istanbul, Ankara und im Osten Anatoliens aus? Worauf gründen die grausamen Morde im
Namen der Ehre, denen sie dort ausgeliefert sind, wo die archaischen Stammesriten herrschen? Hat sich daran seit der Verschär-
fung der Gesetze etwas geändert?

Welche Bedeutung haben die heftigen Auseinandersetzungen
um das Kopftuch, das in den Augen anderer Europäer doch eigentlich nichts anderes als ein Stück Stoff ist? Sind das nicht die Fragen, die wir prüfen müssen, wenn wir über einen EU-Beitritt der
Türkei diskutieren?

Bei meinen Reisen in den letzten zwei Jahren habe ich zahlreiche Orte in Anatolien besucht, mit den Menschen dort gesprochen und dabei eine Wirklichkeit kennengelernt, die mit der von
der türkischen Regierung folkloristisch angepriesenen »bunten
Vielfalt« nichts gemein hat. Eher ist sie weit von den Standards
entfernt, die wir den zivilen Demokratien Europas abverlangen.

Auch meine deutschen Landsleute wissen wenig über die Wirklichkeit Anatoliens, an dessen Geschichte der letzten 150 Jahre immer auch Deutsche beteiligt waren. Wo findet in der breiteren Öffentlichkeit eine historische Aufarbeitung der Beteiligung deutscher Offiziere an dem Völkermord im Ersten Weltkrieg statt, der

Kumpanei der Deutschen mit der türkischen Regierung in den Jahren des »Dritten Reichs«? Auch hierzulande setzt man gern die Multikulti-Brille auf, schwärmt von dem »pulsierenden« Istanbul und glaubt immer noch, der EU-Beitritt werde schon richten, was uns zuweilen an Nachrichten über mangelnde Rechtsstaatlichkeit der Türkei erreicht. Im Dienste dieses höheren politischen »Geschäftsinteresses« sind offensichtlich auch hiesige Institutionen zu Konzessionen bereit. Der türkische Staat ist nicht zimperlich bei seinen wiederholten Vorstößen, Informationen über ihm missliebige historisch-politische Geschehnisse auch außerhalb der Türkei zu unterdrücken. Das Kapitel »Haymatloz« in diesem Buch erzählt davon, wie er Zensur übte und damit beim Goethe-Institut, immerhin eine offizielle kulturpolitische Institution des Auswärtigen Amtes, offensichtlich auf Kooperationsbereitschaft stieß.

Vielleicht musste ich erst vierzig Jahre fort sein aus der Türkei, um Kraft aus dem Verlorenen zu schöpfen. Vielleicht musste ich, wie die Schriftstellerin Monika Maron in »Pawels Briefe« schreibt, aufgehört haben, mich von meinen Eltern und allem, was sie verkörperten, zu distanzieren, und bereit sein, das Leben meiner Mutter und meines Vaters einfach nur verstehen zu wollen. Vielleicht musste ich mich lange fernhalten von dem Land, aus dem ich gekommen bin, um auch für diesen Teil meines Lebens und meiner Vergangenheit Verantwortung zu übernehmen. Jetzt bin ich so weit. Und ich versuche, beide Welten miteinander zu verbinden, die Vergangenheit in die Zukunft hinüberzuretten.

So fuhr ich Anfang 2008 schweren Herzens nach Kilicmehmet, in das Geburtsdorf meiner Mutter. Es liegt auf einem Hügel in der Nähe von Pinarbashe und ist wie viele der Dörfer Anatoliens von seinen Bewohnern verlassen. Nur ein paar alte Menschen und einige Ferien-Heimkehrer kümmern sich um die bescheidenen Häuser. Das Haus der Familie, in dem meine Mutter, ihre Schwestern und Brüder aufgewachsen sind, das sie selbst aufgebaut haben, steht dort, klein und verwahrlost, die Pflanzen des Gartens sind verdorrt, der Brunnen ist ausgetrocknet. Als ich im Winter vor dem Häuschen stand, schien es mir sagen zu wollen, schau mich an, ich bin nicht weggegangen wie ihr alle, ich bin geblieben, ich habe auf euch gewartet.

Es war ein trotziger Entschluss, den ich damals fasste: Ich werde dieses Haus wieder bewohnbar machen. Ich fühle mich verantwortlich für dieses Stück Erde. Und obwohl meine Verwandten mich für diesen Plan, an einem von allen verlassenen Ort ein Stück »Heimat« schaffen zu wollen, für verrückt erklärten, kamen doch auch bei ihnen gleich wieder die Erinnerungen. Die Schwestern erinnerten sich, wie sie auf der Bank gesessen, den spielenden Hunden zugeschaut und gemeinsam genäht hatten. Und mit den Erinnerungen kam der Wunsch, noch einmal dort zu sitzen. Ich werde sie dorthin bringen. Die jungen Frauen der Familie sind dabei. Wir werden meiner Familie ein Stück ihrer Geschichte zurückgeben und uns einen Ort. Oft gewinnen die Dinge erst als vergangene ihre Bedeutung für uns: Heimat ist auch dort, wo die Erinnerung ihren Platz hat. Und der ist fast überall, auch in Kilicmehmet, in Zentralanatolien.

Ich bin inzwischen Deutsche – nicht nur dem Pass nach. Ich identifiziere mich mit der demokratischen Verfassung dieser Gesellschaft, mit den Freiheiten, die sie mir und anderen ermöglicht. Aber ich habe nicht vergessen, woher ich komme. Viele Intellektuelle, Schriftsteller, Journalisten, Künstler und andere, die sich in den letzten Jahren für mehr Rechtsstaatlichkeit in der Türkei, für die Freiheit des Wortes und für die Gleichberechtigung von Frauen eingesetzt haben, wurden diskreditiert, verfolgt, bekämpft und angeklagt und manchmal auch ermordet. Umso mehr bewundere ich diese Menschen, denn ich habe es leicht: Wenn ich das Land meiner Herkunft oder Deutschland kritisiere, schützt mich der Staat, in dem ich heute lebe; sie aber gehen ein hohes Risiko ein, wenn sie Verantwortung für ihr Land, für ihre Heimat übernehmen. Ihnen und allen, die mit ihnen sind, ist dieses Buch gewidmet:

Hrant Dink, dem armenischstämmigen Journalisten, der unermüdlich für die Versöhnung von Türken und Armeniern eintrat und von einem Jugendlichen ermordet wurde – offensichtlich im Auftrag nationalistischer Verschwörer.

Ece Temelkuran, der mutigen Journalistin, die den Finger auf die Wunde der türkischen Gesellschaft legt: »Müssen wir denn auf ewig in dem Zwiespalt gefangen bleiben, uns entweder einzuschließen in die Zugehörigkeit zu einem ›Wir‹ oder als ›Verräter‹ gebrandmarkt und ausgeschlossen zu werden?«

Bülent Ersoy, der transsexuellen Sängerin, die sich mit der Casting-Show »Popstar Alaturka« ein Millionenpublikum eroberte und die Show nutzte, um gegen den Einmarsch der türkischen Armee in den Nordirak zu protestieren: »Für diesen Krieg der anderen würde ich mein Kind nicht unter die Erde schicken.« Sie wurde für diese Äußerungen wegen »Entfremdung des Volkes vom Militärdienst« angeklagt.[2]

Sezen Aksu, der wohl beliebtesten Popsängerin der Türkei, die immer auf Seiten der Frauen steht und Bülent Ersoy sofort ihre Unterstützung anbot.

Fazil Say, dem Pianisten und Komponisten, der mit Beethoven und Prokofjew unermüdlich gegen die kulturelle Islamisierung kämpft – auch für seine siebenjährige Tochter, die zum Ballett geht: »Manche Mitglieder der AKP haben schon vor sechs Jahren gesagt, Ballett sei eine unmoralische Kunst … Wenn meine Tochter als Einzige in der Schule kein Kopftuch trägt, werden zwanzig andere Mädchen sie unter Druck setzen.«[3]

Zülfü Livaneli, dem Komponisten, Filmemacher und Autor, der fast im Alleingang mithilfe seines Freundes Mikis Theodorakis und seiner Musik die Versöhnung der Türken und Griechen auf den Weg brachte und trotz Verfolgung nicht müde wird, die Türken an ihre Verantwortung für die vergangenen Verbrechen zu erinnern und für heute Verantwortung zu übernehmen.

Türkan Saylan, die sich als Erste um die Lage der Menschen in der Psychiatrie in der Türkei kümmerte und immer wieder den Widerstand der Frauen gegen die Islamisierung organisiert.

Duygu Asena, der 2006 verstorbenen Frauenrechtlerin und Autorin, die mit ihren Büchern vielen Frauen Mut machte, sich gegen die Herrschaft der Männer zur Wehr zu setzen.

Berlin, im Juli 2008

1

Tod in Ankara

Wir haben bestimmt, dass der Tod unter euch sein soll.

Koran, Sure 56, Die hereinbrechende Katastrophe, Vers 60

Wie oft habe ich von Deutschland aus meinen Onkel Enischte in Ankara angerufen. Ich liebte ihn sehr, uns verband vieles – nicht nur die Erinnerungen an Pinarbashe, wo er aufgewachsen war und ich einige Zeit meiner Kindheit verbracht hatte. Er hatte mich auf dem Weg, den ich gegangen bin, immer ermutigt, auch wenn er kaum mit allem, was ich dachte, was ich tat, einverstanden gewesen sein konnte.

In der letzten Zeit fürchtete ich, er würde meine Stimme am Telefon vielleicht gar nicht mehr erkennen. Denn in seinen Körper hatte sich der Krebs gefressen, sein Geist allerdings war frisch wie ehedem. Immer freute er sich, wenn ich anrief: »Hallo, mein Enischte, ich bin es, Necla!«, schrie ich dann ins Telefon, als könnte er mich so besser verstehen. »Oh, meine Necla, wie schön, dich zu hören!«, antwortete er jedes Mal. Aber als an einem Aprilnachmittag nicht er, sondern sein Sohn den Hörer abnahm, erfasste mich Panik. »Vater wird von uns gehen«, ließ er mich wissen.

Mein Onkel, wenige Jahre nach Gründung der Türkei geboren, war ein Kind der Republik, ein überzeugter Kemalist. Als Erdogan 2003 Ministerpräsident wurde, fuhr mein Onkel mit einem Strauß Blumen zum Anit Kabir, dem Mausoleum Atatürks, und legte sie am Sarg des Vaters aller Türken nieder, um sich bei ihm für das »dumme Volk« zu entschuldigen. Er misstraute der AKP, der Partei

Erdogans, die in seinen Augen die Republik islamisieren wollte, hoffte aber, wie viele seiner Freunde, dass das Militär als treuer Bündnispartner der Kemalisten sie rechtzeitig »in die Schranken weisen« würde. Er mochte nicht wahrhaben, dass das Volk den kemalistischen Vertretern der alten Republik nicht mehr traute.

Wenige Tage vor dem 23. April, dem Gedenktag der Großen Nationalversammlung der Türkei, fuhren wir den Sarg meines Onkels durch Ankara. Überall wehte die rote türkische Fahne, an Häusern und Plätzen waren Bilder Atatürks befestigt – es war, als habe sich die Republik noch einmal für meinen Onkel geschmückt. Aber als wir seinen Sarg im Beisein vieler Verwandter, Nachbarn und Freunde in einem feierlichen Ritual auf einen Steinsockel der Arslanhane-Moschee stellten, konnte ich mich des Gefühls nicht erwehren, dass mit ihm die türkische Republik begraben wurde.

Das letzte Mal vor Ausbruch seiner Krankheit habe ich Enischte gesehen, als wir gemeinsam mit meinen Geschwistern in Istanbul, in »unserem« Stadtteil Kadiköy, an einer üppigen Tafel mit alten osmanischen Gerichten in meinem Lieblingsrestaurant »Haci Ali II« saßen. Ich hatte dazu eingeladen, denn ein gutes Essen in großer Runde gehörte zu den Leidenschaften meines Onkels. Alles, was das Lokal an Köstlichkeiten zu bieten hatte, wurde aufgefahren – *meze*, die unendlichen Variationen von Vorspeisen, *icli köfte*, kegelförmige, im Weizenschrotmantel gebackene Hackfleisch-Pistazien-Walnuss-Klöße, dann *schisch kebab*, ein Grillspieß aus mariniertem Lammfleisch, Tomaten und Paprika, *ayva tatlisi*, gekochte Quitten mit fester Sahne, und schließlich *lokma*, eine Süßspeise mit dem bezeichnenden Namen »Frauennabel«. Stolz saß ich zwischen meinen Geschwistern und Verwandten. Ein altes Istanbuler Lied wurde angestimmt: »*Gel güzelim camlicaya bu gece*, komm, meine Schöne, heute Nacht nach Camlica ...«

Enischte erwies sich auch an diesem Abend als Charismatiker, der einen ganzen Saal unterhalten konnte und doch zugleich jedem, der mit ihm zu tun hatte, das Gefühl zu geben vermochte, nur für ihn da zu sein. Wie immer bei solchen Anlässen hielt der geübte Rhetoriker mit blitzenden Augen eine Rede auf die Zukunft des Landes. Schließlich war er ein überzeugter Anhänger der Republik – ihr hatte er auch persönlich alles zu verdanken.

Ein Kind der Republik

Enischte war in Pinarbashe in Zentralanatolien aufgewachsen, wo ich ein Jahr meiner Kindheit bei meiner Großmutter verbracht hatte. In der *Uzun yol*, der Langen Straße, wo seine Familie wohnte, standen damals noch *Konaks*, alte Häuser im osmanischen Stil, aus Lehm und Holz erbaut und im ersten Stock mit einem vorspringenden Erker geschmückt. Selbst als alter Mann träumte er sich oft zurück in die großen gepflegten Gärten, die sich hinter den Häusern erstreckten, mit ihren Apfel-, Birn-, Kirsch-, Aprikosenbäumen, den schattenspendenden Laubbäumen und der ganzen Blumenpracht. An dem Garten seines Hauses führte ein reißender Bergbach vorbei, der direkt vom *Schirvan dagi*, dem Hausberg Pinarbashes, herunterstürzte, dessen Fels sich 800 Meter über dem Ort erhebt. Das Wasser war sauber und konnte von der Familie als Trinkwasser genutzt werden; eine vom Bach gespeiste Rinne diente als Spülung für das Toilettenhäuschen.

Für meinen Onkel war das seine Heimat, oft schwärmte er von diesem Paradies. Diese Erinnerung teilten wir: Auch ich denke gern zurück an die glückliche Zeit, als ich mit meinen Geschwistern bei meiner strengen Großmutter Emmana darauf wartete, von den Eltern nach Deutschland geholt zu werden. Später bin ich oft dorthin zurückgekehrt und habe meine Ferien in ihrem Haus verbracht. Aber als ich Anfang 2008 nach vielen Jahren wiederkam, waren die alten Häuser verschwunden; wo einst Obstbäume blühten, standen jetzt billige Mietshäuser; der reißende Bach war nur noch ein kümmerliches Rinnsal und versickerte auf der Brachfläche neben dem einst so stolzen *hamam*, dem Badehaus. Und die in der Erinnerung so prächtige *Uzun yol* war zu einer Aneinanderreihung liebloser Bauten verkommen – niemand hatte hier in den letzten zwanzig Jahren einen Pinsel oder einen Besen in die Hand genommen. Die Stadt wirkte wie tot, trotz der vielen unrasierten Männer, die vor den bescheidenen Geschäften herumstanden.

Mein Onkel hätte sich geschämt, wenn er das gesehen hätte. »Jeden Morgen fegten wir die Straßen, bevor die Männer zur Arbeit gingen«, hatte er mir oft erzählt. »Wenn jeder den Dreck vor seinem Hause fegt, blüht ein ganzes Land«, pflegte er zu sagen. Begeistert sprach er dann von der bürgerlichen Vergangenheit Zentralanatoliens. In Pinarbashe, wie überall in den Städten der 1940er Jahre, wollten die Bürger fortschrittlich und modern sein. Kleider wurden nach dem letzten Pariser Chic geschneidert, Männer und Frauen flanierten gemeinsam durch den Ort und gingen zum Fünf-Uhr-Tee in den *cay bahcesi*, den Teegarten am Ende der langen Straße. Wer wohlhabend und großzügig war, schenkte der Stadt einen Brunnen, der mit dem Namen des Spenders geschmückt wurde.

Von dieser Vergangenheit und der Sehnsucht nach dem europäischen Leben ist nichts geblieben. Vielleicht war sie auch nur möglich in einer Zeit, als die türkische Republik nach Westen schaute, die bürgerlichen Werte hochhielt und die zugewanderten Türken aus Kars oder Erzurum und die aus dem Kaukasus gekommenen Tscherkessen, zu denen Enischtes und ein Teil meiner Familie gehörten, die Stadt prägten. Sie hatten aus Russland, von wo man sie vertrieben hatte, ihre Neugier auf Literatur und Wissenschaft mitgebracht. Mein Urgroßvater hatte eine ganze Bibliothek mit theologischen und philosophischen Klassikern auf seiner langen

Flucht mitgeschleppt, aus denen in der Familie gelegentlich vorgelesen wurde.

Enischte gehörte zu den Ersten, die Nutznießer der Reformen von Atatürks 1923 ausgerufener Republik wurden. In den Koranschulen des Osmanischen Reiches, die Atatürk verbot, hatten Kinder noch die *falaka* zu spüren bekommen: Bäuchlings und mit zusammengebundenen Füßen wurde man dabei aufs Pult gelegt, die Fersen wurden mit Olivenöl eingeschmiert, und dann sauste der Weidenstock des *Hodschas*, des Vorbeters, darauf nieder. In Enischtes Grundschule gab es das nicht mehr, seine Lehrerin war eine richtige Dame, die Wert darauf legte, dass die Kinder Hochtürkisch lernten, die Sprache der feinen Gesellschaft Istanbuls. Noch im hohen Alter sprach mein Onkel voller Wärme von ihr, und stolz zeigte er mir ein Foto, auf dem er als einziger Junge mit zwölf Mädchen zu sehen war, die zum Abschluss der Schule 1942 einen *halay*, einen traditionellen Rundtanz, aufführten. Auch das war neu, dass Jungen und Mädchen gemeinsam in einer Klasse saßen.

Eine weiterführende Schule gab es in und um Pinarbashe nicht. So blieb Enischte und zog gemeinsam mit seinem Vater durch die umliegenden Dörfer, um Kurzwaren zu verkaufen. Als Zwölfjähriger hatte er seinen eigenen kleinen Laden gegenüber vom Geschäft seines Vaters. Aber seine Karriere als Kaufmann fand ein jähes Ende, als einer seiner ehemaligen Schulkameraden, der inzwischen in Istanbul aufs Gymnasium ging, in Pinarbashe auftauchte. Auf dem Kopf eine schwarze Baskenmütze, die zu seiner Schuluniform gehörte. Auf meinen Onkel muss sie eine magische Anziehungskraft ausgeübt haben: Eine solche Mütze wollte er auch tragen – der Wunsch, nach Istanbul aufs Gymnasium zu gehen, ließ ihn fortan nicht mehr los. Sein Vater hielt das für eine fixe Idee, Enischte aber ließ sich nicht davon abbringen. Als der Vater wieder einmal mit seinem Nähzeug über die Dörfer zog, packte Enischte seine Habseligkeiten in einen Grammophonkoffer – etwas anderes gab es nicht – und kletterte auf die Ladefläche eines Lastwagens, der Säcke mit Weizen nach Kayseri schaffte. Dort bestieg er den Zug, der zwei Tage bis nach Haydarpascha brauchte. Der Bahnhof auf der asiatischen Seite von Istanbul war der Ausgangspunkt der Bagdad-Bahn, des ersten großen Kooperationsprojekts der Deutschen mit dem Osmanischen Reich. Die Adresse seines Freundes hatte er sich auf der letzten Seite seines Ausweises notiert.

Direkt am Bahnhof legten damals auch die Fähren nach Eminönü und Karaköy an, der europäischen Seite Istanbuls. Die Fähre war voller fröhlicher Menschen, denn an diesem Tag war *bayram*, das Zuckerfest, und man besuchte Verwandte oder machte einen Ausflug. Ein gutgekleideter Herr mit Sonnenbrille sprach ihn an und fragte, wohin er denn wolle. Zu seinem Bruder, antwortete mein Onkel und zeigte die Adresse seines Freundes. Da wohne er auch, behauptete der Mann und bot seine Begleitung an.

»In Eminönü bestiegen wir die Straßenbahn«, erzählte mir Enischte, »und als der Herr behauptete, hier müssten wir aussteigen, folgte ich ihm. Ich wäre ihn gern losgeworden, aber zu einem Älteren muss man höflich sein, und so ging ich gemeinsam mit ihm durch viele Gassen der mir völlig unbekannten Stadt. Als mir mein Koffer schon schwer wurde, hielten wir vor einem osmanischen Haus. Obwohl es nur zwei statt der von meinem Freund beschriebenen drei Stockwerke hatte, ging ich mit hinein.«

Im Haus tuschelte der Mann mit seiner Frau, längst war er Enischte unheimlich geworden. Die Familie, die er suche, sei nicht da, behauptete die Frau, die Frau sei im Hamam und der Mann zur Arbeit. Enischte glaubte das nicht, schließlich war *bayram*, an diesem Tag arbeitete niemand. Als die Kinder der beiden, neugierig geworden, die Treppe hinuntergelaufen kamen und mit der

Mutter in einer fremden Sprache – vielleicht Griechisch, vielleicht Armenisch – sprachen, ahnte Enischte, dass er hier nichts mehr zu suchen hatte. Er schnappte seinen Koffer und stürmte aus dem Haus – so überstürzt, dass er auf der Straße der Länge nach hinfiel, direkt vor einen Pferdewagen, der frisches Brot geladen hatte. »Das riesige Pferd über mir, spürte ich die Hand des feinen Herrn im Nacken. Als ich laut zu schreien begann, ließ er mich erschrocken los, und ich lief zwischen den vielen Menschen, die auf der Straße waren, um mein Leben.«

Seine Intuition rettete meinem Onkel möglicherweise das Leben, zumindest aber die Freiheit. Das erfuhr er allerdings erst später. Im Ersten Weltkrieg waren die Christen, Griechen und Armenier, aus der Stadt vertrieben worden. Viele Kinder waren dabei zu Waisen geworden, manche waren in muslimischen Familien zwangstürkisiert oder zum Schutz aufgenommen, andere für die Feldarbeit verkauft worden. Die Christen, die der Vertreibung entgangen waren, rächten sich nun mit Gegenentführungen, und mein Onkel wäre fast eines ihrer Opfer geworden. Ein dreizehnjähriger Junge war eine Arbeitskraft, die dem »Besitzer« Geld einbrachte. Niemand hätte je wieder etwas von dem kleinen Jungen aus Pinarbashe gehört, wenn er als Straßenverkäufer, Arbeitssklave oder Teejunge verkauft worden wäre.

Stundenlang irrte er durch die Straßen, er wagte gar nicht mehr, nach dem dreistöckigen Holzhaus des Freundes zu fragen, hielt aber bei den Gardinen, die er in den Fenstern oder auf den Balkonen sah, Ausschau nach dem typischen Kreuzstich aus Kayseri – mit Genähtem kannte er sich schließlich aus. Schließlich nahm er all seinen Mut zusammen und sprach eine ältere Frau an, um sie nach einer Familie aus Kayseri zu fragen. So fand er endlich zur Familie seines Freundes.

Dessen Eltern meldeten ihn am nächsten Morgen in der Schule an, einem Prachtbau aus Marmor und Stein, der Enischte tief beeindruckte und den er fortan jeden Tag aufsuchte. Er war ein wissbegieriger Junge und ging gern zur Schule. Aber es war Krieg, die deutsche Wehrmacht hatte 1941 Griechenland besetzt und stand nur wenige Kilometer vor Istanbul. Abends mussten die Fenster verdunkelt werden, und niemand durfte mehr auf die Straße. Brot gab es nur auf Lebensmittelkarten, und für einen jungen Mann wie Enischte war es immer zu wenig. »Mein Vater schickte mir Geld«, erzählte er, »sodass ich jeden Mittag in einer *lokanta* essen konnte. Wenn ich nicht bezahlen konnte, ließ ich anschreiben. Einmal aber war es so weit gekommen, dass ich keinen einzigen *kuruş* mehr in der Tasche hatte. Mein Freund war auch nicht besser dran. Wir fühlten uns hungrig wie nie. Wie leicht wäre das Leben doch, so träumten wir vor uns hin, wenn wir jetzt zu Hause wären, in den Garten gehen und von den süßen Aprikosen essen könnten.

Ich war so in meinen Kummer versunken, dass ich meinen Ohren nicht traute, als ich eines Tages plötzlich meinen Namen hörte. Ich blickte auf: Mein Vater stand vor mir, einen großen Koffer neben sich! Vor Erleichterung fing ich laut an zu schluchzen. Als er später im Hotel den Koffer öffnete, schien sich das Paradies aufzutun – es gab gebratenes Hühnchen, Käserollen, eingelegte Feigen, selbstgemachtes Brot, alles, was ich so lange entbehrt und vermisst hatte.«

Bald darauf zogen Enischtes Eltern nach Istanbul, damit ihr Sohn studieren konnte. Der Vater eröffnete dort ein Lebensmittelgeschäft. Nach dem Studium fand Enischte eine Anstellung in Ankara, die Familie kam mit in die Hauptstadt. Bis zu seiner Pensionierung arbeitete er als Abteilungsleiter beim Museum für Mineralogie.

Das Leben ist der Tod

Das fröhliche Essen im »Haci Ali II« sollte für mich die letzte gemeinsame Mahlzeit mit meinem Onkel Enischte gewesen sein. In der Nacht wachte er öfter auf. Ich hörte ihn nach Wasser rufen. Er konnte nicht schlafen, er hatte Magenbeschwerden, wie er sie bisher nicht gekannt hatte. Mir wird das für immer ein schlechtes Gewissen bereiten, dass er ausgerechnet nach diesem üppigen Mahl krank wurde.

Drei Jahre quälte ihn die Krankheit, immer wieder von Operationen unterbrochen. Als sein Sohn mir dann am Telefon sagte, dass nichts mehr zu machen sei, lief ich ungläubig und wie ein verlassenes Kind in unserer Berliner Wohnung auf und ab. Mir blieben nur wenige Stunden, um ihn noch einmal zu sehen. Glücklicherweise bekam ich noch am selben Tag ein Flugticket und eilte zum Flughafen.

Da waren sie bereits versammelt – meine türkischen Brüder und Schwestern. Dicht gedrängt, zwischen Plastiktüten und Übergepäck, saßen sie in der Abflughalle, die Frauen bei den dicken Koffern und Taschen, die Männer unterhielten sich und spielten mit ihren Gebetsketten. Männer und Frauen trennten sich, sobald sie den Warteraum betraten. Die Männer suchten ihre Geschlechtsgenossen auf und die Frauen andere Frauen, mit denen sie ein Schwätzchen halten konnten. Alle redeten türkisch.

Es war mitten in der Woche, keine Ferienzeit, Urlauber waren hier nicht zu finden. Es waren Rentner, die zwischen den Ländern hin und her pendeln, alle anderen reisten nicht nur zum Vergnügen, sondern eine Hochzeit, eine Krankheit oder Beerdigung hatte sie auf den Flughafen geführt. Die meisten Frauen trugen islamische Tracht, Kopftücher, lange Mäntel, Röcke über weiten Hosen. Auch den kleinen Mädchen hatten sie geblümten Stoff um den Kopf gewickelt.

Eine ältere dickliche Frau im schwarzen Tschador saß auf einer Bank und wiegte ihren Oberkörper unablässig hin und her. »*Teyze*, werte Tante, ich habe gehört, ihre *gelin*, ihre Schwiegertochter, ist gestorben«, sprach eine Verschleierte sie an. »Mein Beileid, werte Tante. Nehmen Sie sie mit in die Heimat?« Die Frau im Tschador nickte stumm. »Das ist gut. Grämen Sie sich nicht, das Leben ist der Tod. Gestern starb bei uns in Kreuzberg ein junges Mädchen. Als die Mutter ihre Tochter vor dem Fernseher liegen sah, fiel auch sie um und starb an einem Herzinfarkt. Beide sind in die Heimat geflogen, sind von diesem Leben in das wahre Leben zu Allah gegangen. Das Leben ist ihnen erspart geblieben.« Sie seufzte und fragte dann: »Wie alt war Ihre denn?« Die Schwiegermutter wusste es nicht. Zwei junge Mädchen riefen hinüber: »Vierzig!«

»Ja, ja«, sinnierte die Dicke, »vor 25 Jahren habe ich sie geholt, nun muss sie zurück in die Heimat. Allah sei Dank, die Kinder sind groß. Aber mein Sohn, was soll er nun machen? Ich werde mich nun wieder kümmern müssen.« Andere erzählten von plötzlich verstorbenen Schwägerinnen, Töchtern, Schwiegermüttern, bis es einem bärtigen Mann zu viel wurde: »Fragt nicht so nach dem Tod«, mahnte er, »wenn er da ist, ist er da, da kann man nichts machen. Die Krankheit ist nur ein Vorwand, wen Gott ruft, bestellt er zu sich. Mischt euch nicht ein in Gottes Entscheidungen!«

Obwohl ich in dieser Situation gern jemandem anvertraut hätte, dass ich fürchtete, meinen Onkel vielleicht nicht mehr lebend anzutreffen, fand ich niemanden, dem ich von meinen Ängsten hätte erzählen wollen, obwohl unser Schicksal uns verband. Aber mir anhören zu müssen, dass Allah auch vorherbestimmt, was mit meinem Onkel geschieht, hätte mich nicht getröstet. So schwieg ich lieber und blieb mit meinen Gedanken allein.

Ankunft und Abschied

Es ist vier Uhr morgens, als ich im Busbahnhof in Ankara ankomme und ein Taxi nehme. Eigentlich habe er mich gar nicht mitnehmen wollen, jammert der Taxifahrer, die Tour sei ja viel zu kurz. Aber er habe Erbarmen, er lasse seine *abla*, seine große Schwester, aus Deutschland doch nicht mitten in der Nacht stehen. Nur nachts könne er arbeiten, erzählt er mir, wenn der, dem dieses Taxi gehört, schläft; er müsse ihm auch noch die Hälfte seiner Einnahmen abgeben. Er hält sich an mir schadlos und verlangt 15 Lira; später erfahre ich, dass er den üblichen Fahrpreis verdreifacht hat.

Mein Cousin, ein Universitätsprofessor, öffnet die Tür und bricht in Tränen aus, als er mich sieht. Meine Tante liegt im Bett und hält meine Hand. Keiner weiß, wie es dem Kranken im Moment geht. Die Kinder haben ihn ins Krankenhaus gebracht, weil sie hoffen, ihm könne vielleicht doch noch geholfen werden, aber auch, weil sie fürchten, ihre Mutter würde es nicht überleben, wenn der Vater in der Wohnung stürbe. Ich lege mich zu meiner Tante, tröste sie und warte ungeduldig darauf, dass es endlich sieben Uhr wird. Ich muss ins Krankenhaus und Enischte sehen.

Die jüngste Tochter fährt mit mir und ihrem Bruder zügig durch die langsam erwachende Stadt. Es sei ein kalter Frühling in diesem Jahr, erzählt sie. Die Sonne blinzelt verhalten durch den Dunst. Ankara war einmal die Stadt mit der schlechtesten Luft nicht nur in der Türkei. Seit immer mehr Hochhäuser mit Zentralheizungen die *gecekondus*, die wild gebauten Häuser, ablösen, in deren Bolleröfen alles verfeuert wird, was brennbar ist, kann man wieder atmen. Aber immer noch liegt der Geruch von verbrannter Braunkohle über der Stadt.

Das Krankenhaus, auf einem Hügel gelegen, ist schon von Weitem zu sehen. Auf der Suche nach der Intensivstation steigen wir viele Treppen nach unten, in den Keller. Das Treppenhaus ist feucht und kalt und riecht nach Moder. Wir klopfen an eine Eisentür. Eine weibliche Stimme ruft: »Hier können Sie nicht rein!« Ich fange an zu zittern und bitte die Krankenschwester, als sie endlich die Tür öffnet, meinen Onkel sehen zu dürfen. Sie erkundigt sich nach seinem Namen und sagt, nachdem sie in einer Liste nachgesehen hat: »Ihr Onkel hat um vier Uhr heute Morgen die Augen geschlossen. Unser herzlichstes Beileid.«

Meine Cousine und mein Cousin brechen in Tränen aus. »Ich möchte ihn sehen«, insistiere ich. Nach einer kurzen Beratung mit den Ärzten kommt die Schwester zurück und zeigt mir den Weg zur Leichenhalle neben der Krankenhausmoschee, die offenbar neu ist, denn an ihren Mauern liegt noch überall Bauschutt. Meine Cousine bleibt zurück und ruft mir nach: »Tu es nicht, das macht man nicht!« Ich weiß, dass der Tradition nach Frauen mit Toten nicht in Berührung kommen dürfen, aber ich bin fest entschlossen, mich nicht abweisen zu lassen.

Ein gutgekleideter Herr mittleren Alters, der Hodscha der Moschee, fordert mich höflich auf, ihm zu folgen. Die Leichenhalle ist eiskalt, in ihre Wände sind lauter Schubfächer eingelassen. »Sind Sie bereit?«, fragt er. Ich nicke, und er zieht ein Schubfach heraus. In grünes Leinentuch gewickelt liegt mein Onkel vor mir. Der Hodscha schlägt das Tuch über dem Kopf zurück. Ich kann Enischtes Gesicht sehen. Diskret zieht sich der Hodscha zurück und lässt mich mit dem Toten allein.

Da liegt er nun, mein geliebter Onkel, der mir immer wie ein Vater, wie ein großer Bruder und wie ein treuer Freund begegnete. Als so einen Vater, wie er es für dich war, hätten wir ihn auch gern gehabt, hatten mir seine Töchter und sein Sohn schon häufiger gesagt. Zu mir war er so, wie er vielleicht auch gern zu ihnen gewesen wäre. Ich habe ihn nie zu fragen gewagt, warum ihm das nicht möglich war. Das wäre eine Anmaßung gewesen, er selbst kommentierte oder kritisierte nie meine Lebensweise. Er gab mir alles, was ich mir von meinem eigenen Vater nicht zu wünschen gewagt hätte. »Ach, käme doch der Sommer, und wir könnten wieder unter dem Feigenbaum in Ayvalik sitzen und uns alles erzählen«, wünschte er sich oft und wartete mit leuchtenden Augen auf den Sommer. Der Garten in seinem Sommerhaus, den er selbst pflegte, war mit den vielen Obstbäumen und dem Blumenmeer sein ganzer Stolz.

Ich sehe mir den friedlich schlafenden Toten genau an. In seinen Augen entdecke ich »Augentraum«, seine Nase ist leicht gebogen, seine langen grauen Brauen zeigen störrisch in alle Richtungen. Sein Kinn ist mit einem Tuch hochgebunden worden. Stolz und immer noch bestimmend liegt er vor mir.

»Du erbarmungsloser Flegel, was fällt dir ein, mich in diesen Keller einzuliefern«, hatte er seinen Sohn vor einer Woche noch angeraunzt. Er wolle zu Hause sterben. »Das hätte Mutter nicht überlebt«, erklärt die Jüngste später. So ist er, wie so viele andere in der modernen Gesellschaft, eben doch nicht im Kreis der Familie gestorben.

»Beten Sie ruhig, wenn es Ihnen guttut«, ermuntert mich der Hodscha. Ich beginne stattdessen ein deutsches Geburtstagslied zu summen: »Viel Glück und viel Segen auf all deinen Wegen, Gesundheit und Frohsinn sei auch mit dabei!« Ich danke meinem Onkel für all das Schöne, mit dem er mich bereichert hat, und für all das Gute, das er hinterlässt. »Mögest du auf Rosen gebettet sein«, flüstere ich. »Dank für deine Liebe, für deine Geduld, für deine Offenheit, für deine Gabe, mir zuzuhören, mich immer wieder zu ermutigen, an mich zu glauben, nicht müde zu werden, das Leben zu lieben. Dank für deine Ermahnung, nicht zu vergessen, woher ich komme, mich zu erinnern an die Heimat in Anatolien, die rote Erde, die Berge, die eiskalten Bäche, die Lieder, die unsere

Seelen besingen, die Menschen, die unsere Sprache sprechen. Das alles konnte ich mit dir teilen. Für alles hab Dank.«

Draußen zwischen dem Bauschutt steht eine Bank. Die Sonne ist jetzt da und wärmt. Wir drei setzen uns hin. Ich kann nicht weinen, nicht eine Träne, ich bin ganz erstarrt. Mein Bruder, der über Nacht aus Bursa gekommen ist, gesellt sich zu uns. Nein, er will ihn nicht sehen, sagt er. Es schicke sich auch nicht. Der Tote gehöre nach seinem Ableben Allah, und die Gemeinde bereite ihn für Gott vor, damit er ihn empfangen kann. Der Hodscha möchte die Formalitäten erledigen. Binnen 48 Stunden muss die Leiche unter die Erde, so schreibt der Ritus es vor. Für den Mittag des nächsten Tages ist die Beerdigung angesetzt.

Im Trauerhaus

Die Möbel in der Wohnung sind bereits umgerückt, als wir wieder nach Hause kommen, die Tische an die Wand geschoben, Stühle und Sessel aus anderen Zimmern dazugestellt. Nachbarn schleppen noch weitere Sitzgelegenheiten an. Vor der Wohnung, im Treppenhaus des neunten Stocks, hat ein Verwandter vor einem Tisch Platz genommen und empfängt die durch eine Telefonkette alarmierten Verwandten, Bekannten und Nachbarn, die meiner Tante ihr Beileid bekunden wollen.

Die »Älteren« kommen gleich, kündigt mein Cousin an und meint damit die älteren Männer der Familie. Als Erster erscheint der pensionierte General, ein lebenslanger Freund des Onkels, mit dem er vor über 60 Jahren in Pinarbashe, später dann »wegen der Mütze« in Istanbul zur Schule gegangen ist. Selbst in Zivil ist Enischtes Freund immer noch ganz Offizier. Er hält eine kleine Ansprache und neigt dabei, wie mein Onkel, zur großen Geste und zum Pathos: »Nun, meine Freunde, wir haben einen großartigen und liebenswerten Menschen verloren. Wir müssen nun Abschied nehmen.«

Meine Tante hat ein schwarzes Tuch über ihren Kopf geworfen und sitzt kerzengerade am oberen Ende des Salons. Auf der anderen Seite haben der General und die übrigen Männer Platz genommen. Ein ununterbrochener Strom an Menschen findet sich ein: Ich zähle achtzig bis hundert Gäste. Alle telefonieren und verbreiten die Kunde vom Tod des Onkels. An einem Freitag ist er gestorben, das muss ein guter Mensch gewesen sein, meint ein Besucher. Noch besser wäre es gewesen, ihn auch am Freitag zu beerdigen, aber das ist einfach nicht zu schaffen. Wie sollen Verwandte und Bekannte aus Zentralanatolien und anderswo, von denen manche tausend Kilometer anreisen müssen, rechtzeitig hier sein?

Ich ziehe mich in das hintere Zimmer zurück, wo ich mich vor das Foto stelle, das meinen Onkel mit Atatürks Nachfolger, Ismet Inönü, zeigt. Damals muss Enischte etwa dreißig Jahre alt gewesen sein. Das goldgerahmte Bild, das er wie seinen Augapfel hütete, wurde von Inönü mit einer Widmung bedacht: »Wenn in einem Land die Ehrwürdigen sich nicht so entschlossen durchsetzen wie die Ehrlosen, dann ist das Land verloren.«

Als später am Abend der Bruder meiner Tante aus Gaziantep, einer Großstadt an der syrischen Grenze, eintrifft, ist die Witwe sehr erleichtert. Der Onkel war bei der Geheimpolizei und ist nun Rentner. Seine Frau hatte schon dreimal angerufen, wir sollten ihn unbedingt vom Busbahnhof abholen, er sei so verwirrt. Doch er hat es allein geschafft, steht vor der Tür und umarmt seine trauernde Schwester. Und als er uns Nichten alle nacheinander küsst, ruft er fröhlich: »Mensch, ihr Pistazien wollt einfach nicht älter werden!« Er freut sich, uns zu sehen.

Die Haci Hanim

Noch ist meine Tante sehr gefasst, regungslos sitzt sie inmitten der Frauen und schaut immer wieder in Richtung Tür. Endlich taucht ihre große Schwester aus Kayseri auf, tief verschleiert und gerade als *Haci Hanim* von der Pilgerreise aus Mekka zurückgekehrt, genießt sie in der Familie große Achtung. Für meine Tante war sie die »kleine Mutter«, auf deren Rücken sie durchs Dorf getragen worden war. Nun ist die Schwester endlich da, und die Verlassene kann sich wie ein kleines Kind in ihre Arme fallen lassen. Laut weinend rufen die beiden Frauen Allah an.

Gegen Abend ist kein Stuhl, kein Zimmer in der Wohnung mehr frei. Im großen Salon sitzen die Männer. Die Frauen sind in der Küche oder verteilen sich nach Familienzugehörigkeit auf die drei Schlafzimmer. Selbst unter den säkularen Türken teilt sich die Gesellschaft in Männer und Frauen. Im kleinen Arbeitszimmer des Onkels versammeln sich die Frauen aus Pinarbashe und dem »Weiten Tal«. Im Gästezimmer hält sich die Familie des Sohnes aus Trabzon auf. Ganz hinten sind die jungen Leute, die ihre Familien begleiten. Es wird Tee serviert und Gebäck verteilt. »Esst, esst«, sagt eine Tante, die mit dem Tablett herumgeht. »Esst für unseren Toten, für seine Seele.«

Traditionell wird den Trauergästen drei Tage lang *lokma*, türkischer Krapfen, gereicht, die Kinder verteilen das Gebäck auch an die Nachbarn. Am Nachmittag liefert eine Bäckerei *baklava* und *kadayif*, Blätterteigpasteten und Süßgebäck. Dazu wird Ayran oder Tee serviert. Drei Frauen sind ununterbrochen mit Spülen beschäftigt.

Von Zeit zu Zeit sind die Aufschreie meiner Tante aus dem Salon zu hören, dann wissen wir, eine weitere Verwandte ist gekommen. Eine Frau mit Kopftuch, geblümtem Rock und Strickweste stürzt herein und wirft sich schreiend zu Boden: »Oh, du Sohn des Himmels, warum bist du gegangen, mein Bruder, mein Vater, mein Freund!« Sie ist nach der älteren Schwester die erste Besucherin an diesem Tag mit Kopftuch und in der traditionellen Bauernkleidung, eine entfernte Verwandte aus dem Dorf meines Onkels. Erst nach minutenlangem Klagen setzt sie sich. Als ich am Morgen die Leichenhalle verließ, kam mir eine Krankenschwester mit einem jungen Mädchen am Arm entgegen, das den Toten sehen wollte. Jetzt sitzt es neben ihrer laut weinenden Mutter, die türkische und tscherkessische Klageverse spricht. Dabei schaukelt sie mit dem Oberkörper vor und zurück, ihre Tochter schaut zu Boden. Als die alte Frau irgendwann verstummt, wird es ganz still in der überfüllten Wohnung.

Große Reden

Nur nebenan, bei den Männern, wird heftig politisiert. »Er wird die Wahl haushoch verlieren, der Herr, der uns die Scharia bescheren will. Er wird kriegen, was er verdient. Unsere demokratische Republik wird ihn in die Schranken weisen. Schaut auf unsere Leute, wir haben immer wieder bewiesen, wer die wahren Demokraten in diesem Land sind!«, ruft der General in die Runde. Er spielt auf die Großkundgebungen an, die in diesen Tagen stattfinden und bei denen Millionen gegen die Präsidentschaftskandidatur von Abdullah Gül, dem Kandidaten der islamischen AKP, demonstrieren. Der General führt das Wort, und die anderen nicken ihm ehrfurchtsvoll zu. Niemand würde es wagen, ihm zu widersprechen oder auch nur in einen Dialog mit ihm einzutreten, denn er ist die Autorität und der Älteste zugleich. Seine Ausführungen enden meist mit der Formel: »So dachte auch mein alter Freund, der Verstorbene, *nur icinde yatsin*, möge er im Licht gebettet sein.« Dann geht ein Raunen durch den Salon, und Stille tritt ein, bis der General eine neue Seite im Geschichtsbuch der glorreichen Türkei und der tapferen Türken aufschlägt: »Wir sind von den Dörflern überrumpelt, ja, hinters Licht geführt worden«, doziert er – so schnell, wie die an die Macht gekommen seien und nun überall »ihre Finger drin« hätten. Sogar die Schulen würden nur noch Islamisten als Lehrer einstellen, der Beamtenapparat sei unterwandert, in seiner eigenen Republik sei man vor ihnen nicht mehr sicher. Aber die Antwort des Militärs werde nicht lange auf sich warten lassen, droht er, die Islamisten sollten nicht glauben, dass sie das Militär immer weiter reizen könnten. General Büyükanit habe ja schon ein klares öffentliches Wort gesprochen, und die Wahlen würden zeigen, wer hier Herr im Hause sei.

So laufen »Diskussionen« meist ab. Die Ältesten reden und verkünden ihren Standpunkt, die Jüngeren schweigen aus »Respekt« vor dem Alter oder Rang. So kommt nie ein wirklicher Meinungs- oder Informationsaustausch zustande, sondern die Meinungen der Älteren werden an die Jüngeren weitergereicht. Diese hören höflich zu und denken sich ihren Teil. Mit dem fatalen Ergebnis, dass die republikanische Bewegung sich jahrzehntelang selbst feierte, sich nirgendwo der Kritik stellen musste und gar nicht bemerkte, dass sie langsam und schleichend von einer anderen Partei abgelöst wurde, die noch gewissere Gewissheiten zu bieten hatte und es verstand, sich die Sorgen der armen Leute anzuhören und als deren Fürsprecher aufzutreten. Der erste Wahlsieg der AKP 2002 überraschte die Kemalisten so sehr, dass sie ihn jahrelang für einen politischen Irrtum, für eine Art Betriebsunfall hielten, so wie der General, der darauf keine andere Antwort weiß, als immer nur wieder die alte kemalistische Türkei zu beschwören. Einige Monate später wurden er und seine Zuhörer wieder einmal von dem Sieg der AKP »überrascht«, sowohl bei den Parlaments- wie bei den Präsidentschaftswahlen. Das Volk traut den Vertretern der alten Republik nicht mehr.

Ich versuche, um besser zuhören zu können, einen freien Stuhl im Salon zu ergattern, und schaue in die Runde. Ungefähr fünfzig Männer sitzen in dem vierzig Quadratmeter großen Raum. Die Blicke, die sie mir zuwerfen, sind eindeutig: Was willst du hier? Nach zehn Minuten verdrücke ich mich in die Küche und denke an meinen Onkel, dem die Reden seines Freundes gefallen hätten, und wünsche ihm, dass er in der Truhe nicht allzu sehr friert. Um Mitternacht verabschiede ich mich aus dem Trauerhaus, wo immer noch geweint, debattiert und Tee getrunken wird.

Requiem

Ich fahre mit meiner Schwester und ihrem Sohn in ihre Wohnung ans andere Ende der Stadt. 1923, als Atatürk Ankara hauptsächlich aus strategischen Gründen zur Hauptstadt machte, war es ein Provinznest mit 35.000 Einwohnern, inzwischen ist die Stadt zu einer wuchernden Millionenmetropole geworden, deren Autobahnen wie breite Ströme kreuz und quer das Stadtgebiet durchschneiden. Wir brauchen fast eine Stunde, um zu der Wohnung in einem der vielen Neubaugebiete zu kommen. Die Wohnung in einem zehnstöckigen Mietshaus ist schnell und billig erbaut, denn immer noch hält der Zuzug in die Stadt an, immer mehr Wohnraum wird gebraucht.

Wir können nicht schlafen und hören stumm Mozarts »Requiem«. Die CD hatte ich bei meiner Abreise aus Berlin noch schnell in die Tasche gesteckt, ich wusste, ich würde sie brauchen. Am nächsten Morgen mag keiner von uns etwas essen, uns steht der Tag der Beerdigung bevor. Alle werden da sein, meine Mutter, Tanten und Onkel, Schwäger und Schwägerinnen, Cousins und Cousinen. Und alle werden ihre Familien mitbringen. Zum Mittagsgebet gegen zwölf Uhr muss der Sarg vor der Moschee stehen.

Als wir wenig später in die Trauerwohnung kommen, sind

bereits weitere Gäste da. Meine Tante sitzt wieder im Salon, das schwarze Tuch über dem Kopf. Ihre drei Töchter laufen zwischen den Gästen mit Teetabletts hin und her. Eine Stunde später trifft mein Onkel aus Deutschland ein. Distanziert begrüßt er seine Schwester, mich würdigt er keines Blickes. Vor Jahren hat es einen Riss in unserer Beziehung gegeben. Er hat für seinen Sohn eine Braut nach Deutschland geholt und ist in fortgeschrittenem Alter zu einem eifrigen Moscheegänger geworden. An den Geburtstagen seiner Enkelkinder werden keine Kinderlieder, sondern Koransuren gespielt. Ich passe nicht mehr in seine Welt.

Auch der General ist wieder da und fungiert jetzt als Zeremonienmeister. Mein Onkel Enischte wollte noch einmal am Haus vorbeigefahren werden, das war sein Wunsch, und auch alles Weitere hat er seinem Freund diktiert. Wir fahren alle mit dem Aufzug nach unten. Auf dem Parkplatz quetschen wir uns zwischen die Autos und stehen stramm wie zum Appell, als der Leichenwagen vorfährt. Der mit einem grünen Tuch bedeckte Sarg wird aus dem Wagen gehoben und zwischen den Autos abgestellt. Die Töchter und der Sohn erstarren, als der Fahrer den Deckel öffnet. Enischte steckt in einem schneeweißen, dicken Leinensack. Am Kopf ist er verschnürt. Als der Bestatter den Bindfaden aufmachen will, ruft meine Tante erschrocken: »Nein!« Sie beugt sich zu der Leiche hinunter und legt zärtlich die Hand auf den Kopf des Toten. Dann wird der Sarg wieder verladen, den ich noch hastig mit drei dunkelroten Rosen schmücke. Und dann geht alles sehr schnell, der Leichenwagen fährt voran, und wir folgen ihm in den Autos und Kleinbussen im Konvoi – keine leichte Sache, in Ankaras Samstagsverkehr den Anschluss zu halten.

»Bleibt stehen, Frauen!«

In unserem letzten Telefongespräch hatte Enischte von dem strahlend blauen Himmel über Ankara gesprochen, der den Frühling ahnen lasse. Ein solcher Tag ist auch heute, als wir meinem toten Onkel durch die mit Atatürks Bild und vielen Fahnen geschmückte Stadt folgen – als hätte sie sich für ihn herausgeputzt. Die Beflaggung gilt der Vorbereitung auf den 23. April, den Gedenktag der Großen Nationalversammlung der Türkei, die 1920 in Ankara einberufen wurde. In den Schulen werden Feiern abgehalten, patriotische Verse vorgetragen, und alle schwören auf die Republik: *En büyük türk Atatürk*, was – je nach Auffassung – »Der Türke ist der Größte. Atatürk« oder »Der größte Türke ist Atatürk« bedeutet. Ein kleiner, aber feiner Unterschied.

Wir fahren an heruntergekommenen Häusern der Altstadt vorbei. Hier leben die Alteingesessenen noch in Lehmhäusern wie zur osmanischen Zeit. Die Frauen tragen *schalvar*, Pluderhosen, und halten Strickzeug in den Händen. Staunend blicken sie uns nach, als wir die engen Gassen passieren. Ein Trauergast im Auto beschwert sich über diese »Elendsbeschau«. Ob es denn keine anderen Straßen gebe, um die Moschee zu erreichen. Was sollen die auswärtigen Gäste denn von der Hauptstadt der Türken denken?

Mein Onkel hat sich die älteste Moschee Ankaras für seine Aussegnung ausgesucht. Die Arslanhane-Moschee wurde im 13. Jahrhundert am Südhang des Zitadellenhügels aus Natursteinen errichtet. Im Mauerwerk sieht man noch Fragmente aus der Zeit der Römer und der Byzantiner. Vor der Moschee ist ein großer Platz mit Steinsockeln, auf denen die Särge aufgebahrt werden. Auch mein Onkel liegt nun auf so einem Stein, das Gesicht gen Mekka gerichtet, und die Sonne scheint ein letztes Mal auf ihn. Die Moschee ist voller Männer, einige leihen sich ein Stück Pappkarton und knien vor der offenen Tür der Moschee, die wegen der vielen dicht beieinanderstehenden Säulen im Betraum auch »Waldmoschee« genannt wird.

Kaum jemand von uns geht zum Beten hinein, auch die Männer nicht. Die alte türkische Mittel- und Oberschicht geht nicht in die Moschee und kniet nicht auf dem Boden, um sich Allah zu unterwerfen. Wir, Männer wie Frauen, verharren im Stehen draußen vor dem Sarg, der General in der ersten Reihe. Dass wir Frauen überhaupt dabei sind, ist ungewöhnlich und veranlasst einige der zum Gebet eilenden Gläubigen zu irritierten Blicken. Der Muezzin ruft per Lautsprecher über den Platz *Allah akbar*, Allah ist groß. Am Kopfende des Sarges hat sich Enischtes Sohn zur Totenwache aufgestellt. Ein Foto meines Onkels wird an die Trauernden verteilt, und mit einer Stecknadel heften wir sein Bild auf die Kleidung über unseren Herzen.

Immer neue Trauergäste treffen ein. Meine Mutter wird von den Kindern meines älteren Bruders begleitet, er selbst ist krank und muss zu Hause in Istanbul das Bett hüten. Plötzlich steht seine Exfrau vor mir. Vor vielen Jahren hatte sie meinen Abi wegen »Ehrverletzung« angezeigt, weil er sie verlassen und eine Beziehung mit ihrer Cousine angefangen hatte. Die beiden waren untergetaucht, aber die Polizei spürte sie auf. Ihn sperrte man für einige Monate ins Gefängnis, die junge Frau wurde von ihrer Familie nach Urfa entführt und im Haus gefangen gehalten. Monate später konnte sie mithilfe eines Arztes fliehen. Fast zehn Jahre haben sich die beiden dann mitten in Istanbul vor der kurdischen Familie seiner geschiedenen Frau verstecken müssen. Nie mehr wollte ich dieser Frau begegnen, nie mehr ein Wort mit ihr reden. Als sie auf dem Platz auf mich zueilt und mich mit einem Kuss begrüßt, als sei nie etwas geschehen, versuche ich, Haltung zu bewahren. »Mich liebte er ganz besonders, deshalb musste ich kommen«, sagt sie. »Ach ja? Sicher war er wie ein Vater, ein Freund und wie ein Bruder zu dir«, erwidere ich in leicht sarkastischem Tonfall. »Ja«, sagt sie, »woher weißt du, dass er mir so nahe stand?« »Wer weiß das nicht«, antworte ich. Zum ersten Mal frage ich mich, warum der Onkel immer so freundlich zu jedem sein musste.

Das Mittagsgebet ist zu Ende. Nun soll das Trauergebet vor den Särgen gesprochen werden. Neben meinem Onkel ist noch ein Sarg aufgebahrt. Der Deckel ist geöffnet, eine alte Frau liegt im Sarg, irgendjemand hat einen Mantel über die Tote gelegt. Drei Männer in ärmlicher Kleidung stehen um den Sarg herum.

Viele, meist junge Männer strömen aus der Moschee. Sie drängen sich vor, schieben uns Frauen nach hinten, murmeln, wir sollen weggehen. Wir Frauen der Familie wollen uns aber nicht vertreiben lassen, wir bleiben direkt hinter den Särgen stehen. Meine Mutter hakt sich bei mir und meiner Schwester unter, auch die anderen Frauen rücken zusammen, fassen sich an den Händen, sodass eine Reihe von Frauen trotzig am Sarg verharrt. Traditionell ist das Begräbnis Männersache und wird nur von Männern durchgeführt. Aber seit die an Frauen verübte Gewalt auch in der Türkei immer häufiger bekannt gemacht wird, nehmen Frauen oft demonstrativ an Beerdigungen teil, besonders wenn eine durch Ehrenmord ums Leben Gekommene zu Grabe getragen wird. Meine Mutter, die ein Leben lang bevormundet wurde, sich aber im Alter nichts mehr gefallen lässt, ruft: »Bleibt stehen, Frauen!« Ich bin in diesem Moment sehr stolz auf meine Familie.

Der Hodscha steht zwischen den Särgen, spricht das Bittgebet für den Onkel und fragt dann die Gemeinde, ob der Verstorbene bei jemandem in der Schuld stehe? *Hakkini helal edin* – möge sie ihm vergeben sein. Und die auf dem Platz Versammelten antworten: »Amen.« Der Erlass der Schulden richtet sich an die Lebenden wie an die Toten. Wer in der türkisch-islamischen Gesellschaft von einem Freund Gutes erfahren hat, der steht in dessen Schuld, die er durch gleichwertige, möglichst aber höherwertige

Gefälligkeiten ausgleichen möchte. So würde er eine Bitte seines Gläubigers niemals ablehnen, auch wenn er durch sie überfordert wäre. Kann er sie nicht erfüllen, quält ihn Scham. Es geht bei dieser Art von Schulden nicht um finanzielle Verbindlichkeiten, sondern um die Beziehungen untereinander. Der Erlass ist kein individueller, sondern ein kollektiver Akt und soll die Ehre des Verstorbenen bewahren.

Der Hodscha segnet die beiden Toten und ruft wieder *Allah akbar*. Hunderte sind auf dem Platz, rufen gemeinsam *Allah akbar* und wenden den Kopf zum Friedensgruß nach rechts und links.

Im Wickeltuch

Der Friedhof liegt weit außerhalb der Stadt, fast eine Stunde sind wir unterwegs. Er ist riesig, Tausende von Gräbern, fast alle in weißen Marmor gefasst, belegen einen ganzen Hang. Unter großen alten Bäumen laufen wir hinter dem Sarg her, der von den Männern der Familie getragen wird. Enischte hat für seine Eltern ein Familiengrab bauen lassen, dort wollte auch er beigesetzt werden. Mein Bruder und die Neffen heben die Leiche aus dem Sarg und reichen sie Enischtes Sohn nach unten in die Gruft. Meine Schwester, die bis jetzt stumm war, hebt laut zu weinen an, ich sehe wie gebannt zu. Der Hodscha setzt sich auf ein Nachbargrab und beginnt singend die Sure »Yasin« zu rezitieren. Wie ein großes Baby liegt mein Onkel in den Armen der Männer, sieht in dem Leichentuch aus wie ein *kundak*, ein Baby im Wickeltuch. Enischte ist jetzt bei seinen Eltern, das ist ein gutes Gefühl, denn er war ihr einziges Kind. Danach wird Erde auf den Toten geschaufelt. Die älteste Tochter hat eine Gießkanne dabei und wässert damit die Erde, wir legen unsere Blumen dazu.

Der General stellt sich ans Grab und liest aus einem Brief vor, den er meinem Onkel noch geschrieben hat, aber nicht mehr abschicken konnte. Er erzählt von ihrer gemeinsamen Kindheit in der kleinen Stadt Pinarbashe und beschließt seine Rede mit den Worten: »Du warst ein Humanist, die Republik, du warst die moderne Türkei. Du lässt uns jetzt mit dem Auftrag zurück, dieses Erbe zu verteidigen. Dafür möchte ich dir danken und für die Freundschaft, von der ich nie genug haben konnte. Wir, die Älteren, werden dir bald folgen. Mein Freund, ruhe nun gelassen in den Armen deiner Eltern.« Wir verlassen den Friedhof. Hinter den Bäumen lauern kleine Straßenkinder und können es kaum erwarten, dass wir fort sind. Dann greifen sie sich die Blumen vom Grab und laufen davon. Als wir zum Parkplatz zurückkehren, können wir, so kommt es mir vor, unsere eigenen Blumen kaufen.

Alte Briefe

Das warme Essen, Huhn mit Reis und Gemüse, türkische Pizza und Salat, Karaffen mit *ayran*, auch *baklava* und *kadayif*, sind bereits angeliefert, als wir von der Beerdigung zurückkehren. Erst werden die Männer versorgt, dann die Frauen und Kinder. Der Hodscha ist gekommen und beginnt, Koransuren zu singen. Erinnerungen aus meiner Kindheit überfallen mich, als meine Geschwister und ich am Zuckerfest, dem Fest des Fastenbrechens, fein herausgeputzt, vor dem Frühstück am Radio saßen und den Suren lauschten. Der Hodscha hat eine schöne Stimme. Es ist still und leise in der Wohnung, trotz der dicht gedrängten Menschen. In die feierliche Stille hinein klingelt erst ein, dann noch ein Handy. Zwei Frauen rennen ins Bad, schließen sich ein und reden so laut, dass im Salon jedes Wort zu verstehen ist: »Ja, gegen Mitternacht sind wir zurück, wir bringen auch etwas zu essen mit.« Die Frauen sind nicht von unserer Seite der Familie, meine Cousine aus Kayseri wirft mir einen vielsagenden Blick zu: Siehst du, wer nicht von uns ist, kann sich nicht benehmen.

Gegen Mitternacht sind die meisten Gäste gegangen. Im Salon nehmen die engsten Familienangehörigen Platz. Der Sohn des Hauses kommt mit einer großen Tüte mit Hunderten von Briefen, die mein Onkel gesammelt hat. Ein Zimmer der Wohnung ist voll mit alten Büchern, Zeitschriften und Post aus den letzten Jahrzehnten seines Lebens, keinen Zettel hat er weggeworfen. Seit seinem zwanzigsten Lebensjahr hat er fast täglich politische wie private Ereignisse festgehalten. Jedem seiner Kinder und Enkelkinder hat er ein Tagebuch gewidmet, in dem er von Beginn der Schwangerschaft an alles notierte, was sie betrifft. Die Tagebücher stapeln sich bis unter die Decke, ein Vermächtnis an seine Nachfahren. Der Sohn liest aus einem Tagebuch vor, das Enischte für seine jüngste Tochter geschrieben hat: »An diesem schönen milden Sommertag, es ist der 6. Juni 1979, sitze ich mit Vater, unserem Sohn und unserer Jüngsten am Frühstückstisch. Vater fragt die Jüngste: Was wirst du heute Gutes tun, mein Kind? Das, was für uns und unser Land am besten ist, antwortet sie. Schaut euch dieses Weltwunderkind an, sage ich. Als Erstem kommen mir die Tränen, dann folgt mein großer weiser Vater, bis dann auch unser Sohn einstimmt.« Nachdem mein Cousin dies vorgelesen hat, schauen sich die Geschwister an. Enischtes Sohn war damals zehn, seine Tochter sechs Jahre alt. Alle sind peinlich berührt von dem Pathos, um nicht zu sagen: Kitsch. Die Schwester ruft zu ihrem Bruder hinüber: »Und du, Hornochse, warum musstest du eigentlich bei so einem Quatsch weinen?«

Beleidigt zieht er daraufhin einen Brief aus der Tüte, den der Onkel erst vor fünf Monaten von der Großnichte seiner Frau aus Kayseri bekommen hat, einem 17-jährigen Mädchen. Zehn Seiten ist er lang. Sie erzählt von einer Nacht, in der sie nicht schlafen konnte. Sie klagt, keiner wisse, wie gern sie lese und schreibe. Sie habe niemanden, dem sie anvertrauen könne, dass sie Schriftstellerin werden und als Diplomatin die ganze Welt bereisen wolle.

Dann folgen selbstgeschriebene Gedichte von ihr. »Oh mein finsteres Herz, wie kann ich dich was fragen, was von dir erhoffen, wo du längst gestorben bist, ich aber muss noch leben ...«

Wieder müssen wir schlucken, ihre Großmutter, die Haci Hanim, sitzt mit den Geschwistern auf dem Sofa, schaut ganz erschrocken und sagt: »Sieh an, unsere Kleine, wie schön sie schreiben kann.« Dann liest der Sohn aus einem Brief vor, der ebenfalls von einer 17-Jährigen geschrieben wurde: »Liebster Onkel, wenn Sie wüssten, was ich in diesem fremden Land durchstehen muss. Meine Eltern können immer noch nicht Deutsch, sie streiten sich ununterbrochen, und wir leben in ständiger Angst, dass irgendetwas Schlimmes passieren könnte. Aber es gibt auch schöne Nachrichten, mein großer Bruder ist gerade Vater geworden, der Kleine ist so süß und drollig, nur schlafen möchte er nicht. Da hat mein Bruder sich etwas Nettes einfallen lassen, er singt ihm mitten in der Nacht klassische türkische Musik von Dede Efendi vor und spielt dazu auf dem Tamburin. Das hilft, sagt er.«

Es ist ein Brief von mir, vor 33 Jahren geschrieben. Bevor noch mehr Peinlichkeiten ans Licht kommen, sage ich höflich Gute Nacht und ziehe mich zurück. Ich muss am nächsten Morgen früh aufstehen, um meinen Flug nicht zu verpassen.

Gegen halb sechs will ich schnell und leise verschwinden. Meine Tante ist aber schon auf den Beinen, packt mir *börek* und *tatli* für unterwegs und für meine Freunde in Deutschland ein. Eine große Tüte, die ich gerne mitnehme, ich bin süchtig nach diesen Leckereien. Dankbar für alles, möchte ich erstmals ihre Hände küssen, sie lässt es ausnahmsweise zu, nimmt dann aber sogleich auch meine Hand und küsst sie. Ich bin beschämt. »Dich liebte er ganz besonders«, sagt sie, und weinend fallen wir uns in die Arme.

Ich nehme ein Taxi direkt zum Flughafen. Der Fahrer freut sich über die Tour und ist sehr stolz auf die neue Straße zum Flughafen. Wie eine Autobahn, meint er. Er ist begeistert von Erdogan. »Als Erstes hat er Autobahnen gebaut. Sehen Sie sich die Stadt an, es war doch vorher ein Steinhaufen, Chaos. Allah möge ihm ein langes Leben schenken, die Türkei verdankt ihm alles. Wer ihn nicht wählt, rennt ins Verderben.« Ich höre gar nicht richtig hin und bin froh, vor dem modernen Flughafengebäude aussteigen zu können. Als ich am Flugsteig sitze, vermisse ich plötzlich meine Tüte mit Börek. Verdammt, das wäre ein gutes Frühstück gewesen! Jetzt kutschiert der Taxifahrer damit durch die Gegend und wird womöglich selbst dieses unverhoffte Geschenk noch für eine Wohltat der AKP halten.

Das Grab der Republik

Es wäre an der Zeit, dass sich die Menschen in der Türkei von der Person Mustafa Kemal, genannt Atatürk, emanzipierten, damit über die Leistungen und Fehler des Menschen und Politikers konstruktiv gestritten werden kann. Aber der »Gazi«, der »Eroberer«, ist auch siebzig Jahre nach seinem Tod die Verkörperung der Türkei, er wird verehrt, und der Personenkult, der um ihn getrieben wird, ist durchaus zu vergleichen mit dem, was wir von anderen »Heroen« wie Stalin oder Mao kennen. Gegen diesen Kult, der um den »Vater aller Türken« bis heute betrieben wird, hatte meine Mutter mich früh immunisiert.

Mein Onkel hat Mustafa Kemal Atatürk sehr verehrt. Meine Mutter aber hatte noch eine Rechnung offen mit den Republikgründern. Schon als Kind hatte sie mir eingeschärft, bei den allmorgendlich stattfindenden Fahnenappellen auf dem Schulhof ja nicht auf Atatürk und Inönü zu schwören. Sie traute ihnen nicht über den Weg. Atatürk hatte die rebellischen Tscherkessen – zu denen ihre Familie gehörte – mit dem Versprechen auf Amnestie nach dem Bürgerkrieg aus ihren Verstecken in den Bergen gelockt und dann einige doch erschossen. Inönü hatte nach dem Krieg die Bauern des »Weiten Tals« im östlichen Anatolien gezwungen, die gesamte Weizenernte des Jahres abzuliefern. Der riesige Getreidehaufen wurde von Soldaten bewacht und lag für alle sichtbar im Tal. Während die Familien hungerten, faulte das Getreide nach den ersten Herbstregen vor sich hin und verdarb.

Obwohl meine Mutter die neuen Freiheiten der Republik in Istanbul genoss, konnte sie den politischen Vätern den Verrat nicht verzeihen. Wenn die Nationalhymne erklang, die bei allen feierlichen Anlässen gesungen wurde, bewegte ich ihr zuliebe lediglich die Lippen.

In jeder Stadt, in jedem Ort der Türkei steht Atatürks Denkmal; nach ihm sind Straßen und Plätze benannt, Stadien und Krankenhäuser. In jedem Büro, in jeder Amtsstube hängt sein Porträt, es ziert Geldscheine und Goldmünzen, die man zur Geburt, Beschneidung oder Hochzeit verschenkt. Kein Politiker, gleich welcher Parteizugehörigkeit, darf es versäumen, sich auf den »Vater der Türken« zu berufen. An Festtagen werden die Straßen mit seinem Porträt geschmückt, Schüler schwören auf ihn und küssen die Fahne – Mustafa Kemal Atatürk ist in der Türkei allgegenwärtig. Die einen verteidigen mit ihm die republikanischen Ideen und ihren gesellschaftlichen Status, die anderen nutzen ihn für ihre Zwecke – selbst wenn diese mit Atatürks Wunsch nach einer »Europäisierung« der Türkei nichts mehr gemein haben. Daran ist der Gründer der Türkei nicht unschuldig. Er wollte eine Republik, die sich an seinem Vorbild orientiert, und nicht, dass sich die Bürger emanzipieren und ihren eigenen Weg finden. Dass diese Selbstinszenierung ein falsches, weil unerreichbares Ideal beschwor, wurde mir bewusst, als ich Atatürks Grabmal in Ankara nach vielen Jahren wieder besuchte.

Inszenierte Geschichte

Dem Grabmal fehlt – trotz aller klassischen Proportionen – jedes menschliche Maß. Es ist von einer einschüchternden, »übermenschlichen« Größe. Das Gelände befindet sich auf einem Hügel mitten in Ankara, erstreckt sich über 750.000 Quadratmeter und ist als Wallfahrtsort inszeniert, dem Alltag der Menschen entrückt und so kolossal, dass sich jeder Besucher dort klein und nichtig vorkommen muss. Selbst das *Anit Kabir*, das Mausoleum, hat überdimensionale Ausmaße. Über 26 Stufen gelangt man zunächst zur »Straße der Löwen«, einem 30 Meter breiten und 260 Meter langen, von 24 steinernen Löwen gesäumten Weg – eine Erinnerung, so die offizielle Deutung, an das Reich der Hethiter. Zu Beginn zwei Türme, Symbole für die Unabhängigkeit und für die Freiheit, und zwei monumentale Figurengruppen im Stil des sozialistischen Realismus. Der Männergruppe, einem Soldaten, einem Bauern und einem Intellektuellen, stehen drei unverschleierte Frauen gegenüber, eine arbeitet auf dem Feld, die zweite weint und die dritte bittet um Gottes Gnade.

Der Touristenführer weist, als wir auf der Straße der Löwen entlangschreiten, auf das mit Abstand und versetzt verlegte Pflaster hin. Der Besucher solle aus Respekt vor dem Ort den Kopf senken. Wer den Kopf nicht beuge, werde stolpern, mahnt der Führer und hält diese Art von Museumspädagogik für eine kluge Sache. Damit die Ehrfurcht der Besucher anhält, müssen sie sich auf den langen Marsch begeben, ohne das Ziel in den Blick nehmen zu können. Denn der von Arkaden gesäumte Aufmarschplatz, der uns am Ende der Straße erwartet, ist abgesenkt. Es ist ein mit Travertin aus allen Regionen der Türkei gepflasterter Platz, in dessen Platten traditionelle Teppichmuster gefräst wurden. Steht man allein auf dem Platz, fühlt man sich klein, verlassen und hilflos, von Geschichte geradezu umzingelt, die sich in den Darstellungen der Reliefs an den Treppenaufgängen wiederfindet. Ist man mit vielen anderen dort versammelt, wie bei den großen Kundgebungen, wird man zu einem Teil der Masse. Vor Wind, Sonne oder Regen kann man sich nur am Siegesturm oder beim Turm des 23. April schützen. Nein, dieser Ort ist wahrlich kein Ort für Menschen. Er soll beeindrucken, Heldentum beschwören, einschüchtern, hier ist alles Pflicht und Stein gewordenes Dienen, hier wird demonstriert, dass der Einzelne nichts ist, die Sache aber – Atatürk, die Republik, die Fahne – alles.

Das Heldengrab

Arkaden begrenzen drei Seiten des Platzes. Dort befindet sich auch der Marmorsarg von Ismet Inönü, Atatürks treuestem Gefährten und Nachfolger. Die Platzierung seines Sarkophags weicht von der strengen Symmetrie der Anlage ab. Sein Grab wurde um einige Meter aus der Sichtachse gerückt und wirkt wie am falschen Ort abgestellt und danach vergessen. Vielleicht wollte man auch die anderen Staatspräsidenten auf dem Appellplatz einsargen, hat es dann aber nicht getan, weil schon Inönüs Nachfolger, Cemal Bayar, sowie sein Ministerpräsident Menderes wegen Hochverrats zum Tode verurteilt wurden und auch andere ihrer Nachfolger dem Generalstab der türkischen Armee, der Hausherr der Anlage ist, nicht verehrungswürdig schienen.

An der Kopfseite des Platzes steht auf einem 42-stufigen Podest das Mausoleum, ein Rechteck von 72 mal 52 Metern mit einer Höhe von 17 Metern, ein Grab mit den Ausmaßen eines fünfstöckigen Wohnblocks und größer als der Parthenon auf der Akropolis in Athen. Eine Nekropole für einen Propheten des 20. Jahrhunderts, erbaut von seinen Jüngern von 1944 bis 1953: Es hat etwas von Größenwahn.

In der Ehrenhalle steht unter einem goldenen Baldachin der aus rotem Marmor gefertigte Sarkophag Atatürks, er ist nach Mekka ausgerichtet und soll vierzig Tonnen wiegen. Nur Napoleons Sarkophag hat ähnliche Dimensionen. Mich beeindruckt dieses männliche Prunkgehabe, dieses militärische Pathos nicht. Durch die Unverhältnismäßigkeit von Größe und Anlass wird die Absicht der Inszenierung überdeutlich: Hier soll für alle Zeiten ein Szenenbild für einen Helden geschaffen werden.

Das geschichtsvergessene Selbstbild

Unterhalb des Mausoleums, durch einen Seitenflügel zu betreten, befindet sich das Museum des Unabhängigkeitskrieges. Gleich im Foyer wird man über die letzten wichtigen Staatsbesucher informiert und kann ein Foto von Papst Benedikt XVI. in Anit Kabir mit der Bildunterschrift »President of Vatican« bestaunen. Ob der Papst sich Atatürk als Wachsfigur hinter dem Schreibtisch angesehen, seine Orden, Füllfederhalter und Gamaschen bestaunt hat? Die in Vitrinen aufgereihten und angestrahlten Devotionalien entbehren nicht einer gewissen Komik, finden sich darunter doch auch Bier-, Wein- und Raki-Gläser. Atatürk hat gern getrunken, um es deutlich zu sagen: Er ist an Leberzirrhose gestorben, eine Folge jahrelangen übermäßigen Raki-Konsums, an dem vielleicht sogar seine Ehe zerbrach. Zumindest aber waren die Gläser, aus denen er trank, von erlesener Qualität.

Außer zahlreichen Objekten aus Atatürks Privatleben werden vor allem szenische Gemälde in naturalistischer Manier präsentiert, um dem Besucher die »richtigen« Botschaften von der türkischen Geschichte einzubläuen. Die Schlachten des Unabhängigkeitskrieges von 1915 bis 1922, in denen die Türken gegen die alliierten Siegermächte des Ersten Weltkriegs und gegen die Griechen kämpften, werden in großen Reliefs dargestellt. Zu sehen ist, wie das opferbereite Volk das Vieh abliefert, wie Frauen Munition für die Front herstellen. Und natürlich jede Menge Siegesparaden, sterbende Gegner, untergehende Schiffe der Alliierten, gegen die der Vater aller Türken die entscheidende Schlacht siegreich geschlagen und schließlich die völkerrechtliche Anerkennung der heutigen Grenzen des Landes erstritten hat. Nur ein Bild fällt aus dem Rahmen: ein Massaker griechischer Soldaten an wehrlosen muslimischen Frauen und Kindern in Anatolien. Im Hintergrund des Bildes ist ein orthodoxer Priester zu sehen, der sein Kreuz wie einen Säbel in den Himmel reckt, während vor ihm unschuldige Frauen niedergemetzelt werden. Die Bildunterschrift behauptet, es sei »historische Gewissheit, dass Geistliche zu den Massakern anstifteten«. Weder von der Vertreibung der Armenier durch die Jungtürken noch von der Brandschatzung der griechischen Stadt Smyrna 1922 durch Atatürk ist die Rede. Stattdessen zeigt man ihn, wie er unter dem Jubel der Bevölkerung die »Befreiung Izmirs« feiert.

Dieses nationale Denkmal ist eine ideologische Inszenierung, bei der es nicht darum geht, die Auseinandersetzung mit der Geschichte zu ermöglichen, sondern die Besucher auf jenes geschichtsvergessene Selbstbild einzuschwören, das Präsident Abdullah Gül im Jahr 2005 im Parlament anlässlich der »armenischen Frage« formuliert hat: »Wir sind mit der Geschichte im Reinen« – das war kein Ausrutscher, kein Versehen, sondern dies ist die herrschende Auffassung, das offizielle Selbstbild der türkischen Politik.

Die blutrote Fahne

Abdullah Gül ging in Kayseri auf das Gymnasium, das auch eine Nichte von mir besucht. Vor zwei Jahren habe ich mich dort mit ihr getroffen, zufällig am 19. Mai. In der Türkei ist das ein Nationalfeiertag, der an den Beginn des Unabhängigkeitskrieges erinnern soll, als Mustafa Kemal Pascha sich 1919 mit seinen Getreuen aus Samsun am Schwarzen Meer aufmachte, um den Kampf gegen eine Übermacht der Feinde aufzunehmen. An diesem Tag werden überall in der Türkei Kränze an Atatürk-Denkmälern niedergelegt, Gedenkveranstaltungen abgehalten und große Sportereignisse für die Jugend veranstaltet. Denn der Jugend ist dieser Tag gewidmet.

Das Eingangsportal der Schule war mit einer riesigen türkischen Fahne geschmückt, rechts und links waren Schüler in Uniform und mit Fackeln angetreten. Eine Kapelle spielte Janitscharenmusik, und die Honoratioren der Stadt, Bürgermeister, Militärkommandeur und ihre Begleiter, stellten sich vor dem Eingang auf, um die historische Fahne aus Samsun entgegenzunehmen, die für einige Tage in der Schule aufbewahrt werden sollte. In jedem Jahr werden die besten Schüler aus Samsun ausgewählt, um nationale Reliquien in die Provinzen zu bringen und die Kunde vom Sieg der türkischen Armee zu melden. Diesmal war es eine Schülerin. Die 16-Jährige hatte Tränen in den Augen, als sie die zusammengefaltete Fahne küsste, so wie man auch den Koran küsst, sie dann an die Stirn führte und anschließend dem Schulsprecher Kayseris überreichte. Eine Lehrerin las patriotische Verse vor, in denen reichlich Blut floss, *canim sana feda olsun*, ich lege dir mein Leben zu Füßen. Alle standen dabei ehrfurchtsvoll stramm und sangen, die Hand auf dem Herzen, die Nationalhymne.

Dieser Ritus wirkte auf mich wie aus der Zeit gefallen – die pathetische Sprache, die Feier des Märtyrertums, das Einschwören auf die Fahne. Was hatte das alles mit den wirklichen Sorgen und Freuden der jungen Menschen zu tun, die hier versammelt waren? Ich wünschte mir, ein dummer Schülerstreich würde die Szenerie zurechtrücken. Aber den Beteiligten war es blutiger Ernst – so wie den zwanzig Schülern der Kreisstadt Kirsehir, die Anfang 2008 eine türkische Fahne mit ihrem eigenen Blut malten und sie dann dem Militär übergaben, um die »Operation« gegen die PKK-Kämpfer im Irak zu unterstützen. Wer gegen die Militäraktion protestierte, wurde Opfer nationalistischer Hetzkampagnen – wie die beiden Journalistinnen Perihan Magden und Ece Temelkuran, die eine Unterschriftenaktion dagegen initiierten.

Meine Nichte hatte die Feier nicht mitverfolgt. »Ich kann das alles nicht mehr hören«, sagte sie, als wir wieder zu Hause ankamen, und wunderte sich, dass ich mir so etwas antue.

»Der Türke ist der Größte«

Die Verehrung Atatürks ist in den Jahrzehnten der Republik längst zum sinnentleerten Ritual geworden. Erst als Erdogans AKP begann, den Islam als Leitkultur mehr und mehr durchzusetzen, besannen sich die republikanischen Kreise auf den Staatsgründer. Und nun schwenken alle Parteien die blutrote Fahne mit dem Halbmond um die Wette. Jeder, ob Islamist, Nationalist, Faschist oder Sozialdemokrat, beruft sich auf sie als Zeichen seines »Türkentums«.

Auch in Ankaras Stadion marschiert am 19. Mai zur Feier der Nation die Jugend auf. Jede Schule, jede Universität, jede Behörde lässt ihre Leute mit einer Mappe von Farbtafeln auftreten und Massengymnastik und Massenschaubilder vorführen. Auf dem Rasen und auf den Rängen werden die Menschen zu einem Bild, zu einer Bewegung, zu einem Schrei. Gern werden dabei Szenen aus der jüngsten Geschichte nachgestellt. Die versammelte Staatsführung applaudiert. So etwas gibt es sonst nur noch in Peking und Pjöngjang.

Ein Jahr später wollte ich dabei sein. Ich hatte mich in den Block mit den gelben Hemden gesetzt, zu den Mitarbeitern des Bildungsministeriums. Ihr Auftritt war schon vorbei, als ein junger Mann einige Reihen hinter uns immer noch laut jubelte. Er wurde von Sicherheitskräften blutig belehrt, dass man nicht aus der Reihe tanzt, wenn der Staatspräsident anwesend ist. Mich regt Gewalt auf, und ich hatte schon meine Handtasche gegriffen, um »nach dem Rechten« zu sehen. Meine Sitznachbarn irritierte aber nicht so sehr die Gewaltszene, sondern meine Empörung über die Schläger in Uniform. Plötzlich erhoben sich alle, es wurde gesungen, und in Sprechchören wurden die Republik und ihre Gründer gelobt und gepriesen. Mit dem Ausruf »Der Türke ist der Größte – Atatürk!« endete die Veranstaltung, der junge Mann mit der blutigen Nase war verschwunden. Einigermaßen ernüchtert begab ich mich inmitten der nationaltrunkenen Jugend zur Bushaltestelle. Dass ich fast zwanzig Jahre nach dem Zusammenbruch des Sozialismus eine türkische FDJ-Show vorgeführt bekam, befremdete mich sehr.

Die Stadionfeier war ein Anachronismus, der deutlich machte, dass der Kemalismus am Ende ist – schon deshalb, weil es ihm nicht mehr gelingt, seine Ideen in zeitgemäße Formen umzusetzen und die Menschen wirklich zu überzeugen. So wie die Massendemonstration zum 40. Jahrestag der DDR nur noch eine müde Inszenierung war, während der Erosionsprozess des anderen deutschen Staates längst eingesetzt hatte, appellierte auch diese Feier der Nation an eine Einheit des Volkes, die nicht mehr existiert, an einen chauvinistischen Nationalstolz, der besser zu den noch existierenden Diktaturen in der Welt passt als in ein demokratisches Europa. Ich bin sicher, dass ich nicht die Einzige bin, die das als grotesk und beängstigend empfindet.

Aber kaum jemand in der Türkei traut sich, so etwas auszusprechen. Man gilt dann sofort als Vaterlandsverräter. Dabei könnte auch das kemalistische System eines Tages so plötzlich zusammenbrechen wie der anachronistisch gewordene Staatssozialismus der DDR. Oder explodieren, wie der Papierkorb an der Bushaltestelle, an der wir nach der Veranstaltung warteten. Drei Tage später wurde hier eine Bombe deponiert, sie sollte die vorbeifahrenden Mitglieder einer Sicherheitskonferenz treffen. Aber der Sprengsatz explodierte, bevor die Generäle die Stelle passierten. Sechs Menschen starben, und 80 wurden verletzt.

Kaserne und Moschee

»Die Demokratie ist nur der Zug, auf den wir aufsteigen, bis wir am Ziel sind. Die Moscheen sind unsere Kasernen, die Minarette unsere Bajonette, die Kuppeln unsere Helme und die Gläubigen unsere Soldaten.« Für das Zitieren dieses Gedichts auf einer Kundgebung wurde der jetzige Ministerpräsident Erdogan 1998 zu zehn Monaten Gefängnis verurteilt. Seinen Anhängern gilt er seither als wahrer Glaubenskämpfer, sich selbst gab er nach der Haft als republikanisch geläuterter Islamist. Der Islam und die Republik sind in der Geschichte der Türkei immer schon eine Liaison auf Kosten der säkularen Demokratie eingegangen – Erdogan bewegt sich damit ganz in der Tradition der kemalistischen Gründer. Er setzt nur die Akzente neu. Während Atatürk die Religion brauchte, um die Nation »zu bauen«, braucht Erdogan die Republik, um international und für die Europäische Union »gesellschaftsfähig« zu werden. Nie waren Religion und Staat wirklich getrennt, nie war die Türkei wirklich säkular oder laizistisch.

Jahrzehntelang verstand sich die Armee als Hüterin des kemalistischen Erbes, der Trennung von Staat und Religion. Wenn sie dieses Erbe gefährdet sah, putschte sie – mehrfach in der Geschichte der Türkei. Aber ihr, wie den Gründungsvätern, ging es dabei nicht um mehr Bürgerrechte oder Demokratie. Die Trennung von Staat und Religion war nicht einer aufgeklärten »europäischen« Überzeugung geschuldet, um Rechtsstaatlichkeit, Religionsfreiheit und individuelle Freiheit gewährleisten zu können, sondern Mittel zum Zweck, um das Primat der Nation, der Einheit, des Türkentums durchzusetzen. Ein Partner für jene, die sich für mehr Demokratie in dem Land ein-

setzen, war das Militär nie – denn mit der Demokratie wäre seine ei-
gene Machtposition nicht vereinbar gewesen.

Das Militär hat sich wie die alte kemalistische Elite überschätzt –
ein so widersprüchlicher Kurs musste auf Dauer Folgen zeitigen, die
nicht mehr beherrschbar waren.

Einer der Grundpfeiler der türkischen Republik ist der Laizismus, die strenge Trennung von Staat und Religion. Und dieser Pfeiler ist schon seit Gründung der Republik morsch. Zwar schaffte Atatürk das Kalifat ab, schloss Derwisch-Orden und Koranschulen, verbot Fez und Schleier, verbannte die Religion aus dem öffentlichen Leben; gleichzeitig aber wollte er durch die Verschmelzung von Türkentum und Islam die »Einheit« des Landes herstellen – ein paradoxes Unterfangen und eine Art »Geburtsfehler« der türkischen Republik.

Atatürk wusste um die identitätsstiftende Kraft der Religion, er musste, um die Bevölkerung für sich zu gewinnen, den Islam in seine Republik einbinden. Aber es sollte ein »türkischer« Islam sein – der Koran wurde ins Türkische übertragen, die Predigten, der Muezzin-Ruf und die Gebete in den Moscheen sollten nicht mehr auf Arabisch, sondern nur noch auf Türkisch abgehalten werden. Von dem »Volksislam« der religiösen Bruderschaften und Orden wollten die Kemalisten nichts wissen. So wie sie aus den Restbeständen des multiethnischen Osmanischen Reiches ein Land der Türken machten, so verordneten sie dem multireligiösen Land der Christen, Juden, Griechisch-Orthodoxen, Schiiten und Aleviten einen modernen, laizistischen Staatsislam sunnitischer Prägung. Für dessen Durchsetzung schuf das Parlament 1924 die Diyanet, das »Präsidium für religiöse Angelegenheiten«, das heute eine milliardenschwere Missionsbehörde ist.

Die kemalistische Revolution war eine Revolution der Militärs, nicht der Demokraten. Der Staat wurde als autoritäre, zentralistische Organisation geformt, und das blieb er bis heute. Dass der Staat den Bürger auch vor dem Staat zu beschützen hat – dieser Gedanke findet sich nirgends. Die Grundrechte werden dem Einzelnen zwar gewährt, aber immer mit der Einschränkung, dass der Staat, seine Ideologie, das Militär höherwertig sind. So musste die Demokratie eine Fremde in diesem Land bleiben.

Nach dem Zweiten Weltkrieg sah sich denn auch die allein regierende Staatspartei CHP mit immer stärkerem Widerstand der mehrheitlich muslimischen Bevölkerung konfrontiert. Die ersten freien Wahlen von 1950 und 1954 gewann der religiös-konservative Adnan Menderes mit seiner Demokratischen Partei DP haushoch gegen die kemalistische CHP und degradierte Atatürks Nachfolger Ismet Inönü zum Oppositionsführer. Menderes förderte den Bau von Moscheen, richtete staatliche Korankurse ein und organisierte den Widerstand gegen die Säkularisierung. »Wir haben unsere bis jetzt unterdrückte Religion befreit«, erklärte er triumphierend zur Wiedereinführung des arabischen Gebetsrufs und des Religionsunterrichts. 25 Jahre nach Abschaffung des Kalifats begann die »Reislamisierung« des Landes. Für Nichtmuslime hatte diese Politik in Teilen des Landes tödliche Konsequenzen.

Am 6. September 1955 führte ein wohl von türkischen Geheimdienstlern im Zuge der Auseinandersetzungen um Zypern und um die »muslimische« Dominanz im Lande provozierter Konflikt mit den wenigen noch in Istanbul verbliebenen christlichen Griechen zu einem Pogrom. Orhan Pamuk hat die Ereignisse in seinen »Erinnerungen an eine Stadt« so beschrieben: »Zwei Tage lang wurde Istanbul für alle Nichtmuslime in eine Hölle verwandelt, die schlimmer war als ihr schlimmster orientalischer Albtraum, und später kam heraus, dass staatliche Agitatoren dem Pöbel in Aussicht gestellt hatten, es dürfe nach Herzenslust geplündert werden.«[4]

Das Militär putscht

1960 putschte das Militär Menderes aus dem Amt und verurteilte ihn mit seinen Genossen wegen »Hochverrats« zum Tode. Nun nahm die Armee die Zügel in die Hand, gründete den »Nationalen Sicherheitsrat«, veränderte die Verfassung und gab 1961 die Macht in die Hände von Ismet Inönü. Die Kemalisten waren wieder an der Regierung.

Ende der 1960er Jahre tauchte dennoch eine neue politische Figur auf, die eine Islamisierung der Türkei anstrebte: Necmettin Erbakan. Er polemisierte gegen das Assoziierungsabkommen der Türkei mit der Europäischen Gemeinschaft und gegen den westlichen Einfluss auf die Moral. Er gründete die Milli Görüs (Nationale Sicht), in die 1969 auch der damals fünfzehnjährige Tayyip Recep Erdogan eintrat.

1971 putschte das Militär erneut, diesmal, um die Republik vor dem Zugriff der extremen Linken und Rechten zu schützen, und ein drittes Mal 1980, um »die Einheit des Landes zu wahren« und auch aus Furcht vor dem Einfluss der »islamischen Revolution« des Ayatollah Khomeini.

Auslöser war eine von Erbakans Partei organisierte Kundgebung. 650.000 Menschen wurden verhaftet, 517 Todesurteile ausgesprochen, davon 49 vollstreckt, 600 Vereine und Verbände wurden verboten und 30.000 politische Aktivisten des Landes verwiesen.[5]

Moralische Erneuerung

Auch wenn das Militär am Laizismus der Republik festhielt, so sah es sich jetzt doch durch den ideologischen Druck der islamischen Revolution des Ayatollah Khomeini im Nachbarstaat Iran dazu gezwungen, eine stärkere Einbindung des Islam zu betreiben. »Kaserne, Moschee und Familie« wurde zum Leitfaden der moralischen Erneuerung, der Bau von Moscheen massiv gefördert und der bisher freiwillige Religionsunterricht obligatorisch gemacht – zugleich aber alles, was die »Einheit der Türkei« zu gefährden drohte, systematisch bekämpft. Dieser Kampf richtete sich in erster Linie gegen die Islamisten, die den Scharia-Staat anstrebten, traf aber auch die Kurden und die Aleviten. Die Kemalisten in Politik und Militär setzten nicht auf Demokratisierung der Gesellschaft, sondern auf einen kontrollierten Islam und das Türkentum.

Mit Turgut Özal eroberte 1980 erstmals ein muslimischer Politiker die Macht, der nach Mekka pilgerte, Spenden an verbotene religiöse Einrichtungen legalisierte und dadurch die Renaissance der muslimischen Orden ermöglichte. Diese konnten jetzt Schulen und Universitäten einrichten, eine Chance, die besonders die Nurculuc-Bewegung Fethullah Gülens zu nutzen wusste. Heute gibt es über 130 Orden mit geschätzten zehn Millionen Anhängern. Özal privatisierte Teile der Wirtschaft und öffnete die Türkei für das internationale Kapital. Dadurch kam viel sogenanntes »grünes« Geld aus den arabischen Ölländern ins Land. Davon profitierten auch die muslimischen Unternehmer in Anatolien, denn die muslimischen Ordensbrüder gründeten umgehend ihre eigenen Banken und Netzwerke, die zum Aufschwung der anatolischen Provinzen wie Kayseri beigetragen haben.

1987 wurde durch eine Volksabstimmung das zehnjährige Politikverbot gegen die Angeklagten des Putsches von 1980 aufgehoben. Erbakan kehrte auf die politische Bühne zurück, etablierte mit dem Slogan von der »nationalen Sicht« und der »gerechten Ordnung« eine Gegenposition zur etatistischen Wirtschaftspolitik des Kemalismus und köderte insbesondere die Landbevölkerung mit dem Versprechen von mehr sozialer Gerechtigkeit.

1996 wurde er der erste islamistische Ministerpräsident der Türkei. Aber er manövrierte sich selbst ins Abseits, indem er einerseits zwar öffentlich immer wieder versicherte, zum Laizismus zu stehen, andererseits die Einführung der Scharia, der islamischen Rechtsordnung, förderte. 1997 brachte er auf Druck seiner Parteibasis ein Gesetzesvorhaben ins Parlament ein, um das Tragen des Kopftuches – für viele längst zum politischen Symbol geworden – in öffentlichen Gebäuden zu erlauben. Außerdem wollte er gläubigen Soldaten die Offizierslaufbahn eröffnen und bezeichnete die »iranische Revolution« als Vorbild für die Türkei. Das war dem Generalstab dann doch zu viel, das Militär drohte mit »Waffengewalt« und erzwang seinen Rücktritt. Ein Jahr später wurde seine Partei wegen »Missachtung der Trennung von Staat und Religion« vom türkischen Verfassungsgericht verboten. Ihre Mitglieder fanden bald eine Heimat in anderen Parteien der islamistischen Bewegung, unter anderem in der AKP unter Führung von Recep Tayyip Erdogan.

Dieser war 1998 zwar wegen der Zitierung des Gedichts, das sich damals auch in türkischen Schulbüchern fand, nicht nur zu zehn Monaten Gefängnis, sondern auch zu lebenslangem Politikverbot verurteilt worden – aufzuhalten war er damit nicht: 2002 gelang ihm mit der AKP ein überragender Wahlsieg, den er 2007 wiederholen konnte. Die Kemalisten glaubten lange, den Einfluss des Islam zähmen, kontrollieren, ja, beherrschen zu können – ein Irrtum, für den sie heute die Quittung erhalten. Die Menschen misstrauten der alten kemalistischen Elite, die sich für das »rückständige Anatolien«, das Dorf, nie interessiert, sondern es immer verachtet hat. Gegen die Mehrheit der Bevölkerung, das muss inzwischen auch der Generalstab erkennen, ist auf Dauer keine Politik zu machen. So wie schon Atatürk Kompromisse eingehen musste, um die Religion für seine Vorstellungen einer nationalen Einheit zu nutzen, so bleibt heute auch dem Militär nichts anderes übrig, als sich mit der neuen muslimischen Elite zu arrangieren. Denn diese weiß die von den Kemalisten geschaffenen Instrumente, wie das »Präsidium für religiöse Angelegenheiten«, für die Stärkung ihres eigenen Rückhalts im Volk einzusetzen.

Seelenmessen in der Ankunftshalle

Seit Jahren gibt es für die Hadsch, *die Pilgerfahrt nach Mekka oder Medina, eine zunehmende Faszination unter der armen türkischen Bevölkerung und auch unter den muslimischen Türken in Deutschland. Bereits bei meinen ersten Interviews mit türkischen Jugendlichen vor zehn Jahren erfuhr ich, dass sie die Hadsch von den fünf Säulen des Islam als ihre wichtigste Pflicht gegenüber Gott ansehen. Sie wollten wissen, wie ihr Prophet Mohammed gelebt hat. Und sie hofften, eines Tages selbst als Heilige, als Hadsch, angesprochen zu werden.*

Die Träume der Jungen aus Hamburg-Wilhelmsburg scheinen sich inzwischen kollektiv zu verwirklichen – mit tatkräftiger Unterstützung der unter der AKP-Regierung finanziell gut ausgestatteten Religionsbehörde Diyanet aus Ankara und der Islamverbände in Deutschland, die diese Fahrten organisieren und als jahrtausendealte Tradition der Osmanen preisen, fahren jedes Jahr aus Deutschland Tausende und aus der Türkei Hunderttausende nach Mekka. Das »Präsidium für religiöse Angelegenheiten« versteht es, die Hadsch als Instrument der Missionierung zu nutzen. Über diese staatliche Behörde in einem – laut Verfassung – laizistischen Staat wollte ich mehr wissen.

Als ich beim Zwischenstopp in Istanbul auf dem Flughafen ankomme und mit meinem Trolley langsam durch die automatische Tür schreite, glaube ich meinen Augen nicht zu trauen: Bin ich in Saudi-Arabien gelandet? Vor mir stehen, in Reih und Glied und nach Geschlechtern getrennt, Frauen im schwarzen Tschador, mit langen Mänteln und dem unvermeidlichen Kopftuch, Männer in neuestem Islam-Look mit *schalvar*, Pluderhose, und langem weißem Hemd. Wie aus einer anderen Welt stehen sie da und warten.

Irritiert frage ich eine junge Frau mit Kopftuch, ob die vielen Menschen auf einen Popstar oder einen Heiligen warten. »Ich warte auf meine Mutter«, antwortet sie knapp. »Ist sie berühmt?«, frage ich scherzend. »Nein, sie kommt von der Hadsch.« »Aber es ist doch noch kein heiliger Monat«, gebe ich erstaunt zurück, »und gar keine Zeit für die Wallfahrt.« »Es ist immer Hadschzeit«, sagt sie verächtlich, »Sie müssen nur wollen.«

»Im Glauben sind die Muslime unschlagbar«

Da mein Anschlussflug nach Ankara erst in drei Stunden geht, stelle ich mich zu der Gruppe der Männer und lausche, ich bin neugierig, wie sie sich die Zeit beim Warten vertreiben.

»Habt ihr gehört, was sie mit Ramazan gemacht haben?«, fragt einer in die Runde. »Er hat die Stelle in der Fabrik nicht bekommen, weil er ein anständiger Muslim ist, einen Bart trägt und sittlich gekleidet zur Arbeit erscheinen wollte. Und das in unserem angeblich muslimischen Land. Man müsste endlich dafür sorgen, dass alle Ungläubigen aus diesem Land verschwinden. Wer nicht Allahs Gesetze einhalten will, hat hier nichts verloren. Aber da können wir lange auf unseren Bruder Erdogan warten. Dieser Feigling, der will uns doch nur hinters Licht führen mit seiner Predigt, wir seien nun ein modernes Land und hätten endlich Religionsfreiheit.«

Ich mische mich ein und frage nach, ob der muslimische Bruder die Stelle tatsächlich nicht bekommen habe, weil er religiös sei. »Ganz bestimmt war es so«, sagt der Erdogan-Kritiker und erzählt dann von seiner Schwester, die in Nordrhein-Westfalen lebe und sich als strenggläubige Muslima mit Kopftuch und langem

Mantel an einer Grundschule beworben habe. Auch eine strenggläubige Katholikin und eine Atheistin seien unter den Bewerberinnen gewesen. »Nun frage ich Sie, wen, glauben Sie, hat die Schule genommen?« »Die Katholikin!« »Nein, die Muslima, meine Schwester, haben sie genommen. Weil Deutschland ein modernes Land ist, in dem es Religionsfreiheit gibt. Sie wollten eine wirklich Gläubige, und selbst die Deutschen wissen, im Glauben sind die Muslime unschlagbar.«

»Sind Sie auch Lehrer?«, frage ich. »Ja«, sagt er, »Religionslehrer in der *Imamhatip*, der Koranschule, im Stadtteil Gaziosman.«

»Sie sehen so aus, als wollten Sie nach Europa«, wendet sich sein Begleiter nun an mich. »Erzählen Sie doch Ihren Herren Politikern, was hier los ist. Wir brauchen keine Almosen. Wir wollen von ihnen in Ruhe gelassen werden. Die Europäer und die Amerikaner – das sind die Schlimmsten – sollen aus unserem Land verschwinden. Wir wollen selbst bestimmen, wie wir leben wollen. Wir Muslime haben das immer schon so gehalten. Wir wären schon ganz woanders, wenn wir mehr auf unseren Gott und nicht auf die Europäer gehört hätten.«

Ich frage nach den im April 2007 in Malatya ermordeten Christen, wer ihrer Meinung nach für die Morde verantwortlich sei. »Unsere muslimischen Brüder jedenfalls nicht! Wenn ein Muslim einen Muslim umbringt, dann ist das so, als hätte er eine Million umgebracht – so sagt es der Islam. Richten kann nur Allah. Wenn die Zeit gekommen ist, dann nimmt er uns zu sich. Das waren doch Amerikaner, die kaufen unsere jungen Leute, bezahlen sie üppig und lassen morden, um uns in der Welt schlechtzumachen.«

Plötzlich geht ein Raunen durch die Menge, die Männer recken die Hälse, und alle stürzen Richtung Absperrung. Mehrere Maschinen aus Dschidda (Medina) sind schon vor fast einer Stunde gelandet, jetzt scheinen die ersten Pilger durch die Kontrolle zu kommen. »Sie werden ja regelrecht gefilzt!«, empört sich ein Wartender. »Welch eine Schande! Sie wühlen in den heiligen Andenken herum.« Endlich sind die ersten Reisenden zu sehen, Männer in langen weißen Gewändern, mit Strickkäppi auf dem Kopf, Frauen im schwarzem Tschador an ihrer Seite, die die Gepäckwagen voll mit Koffern, Hamamschals, Gebetsteppichen, Gebetskopftüchern und Plastikkanistern mit heiligem Wasser vor sich herschieben.

Auch meine Mutter zeigte mir vor einiger Zeit ein »heiliges Gebetstuch« aus Mekka, das sie von ihrer mittlerweile sehr frommen Freundin geschenkt bekommen hatte. Seit ihrer Pilgerfahrt nach Mekka, die von einer muslimischen Organisation, der Milli Görüs aus Hannover, organisiert wurde und die sie sogar ohne ihren Mann unternommen hat, wird sie von ihren muslimischen Schwestern nicht mehr als *Hanim*, als Frau, sondern als *Haci Hanim* angesprochen – wie die große Schwester meiner Tante in Ankara. Sie hat alle Bekannten in der Stadt mit heiligen Gebetsteppichen und Kopftüchern versorgt. Das Geld für die Reise, ungefähr 4000 Euro, hatte sie sich von ihrem Geld als Putzfrau und von der Sozialhilfe zusammengespart.

Die Organisation der Hadsch ist ein wichtiges Instrument zur Missionierung der türkischen Bevölkerung geworden. Selbst der Empfang der Verwandten und Bekannten am Flughafen, den ich in Istanbul bestaunen konnte, ist keine Privatangelegenheit. Er ist vielmehr Teil der umfangreichen und von den Imamen in den Moscheen durchgeführten »Mevlüt-Programme«, den sogenannten Seelenmessen, die eigentlich zur Geburt Mohammeds, jetzt aber auch zur Pilgerfahrt zelebriert werden. »Die Mevlüt-Programme«, schreibt der für die Wallfahrt verantwortliche Beamte Dr. Ömer Yilmaz in der von der Religionsbehörde herausgegebenen Zeitschrift »Diyanet«, »die vor der Abfahrt und nach der Rückkehr veranstaltet werden, die Zeremonie des Verabschiedens und Empfangens, die Tränen der Zurückgebliebenen, die Grüße zeigen, welche Leidenschaft unsere Menschen für die Hadsch empfinden und wie viel Liebe sie unserem Propheten erweisen.«[6]

Der Atatürk Airport in Istanbul ist inzwischen sowieso fest in muslimischer Hand. Nicht nur die vielen Pilger, die von hier aus täglich nach Mekka und Medina reisen und für die eigens Gebets- und Waschräume in der Flughafenhalle eingerichtet wurden, auch das Wartungspersonal der Turkish Airlines scheint der islamischen Leitkultur zu folgen, wie die Zeitung »Hürriyet« 2006 berichtet.[7] Um die Mitarbeiter einer technischen Wartungstruppe zu motivieren, versprach der Chef, sobald die Arbeit an elf kleineren Maschinen abgeschlossen sei, ein Kamel zu opfern. Als die Maschinen gewartet waren, wurde das Tier auf das Flugfeld geführt, an einen Kran gebunden und geschächtet. Drei Tage brauchten die Männer, um das 900 Kilogramm schwere Kamel zu häuten und an die Mitarbeiter zu verteilen. Ich kann nur hoffen, dass das Flugpersonal der Turkish Airlines während des Ramadan ausreichend Nahrung und Flüssigkeit zu sich nimmt, damit nicht plötzlich ein Pilot – wie vor einiger Zeit der fastende Ministerpräsident Erdogan – vor Schwäche zusammenbricht.

Das Präsidium für religiöse Angelegenheiten

In Ankara gelandet, fahre ich zum Sitz der Diyanet. Ich will mir ein Bild machen von ihren Aufgaben, ihrem Selbstverständnis und von dem Einfluss, den sie auf die türkisch-muslimische Community in Deutschland hat. Das vor acht Jahren an einer der vielen Stadtautobahnen von Ankara errichtete Dienstgebäude des »Präsidiums für religiöse Angelegenheiten« sieht aus wie das Verwaltungsgebäude einer Versicherung. In der Zentrale sind etwa 1000 Beamte beschäftigt, nach meinem Eindruck sind es ausschließlich Männer, selbst die Teekellner und das Reinigungs- und Küchenpersonal. Die einzige Frau, der ich begegne, ist nicht bei der Diyanet angestellt, sondern vom Kultusministerium beauftragt, in der Bibliothek alte Schriften zu restaurieren.

Die Behörde war nach Gründung der Republik und der Abschaffung des Kalifats im Jahr 1924 faktisch die Nachfolgeinstitution des Scheichülislam, des obersten Rechtsinstituts des Osmanischen Reiches.

Das Gesetz Nr. 429 vom 3. März 1924 sollte die Kontrolle des Staates über die Religion gewährleisten – die zuständige »Aufsichtsbehörde« Diyanet sollte »über die Lehre der islamischen Religion und ihren Kultus entscheiden, die diesbezüglichen Amtsgeschäfte versehen und religiöse Einrichtungen führen«.

Mit den steigenden finanziellen Zuwendungen durch die AKP-Regierung entwickelte sich das Amt seit 2003 zu der nach dem Militär finanziell am besten ausgestatteten Behörde der türkischen Republik. Jährlich erhielt sie mehr Geld von der Regierung – 2005 wurde der Etat um 15,3 Prozent aufgestockt, 2006 um mehr als 16 Prozent und 2007 um fantastische 25,2 Prozent. Nach eigenen Angaben hatte die Diyanet im Jahr 2007 einen Etat von 1,6 Milliarden YTL, das sind etwa 950 Millionen Euro, zur Verfügung.[8] Man kann also davon ausgehen, dass sie aktuell über eine Milliarde Euro verfügt. Was macht sie mit dem Geld? Sie beschäftigt über 88.000 Beamte, Vorbeter, Lehrer – und hat damit mehr Beamte, als es Hochschullehrer in der Türkei gibt. Sie unterhält mehr als 78.000 Moscheen und richtet jährlich fast 8000 Korankurse aus mit insgesamt über 180.000 Schülern.

Der Präsident

Der Behörde steht ein Präsident vor, zurzeit ist es Ali Bardakoglu, ein Islamrechtler. Er ist Beamter des türkischen Staates. Die internationale Öffentlichkeit lernte ihn kennen, als er 2006 bei dem Türkei-Besuch von Papst Benedikt XVI. im vollen Ornat eines islamischen Obermufti in der Blauen Moschee den Islam repräsentierte. Bardakoglu war es auch, der kurz zuvor als erster Muslimvertreter auf die Rede Benedikts in Regensburg antwortete, in der das Oberhaupt der katholischen Kirche den byzantinischen Kaiser Manuel II. zitiert hatte: »Zeig mir doch, was Mohammed Neues gebracht hat, und da wirst du nur Schlechtes und Inhumanes finden wie dies, dass er vorgeschrieben hat, den Glauben, den er predigte, durch das Schwert zu verbreiten.« Bardakoglu verurteilte Benedikts Äußerungen als »feindselig und provozierend« – und verkündete, in der islamischen Geschichte gebe es kein Beispiel, dass der Islam Gewalt als legitimes Mittel akzeptiere, eine in Kenntnis der islamischen Geschichte abenteuerliche Aussage.

Von vielen wird der gegenwärtige Präsident der Diyanet als liberaler Geist geachtet, als moderierender, weiser Gelehrter, so wie er sich selbst auch gern darstellt. Seine Äußerungen in einem Interview zu seinem Amtsantritt im Mai 2004 dürften damit nur schwerlich in Einklang zu bringen sein. Auf die Frage, ob man ihn als »Reformer« bezeichnen könne, antwortete er: »Ich habe niemals für die Modernisierung der Religion gesprochen. Es steht außerhalb jeder Erörterung, dass das, was im Koran steht, gilt. Das ist unsere Botschaft, der Islam erlaubt keine Reform und ist für Reformen nicht offen.«[9] Darin ist er sich mit seinem Ministerpräsidenten einig, der feststellte: »Unsere Religion ist ohne Fehler.« Was im Namen dieser Religion an Gewalttaten verübt wird, ist »nicht im Sinne unserer Religion«.

Mit solchen Erklärungen wird die Religion von jeglicher gesellschaftlichen und sozialen Verantwortung freigesprochen. Eine Intervention des »Präsidiums für religiöse Angelegenheiten« erübrigt sich nach Meinung von Bardakoglu, denn Menschen, so sagt er, »können unter der Voraussetzung, dass sie es auf der Basis

der von allen Muslimen in der Welt akzeptierten Prinzipien tun,
ihre unterschiedlichen Interpretationen haben. Das ist eine Sache
der persönlichen Freiheit.«[10]

Die Aufgaben

Ich habe mich bei der »Präsidentschaft der Abteilung für Aus-
landsbeziehungen« angemeldet und sitze vor dem Schreibtisch
des Büroleiters. Der Chef der Abteilung, heißt es, sei noch unterwegs und lasse sich entschuldigen. Der Beamte notiert freundlich
meinen Namen und versucht zu ergründen, was ich will. Direk-
te Fragen, wie man sie in Deutschland Vertretern von Behörden
stellen kann, würden bei türkischen Beamten auf Unverständ-
nis, ja auf Abwehr stoßen. Sie wollen zunächst einmal herausbe-
kommen, ob man zum »Wir« gehört, ob man eine »Schwester« ist
oder eine Ungläubige.

Ich bemühe mich deshalb, meinen Fragen einen eher allgemeinen Charakter zu geben, will wissen, wie die Behörde organisiert
ist, welche Aufgaben sie hat und warum so viele Beamte für sie
tätig sind. Hier werde, erläutert mir mein Gegenüber, der Druck
des Koran kontrolliert, das Präsidium sei für die Errechnung der
Gebetszeiten und für rituelle Fragen zuständig, ferner gebe es eine
Bildungsabteilung, die bereits erwähnte Abteilung für die Pilgerfahrt, für Publikationen, Finanzen, Pressearbeit usw. Die Tür seines Büros steht während des ganzen Gesprächs offen, und alle Vor-
beigehenden schauen interessiert herein, mit welcher Frau sich
der Kollege da so lange unterhält.

Ich komme auf die Situation der Muslime in Deutschland zu
sprechen und frage ihn, ob er wisse, dass große Anstrengungen
unternommen würden, riesige Moscheen in deutschen Städten zu
bauen. Er lächelt mir fast konspirativ zu, senkt ein wenig die Stimme und sagt: »Früher haben uns die Almanci, die Deutschländer,

mit ihrem Geld geholfen, hier Moscheen zu bauen. Das ist jetzt anders. Jetzt helfen wir.« Als ich ihn frage, wie diese Hilfe denn konkret aussehe, lächelt er nur vielsagend und schweigt. Das war vielleicht schon zu viel der Neugier.

Ein Kollege betritt das Büro, entschuldigt sich vielmals und sagt, er habe eine eilige Sache. Vielleicht ahnt er nicht, dass ich aus dem Ausland komme, jedenfalls übergibt er meinem Gesprächspartner ein Schreiben und kommentiert: »Die Dänen wollen was Eigenes machen.« Mein Gesprächspartner liest und schüttelt den Kopf: »Sag ihnen, dass sie dann keine Unterstützung bekommen.«

Auf die Moscheen in Deutschland möchte er danach nicht zurückkommen, das Gespräch endet mit unverbindlichen Freundlichkeiten. Als sein *Effendi*, sein verehrter Herr, dann doch nicht wie vereinbart erscheint, verabreden wir einen neuen Termin für einen der nächsten Tage. Aber auch dann könne womöglich, »leider, leider«, ein Treffen scheitern, denn »wissen Sie, meine Dame, wir haben viele internationale Delegationen zu betreuen«. Zu den Aufgaben des Amtes gehöre es schließlich, »dazu beizutragen, dass sich unsere Mitglieder im Ausland, ohne dass sie sich assimilieren, ihrer eigenen Identität treu bleiben, um in der Gesellschaft, in der sie sich befinden, in Harmonie zu leben«. Wie das miteinander vereinbar sein soll, bleibt mir rätselhaft. Es liegt aber ganz auf der Linie des obersten Dienstherrn der Behörde, Ministerpräsident Erdogan. Der *lider*, der politische Führer, hatte bei seinem Besuch in Deutschland im Frühjahr 2008 alle bei uns lebenden Türken mit deutlichen Worten dazu aufgefordert, sich nicht zu assimilieren.

Die Diyanet und Deutschland

Vertreten wird die Diyanet in Deutschland durch die Ditib, die Türkisch-islamische Union der Anstalt für Religion e.V., mit Hauptsitz in Köln. Offiziell gibt es keine organisatorische Verbindung zwischen der türkischen Behörde und dem deutschen Verein, faktisch sehr wohl. So ist der Vorsitzende der Ditib, zurzeit Sadi Aslan, ein türkischer Diplomat im Rang eines Botschaftsrats. Es gibt geschätzte 34 – von der Ditib selbst werden 13 angegeben – Religionsattachés in den türkischen Konsulaten, die im Laufe der letzten fünf Jahre von der AKP-Regierung neu besetzt wurden. In der Bundesrepublik predigen und unterrichten 700 bis 800 türkische Imame, die von der Diyanet ausgewählt und geschult wurden. Offiziell werden sie von den örtlichen Moscheevereinen beschäftigt, zählen also formell nicht zu den Beschäftigten der Diyanet, unterstehen aber ihrer Weisungsbefugnis. Auch die Entwürfe für die Freitagspredigten kommen aus Ankara.

Die Ditib ist neben den anderen Islamvereinen ein Faktor in der deutschen Innenpolitik. Ihre Vertreter sitzen in der Islamkonferenz, beim Integrationsgipfel und überall auf den Podien, wenn über den Islam und über Integration in Deutschland diskutiert wird. Die deutsche Politik hat sie lange als Gesprächspartner bevorzugt. Man wollte den »gemäßigten«, vom Staat kontrollierten Islam fördern, damit nicht Gruppierungen, wie beispielsweise die Milli Görüs, denen islamistische und reaktionäre Tendenzen nachgesagt werden, unter den Migranten zu viel Einfluss gewinnen. Aber da scheint man die Rechnung ohne den Wirt gemacht zu haben. Erdogan und Gül, beide ehemalige Mitglieder der Milli Görüs, stellen nun die türkische Regierung und bestimmen den Kurs und die Personalpolitik der Diyanet, und die Milli Görüs sitzt über einen Dachverband in der Islamkonferenz von Bundesinnenminister Wolfgang Schäuble.

Die Ditib sagt, die Vereine und die Zentrale in Köln würden ausschließlich aus Spenden der Mitglieder finanziert. Aber die Finanzierung der – nach eigenen Angaben – etwa 800 Moscheen mit ihren Imamen, dazu die Kosten, die die riesigen Moscheeprojekte in Köln, München oder Duisburg verursachen, lassen Zweifel aufkommen, ob die wenigen Vereinsmitglieder oder Besucher der Freitagsgebete die einzigen Finanziers sind. Allein der Bau der von den Islamvereinen laut Islamarchiv in Soest zurzeit geplanten 187 Moscheen würde bei einer Bausumme von etwa drei Millionen pro Projekt einen Finanzbedarf von einer halben Milliarde Euro mit sich bringen, Großprojekte wie die geplante Moschee in Köln mit ihren 15 bis 25 Millionen Baukosten noch gar nicht eingerechnet. Der Verdacht liegt nahe, dass die »Spenden« entweder direkt oder indirekt vom türkischen Staat, über Stiftungen oder Firmenholdings der Islamischen Weltliga nach Deutschland gelangen. Jedenfalls ist es höchst irritierend, dass ein Staat wie die türkische Republik sich über direkt oder indirekt von ihr finanzierte Organisationen einen Einfluss auf die deutsche Innenpolitik zu sichern sucht. Noch irritierender ist es, dass die Bundesregierung dies nicht problematisiert, sondern hinzunehmen scheint. In einem Gespräch mit Ralph Giordano für die »Frankfurter Allgemeine Sonntagszeitung« am 2. März 2008 antwortete der deutsche Innenminister auf die Frage, wo die 25 Millionen für die Großmoschee in Köln herkommen würden, lapidar: »Das ist doch klar. Wenn der Verein Ditib die Moschee baut, kommt das Geld vom türkischen Staat.«

Die Diyanet ist dem Ministerpräsidenten unterstellt. Der türkische Staat finanziert Moscheen und Vorbeter, eine Kommission der Behörde erlässt Fatwas, Rechtsgutachten, und bestimmt damit, was der Islam ist und was nicht. Das bedeutet, der türkische Staat organisiert und betreibt die Religion. Der Diyanet-Islam ist so faktisch Staatsreligion und die türkische Republik nicht säkular.

Die Republik und die Frauen

Alles begann mit einem Stück Stoff. Latife, die Frau des Republik-
gründers, legte den Schleier ab. Und Atatürk forderte die Frauen der
Republik auf, ihrem Beispiel zu folgen. Auch er, diesbezüglich ganz
in der Tradition des Propheten stehend, brauchte die Frauen. Um
die Reformierung des Landes nach westlichem Vorbild voranzutrei-
ben, schlug der »Gazi« den Musliminnen eine Bresche. In der Repu-
blik erhielten sie zum ersten Mal politische Rechte, denn er wollte sie
für eine Mission gewinnen: »Erzieherin der Nation« sollte die Frau
fortan sein, als Mutter und Ehefrau am Aufbau der türkischen Repu-
blik mitwirken. Wie so vieles bei den kemalistischen Vätern der Re-
publik blieb es ein eher halbherziger Versuch – volle politische Gleich-
berechtigung erhielten die Frauen nicht.

Inzwischen ist das Kopftuch zum Symbol der neuen islamischen
Leitkultur geworden. Die Frau des jetzigen Staatspräsidenten Gül
ist vor einigen Jahren für das »Recht auf das Kopftuch« bis vor den
Europäischen Gerichtshof gezogen, und zurzeit scheint die Republik
wegen dieses symbolischen Stückes Stoff vor der Zerreißprobe zu
stehen.

In der politischen Geschichte des Osmanischen Reiches spielte
die Mehrheit der Frauen keine Rolle. Sie waren in die Häuser und
Harems eingesperrt, in der Öffentlichkeit nicht präsent und be-
kleideten keine Ämter. Nur am Sultanspalast konnten die *valide*
sultan, die Sultansmütter, und die *haseki*, die Favoritinnen, zuweilen ihren Einfluss nutzen, um Politik zu machen und ihre Söhne
auf den osmanischen Thron zu bringen. Aber der Harem war eine

Welt für sich, getrennt von der Lebenswirklichkeit der normalen Bevölkerung.

Viel stärker ist die türkische Gesellschaft bis heute von den Traditionen der Turkvölker geprägt, kriegerischen Nomadenstämmen aus Asien, die im ersten Jahrtausend n. Chr. von der Mongolei nach Anatolien einwanderten. Es waren von Männern beherrschte Gesellschaften, in denen die Geschlechter relativ fest umrissene Aufgaben hatten, den Frauen zuweilen aber noch Freiheiten zugestanden wurden. So aßen Männer und Frauen zusammen, empfingen auch gemeinsam Gäste, und die Frauen trugen keinen Schleier.[11]

Mit der Errichtung und Stärkung des Osmanischen Reiches und dem wachsenden Einfluss des Islam auf alle turkmenischen Stämme dieser Region begann auch in Anatolien die Gefangennahme der Frau. Sie wurde zum Mündel der Männer. Stammesriten wurden jetzt religiös legitimiert und stärkten das Patriarchat. Zwar waren die Frauen auch bei den Turkvölkern nicht gleichberechtigt gewesen, der Islam aber erkannte darin eine »gottgewollte« Ordnung. Sie wurden zum Dienen und Gehorchen erzogen, von ihren Familien zur »Schuldentilgung« oder als »Blutgeld« benutzt, und wenn sie in die Pubertät kamen, wurden sie verheiratet und bekamen sofort und meist ohne Unterlass Kinder.

Die Verbannung aus der Öffentlichkeit

Außer in ein paar Gerichtsakten, in denen Frauen als Kläger oder Opfer erwähnt wurden, blieben von Millionen Frauen im Osmanischen Reich kaum Spuren. Die Turkologin Suraiya Faroqhi suchte für ihre historischen Studien über »Kultur und Alltag im Osmanischen Reich«[12] verzweifelt danach. Was sich finden lässt, sind eher Dokumente der Vertreibung der Frauen aus der Öffentlichkeit.

Die *fermans*, die Anweisungen der osmanischen Sultane, verboten den Frauen den Aufenthalt an öffentlichen Orten ganz oder schränkten ihn räumlich und zeitlich stark ein. »Frauen dürfen ab sofort keinen *kaymakci*, Puddingladen, betreten«, hieß es beispielsweise in einer Verfügung aus dem Jahr 1603. »Frauen dürfen Vergnügungsparks, Ausflugsorte nicht mehr betreten«, lautete ein Sultanserlass von 1787; und eine Fatwa von Osman III. aus dem Jahr 1756 ordnete an: »Frauen dürfen nur noch an vier Tagen der Woche aus dem Haus.« Die *fermans* schrieben den Frauen vor, wie kurz oder lang das Kopftuch, der Tschador oder der Kragen des Mantels zu sein hatte. Sie regelten, zu welcher Uhrzeit, in welchen Straßen und auf welchen Plätzen Frauen gehen durften, wann und wie sie reisen und welche Fahrzeuge sie dabei benutzen durften. »Frauen dürfen mit ihren Vätern und Söhnen nicht gemeinsam auf der Straße gehen. Sie dürfen nicht im gleichen Wagen fahren und auch nicht an bestimmten Plätzen vorbeilaufen«, hieß es im Jahr 1861.

Der Einfluss des Westens

Ende des 18. Jahrhunderts verstärkte sich der politische, militärische und ökonomische Druck auf das Osmanische Reich. Es musste sich modernisieren, wollte es nicht von Russland und den westeuropäischen Mächten erdrückt werden. 1839 wurde durch den gerade ins Amt gekommenen 16-jährigen Sultan Abdulmecit eine von seinem Vorgänger vorbereitete »heilsame Neuordnung«, *Tanzimat-i Hayrire*, erlassen, die den Untertanen Rechte garantieren sollte – unter anderem die Sicherheit ihres Lebens, ihrer Ehre und ihres Privateigentums. Eine öffentliche Rechtsprechung wurde eingeführt, die Gleichheit aller Religionsgemeinschaften festgeschrieben.[13]

Die Folge der Reformen war ein stetig wachsender Einfluss

westlicher Ideen auf die osmanischen Eliten. Westliche Kleidung kam in Mode, der Fes löste den Turban ab, die Männer legten die osmanische Tracht ab und zogen den Anzug an. Die Verwaltung wurde nach französischem Vorbild reformiert und das Land in Provinzen aufgeteilt. Ihre Gouverneure ernannte die Regierung, die Ämter wurden nicht mehr wie vorher verkauft.

Frauen kamen in diesem Reformwerk nicht vor, konnten sich aber in der Tanzimat-Zeit einige Freiräume in der Gesellschaft erstreiten – manchmal auch mithilfe einzelner Männer. Die Einführung des Sekundarunterrichts für Mädchen und die Gründung eines Pädagogikums im Jahr 1870, zu dem auch Frauen zugelassen waren, lösten heftige Kontroversen mit der religiösen Richterschaft, der *ulema*, aus.[14] Schriftsteller und Publizisten der privilegierten Kreise Istanbuls schrieben über die Ausbeutung der Frau, ihre rechtliche wie soziale Beschränkung und setzten sich für die Abschaffung des Harems sowie für ein Verbot der Vielehe ein. Bildungschancen für Frauen wurden gefordert und – man staune – das Recht auf Erwerbstätigkeit. Partnerschaftliche Beziehungen zwischen Mann und Frau wurden ein Thema in der Literatur. Die Gedichte und Romane von Namik Kemal (1840–1888), der von seinem Pariser Exil aus zeitweilig die Zeitung der jungtürkischen Reformer, »Hürriyet«, redigierte, standen ganz in der Tradition der europäischen Romantik. Das war alles neu, ungewöhnlich und wurde von den religiösen Führern mit tiefem Misstrauen verfolgt.

Dabei beschränkten sich die unter Sultan Abdulmecit verabschiedeten Reformen ohnehin nur auf die Elite der städtischen Bevölkerung, bei der analphabetischen Landbevölkerung Anatoliens kamen sie nicht an. So konnte der nächste Sultan, Abdulhamid II., sie auch wieder kassieren, ohne auf nennenswerten Widerstand zu stoßen. Technologische und wirtschaftliche Fortschritte waren willkommen, aber die Struktur der Familie, die religiöse

Ausrichtung, die Stellung des Sultans – all das sollte unangetastet bleiben. Die Reformer wurden verfolgt, ins Exil oder in den Untergrund gedrängt, wo sie sich ab 1876 als *jöntürkler*, Jungtürken, zusammenfanden und sich 1907 im »Komitee für Einheit und Fortschritt« organisierten, das erfolgreich gegen den Sultan revoltierte. 1909 wurde Abdulhamid II. gestürzt und die Verfassung des Tanzimat wieder eingesetzt.

Das eröffnete auch den Frauen wieder mehr und vor allem ganz neue Möglichkeiten. Ohnehin ließen sich die weiblichen Mitglieder der Oberschicht nicht mehr in die alte dienende und gehorchende Rolle zurückdrängen. Die Zahl jener, die lesen und schreiben lernten, nahm zu. Frauen veröffentlichten Bücher und gaben Zeitschriften heraus, auch wenn deren Themen überwiegend sehr traditionell waren – »Wie werde ich eine gute Mutter, Ehefrau, Muslimin?« waren die wichtigsten Fragen. Aber mit den neuen Möglichkeiten, sich öffentlich zu äußern, entwickelte sich in dieser sozialen Schicht der Typus der selbstbewussten muslimisch-türkischen Frau. Wie die Schriftstellerin Fatima Aliye beispielsweise, die in ihren Büchern die männliche Polygamie scharf kritisierte und mit ihrem Werk »Nisvani Islam« (»Die Frau im Islam«), das 1896 in Istanbul erschien, als erste Frau wagte, den Islam zu kritisieren und auf die Zusammenhänge zwischen der männlichen Vorherrschaft und der Religion hinzuweisen;[15] oder Rasime Hanim, die 1899 eine Frauenzeitung gründete, sich gegen die Scharia wandte und die osmanische Mädchenerziehung kritisierte.[16]

Eine der selbstbewussten Frauen, die in der Tanzimat-Zeit aufwuchsen, war Latife Ussaki, Tochter aus großbürgerlicher Familie, die 1923, im Jahr der Republikgründung, die Frau von Kemal Atatürk wurde und unter dem Namen *Latife Hanim*, Frau Latife, bekannt wurde. Nicht zuletzt ihrem Einfluss ist es zu verdanken, dass mit der Republik eine neue Zeit für die Frauen begann.

Kennengelernt hatten sich die beiden in Izmir, in der Stadt, die ein Jahr zuvor noch Smyrna hieß. In Atatürks Leben markierte dieser Ort einen Wendepunkt – persönlich und politisch. Im September 1922 fand hier die Vertreibung der Nichtmuslime aus Anatolien unter seiner Führung ihren grausamen Höhepunkt, als das hauptsächlich von Griechen bewohnte Smyrna in Schutt und Asche gelegt wurde.[17] Fortan hieß Smyrna Izmir – das Türkentum hatte gesiegt.

Es war das Ende des multiethnischen und multikulturellen Anatoliens. Jahrhundertelang hatten hier Armenier, Griechen, Aramäer und viele gelebt, die von anderen Kulturen und Traditionen geprägt waren als die Turkvölker. Das Triumvirat um Enver Pascha, Cemal Pascha und Talaat Pascha, das Anfang 1913 die Macht an sich riss, hatte schon die Jahre des Ersten Weltkriegs genutzt, um Anatolien ethnisch zu säubern. Ihre Vision von einem großtürkischen Reich stieß in den muslimischen Teilen der Bevölkerung auf großen Zuspruch und richtete sich auch gegen die osmanische Oberschicht in Konstantinopel, die bereit war, sich mit den Alliierten auf Kosten der Souveränität und Einheit des Landes zu arrangieren. Der durch seine militärischen Erfolge im Ersten Weltkrieg bekannt gewordene Atatürk forcierte die Durchsetzung des »Türkentums«. Und er setzte dabei auch auf die Frauen.

Atatürks Mission

Latife und Atatürk begegneten sich, als sie während der militärischen Kämpfe in sein Hauptquartier in Smyrna kam, um ihm das Haus ihrer Eltern in Göztepe als sicheres Quartier anzubieten. Er war von der damals 24-jährigen gebildeten Frau, die in London und Paris Jura studiert hatte, stark beeindruckt.

Am 29. Januar 1923 kehrte der 42-Jährige nach Izmir zurück

und hielt um ihre Hand an. Dass sie selbst gefragt wurde und bei der Trauung selbst zugegen war, verstieß gegen die Tradition. Ungewöhnlich war auch der große politische Einfluss, den sie auf ihren Mann ausübte. »Nichts in unserer Religion«, so verkündete Atatürk nach Gründung der Republik, »verlangt, dass Frauen den Männern unterlegen sein müssten.«

Die Ehe der beiden hielt nur zweieinhalb Jahre, hatte aber für die Frauen in der Türkei eine weitreichende Bedeutung. Latife, die mit Gründung der Republik »First Lady« wurde, war die erste Muslimin, die in der Öffentlichkeit zwar zunächst noch ein Kopftuch, aber keinen Schleier vor ihrem Gesicht trug. Bei einer der großen Reden Atatürks in der Nationalversammlung ließ sie sich in den Zuschauerrang schleusen und nahm dann mitten in der Versammlung den Gesichtsschleier ab. Was die internationale Presse mit Anerkennung notierte, sorgte unter den türkischen Männern für Aufruhr, schließlich war der Schleier ihrer Meinung nach den Frauen vom Propheten höchstpersönlich angelegt worden, um sie vor sexuellen Belästigungen zu schützen, sie von allzeit verfügbaren Sklavinnen zu unterscheiden und als »ehrbar« auszuweisen. Atatürk ließ sich durch die Reaktionen muslimischer Männer nicht beirren. Im November 1925 verkündete er seine Kleiderreform, Fes und Schleier waren fortan verboten. Auch Latife trug künftig weder Schleier noch Kopftuch.

Flucht im Tschador

Dabei hatte Atatürk der Tschador, von dem er die türkischen Frauen befreite, persönlich einst das Leben gerettet. Als der Staatsgründer aus Furcht vor einem Attentat aus dem Präsidentenpalast fliehen musste, lieh er sich von Latife einen Tschador und konnte so unentdeckt entkommen. Die Autorin Ipek Calislar erzählt in ihrem Buch »Latife Hanim«[18] diese Anekdote – und wurde dafür im August 2006 angeklagt. Sie habe mit dieser Geschichte die »Ehre« des Staatsgründers verletzt, so das Gericht. Der Prozess verlief glücklicherweise im Sande.

Latife trat oft mit ihrem Mann bei Veranstaltungen auf, und Atatürk forderte alle Frauen auf, ihrem Beispiel zu folgen und sich zu emanzipieren: »Die Schwäche unserer Gesellschaft liegt in unserer Gleichgültigkeit gegenüber dem Status der Frauen«, mahnte er. Dem Islam traute er eine emanzipatorische Kraft nicht zu. Im Gegenteil: »Meine Herren!«, so der Vater aller Türken 1924 in Samsun, »auf der Welt gibt es mehr als dreihundert Millionen Muslime. Diesen werden ihre Erziehung und ihre Sitten durch ihre Eltern und ihre Hocas vermittelt. Leider ist es nun eine Tatsache, dass alle diese Menschen sich unter diesen oder jenen Ketten der Sklaverei befinden. Ihre moralische Erziehung und ihre Sitten haben ihnen nicht die moralische Größe gegeben, sich dieser Ketten der Sklaverei zu entledigen, und gibt sie ihnen auch nicht. Denn ihr Ziel ist nicht die nationale Erziehung.«[19]

An die »innere Front«

Während die Osmanen ihre Frauen ausschließlich auf die Rollen als Ehefrauen und Mütter eingeschworen hatten, wollte die Republik aus ihnen nationalbewusste Bürgerinnen machen. Erstmals erhielten Frauen bürgerliche Rechte, wenn auch noch nicht die volle Gleichberechtigung. Atatürk war nur zu bewusst, dass eine wirkliche Modernisierung des Landes ohne die Frauen nicht zu haben war: »Die neue patriotische Frau war immer noch Ehefrau und Mutter, aber sie hatte eine andere Mission, nämlich die Erziehung der Nation.«[20] Er sah ihre Aufgabe vor allem in einer »erfolgreichen Mutterschaft« und der Erziehung der Kinder. Dafür wurden die Rechte der Frauen bewusst gestärkt.

Aber sosehr ihm daran gelegen war, die Frauen an der »inneren Front« zu wissen, so gestand er ihnen doch das Recht auf politische Mitwirkung nicht zu. 1923 untersagte er die Gründung einer Frauen-Volkspartei. 1930 erhielten Frauen das Wahlrecht, und seit 1934 können Frauen auch ins Parlament gewählt werden, faktisch blieb ihr Einfluss aber bis heute unbedeutend.

Latife beeinflusste ihren Mann in diesen Fragen sehr, politisch verstanden sie sich gut, aber als Ehemann war Atatürk wohl überfordert. Er war eben Staatsmann, seine Liebe galt der Türkei. Hinzu kam: Er blieb der Soldat, der er sein Leben lang gewesen war. Seine Nächte verbrachte er mit Kartenspielen und Raki. Vielleicht war dies auch der Grund für den Bruch zwischen den Eheleuten – trotz aller politischen Übereinstimmung, die sie miteinander verband. Als Politiker aber bewegte er viel.

Der zeitgemäße Aufzug

Die von Atatürk angeschobenen Reformen revolutionierten nahezu alle Lebensbereiche. Er organisierte den Staat neu, führte die lateinische Schrift ein, zog eine Alphabetisierungskampagne durch, reformierte das Scheidungs-, Sorge-, Erb- und Vormundschaftsrecht, verbot die Polygamie, forderte die Bürger auf, in einem »ordentlich-zeitgemäßen Aufzug« aufzutreten, verbannte Fes und Turban und ging beispielhaft bei all diesen Neuerungen voran. Auch er selbst sah sich als Erzieher der Nation.

Das islamische Schariarecht wurde abgeschafft und durch das mit nur wenigen Änderungen ins Türkische übersetzte Schweizer Zivilgesetzbuch ersetzt. Das brachte allerdings nicht nur Verbesserungen mit sich. Im Familienrecht der Jungtürken hatte das erlaubte Heiratsalter bei 17 Jahren gelegen, jetzt wurde es auf 14 Jahre gesenkt. Frauen durften weiterhin nur mit Zustimmung ihrer Väter und Ehemänner berufstätig werden, der Mann war und blieb das Oberhaupt der Familie. Aber viele der Einschränkungen, denen die muslimischen Frauen unterlagen, wurden aufgehoben – zumindest auf dem Papier. »Die Familie ist die Grundlage der türkischen Gesellschaft. Sie beruht auf der Gleichheit von Mann und Frau«, heißt es bis heute in Artikel 41 der türkischen Verfassung. Die sozialen Realitäten sehen allerdings anders aus.

Trotzdem genossen die türkischen Frauen vor allem in der Mitte des 20. Jahrhunderts neue Freiheiten. In den Städten bildete sich so etwas wie ein öffentliches bürgerliches Leben heraus. Das Ende dieser liberalen Phase kam, als die Linken anfingen, die bürgerliche Gesellschaft als »kapitalistisch« zu bekämpfen, die Rechten »dem Kommunismus« den Kampf ansagten, die Kurden die Einheit der Republik auseinanderbomben wollten, die islamische Revolution des Ayatollah Khomeini im Iran die türkischen Islamisten stärkte und das Militär wiederholt putschte. In diesen Auseinandersetzungen der Männer wurde die Frauenfrage zum »Nebenwiderspruch«.

Der große Bruder der Abgeordneten

Auf einer Veranstaltung in Köln hatte ich eine Abgeordnete der AKP, der Partei für Gerechtigkeit und Aufschwung, kennengelernt, eine Ärztin, die Kopftuch trug und nicht müde wurde, die unter der AKP-Regierung erreichten Fortschritte für Frauen zu preisen. Hier und da gäbe es noch einige Probleme, die aber seien vorübergehender Natur, versicherte sie mir, ihre Partei würde alles anpacken. »Kommen Sie ins Parlament nach Ankara, dann zeige ich Ihnen alles«, bot sie mir an. Vier Wochen später war ich da.

Als ich wegen eines Termins im Büro der AKP-Abgeordneten anrufe, erklärt man mir allerdings, sie sei in dieser Woche leider nicht zu erreichen. Ich wähle ihre Privatnummer – sie sei leider in ihrer Praxis, lässt man mich wissen. Als ich sie nach wiederholten Versuchen endlich am Apparat habe, vertröstet sie mich auf einen späteren Termin. Beim vierten Anruf meinerseits gibt sie dann offen zu, dass sie sehr selten im Abgeordnetenbüro sei. Aber ich könne mir das Parlament dennoch gern ansehen, ihr Bruder werde mir alles zeigen, er sei ihr Büroleiter. Das war nicht das, was ich eigentlich wollte, aber ich telefoniere erneut mit dem Büro und melde meinen Besuch für den nächsten Tag an.

Besuchszeit

Das Parlamentsgebäude, 1939 von dem österreichischen Architekten Clemens Holzmeister entworfen, atmet mit seinen wuchtigen Steinflächen und Säulen etwas von der pathetischen Moderne, die funktional sein will, aber auch vor der großen Geste nicht zurückschreckt: ein breites Entree, das die Staatsführer und Militärs durch ein riesiges Foyer auf direktem Weg zu ihren Logen gelangen lässt, während die Abgeordneten, da ihre Büros hinter dem Sitzungsgebäude liegen, quasi durch die Hintertür ins Parlament kommen.

Ein freundlicher Herr mittleren Alters holt uns an der Sicherheitsschleuse ab. Er stellt sich als Bruder und Büroleiter der Abgeordneten vor, der sich von seiner Stelle im Landwirtschaftsministerium hat beurlauben lassen, um seine Schwester zu unterstützen. Die Abgeordnetenbüros befinden sich auf einem großen Gelände mitten in einem Park. Man plane einen Neubau, informiert uns unser Gesprächspartner, denn das Parlament sei von ursprünglich 400 auf 550 Abgeordnete angewachsen, eine Folge des rapiden Bevölkerungswachstums. Jeder Abgeordnete habe ein Büro, das von einem Büroleiter und einem Assistenten oder Sekretär geführt werde. Die Hauptarbeit der Abgeordneten bestehe, neben den Parlaments- und Ausschusssitzungen, darin, sich die Nöte und Sorgen der Wähler anzuhören und diese, wenn möglich, zu beheben. Jeder Bürger könne von montags bis freitags das Parlament und seinen Abgeordneten besuchen.

Diese Gelegenheit nehmen an diesem Morgen über hundert Bürger wahr. Abgeordnete sind nicht nur politische Mandatsträger, sondern immer auch Anwälte und Lobbyisten ihrer Wähler. Auch vor dem Büro der AKP-Abgeordneten warten bereits einige Bittsteller. In den zwei Stunden, die wir dort verbringen, werden etliche vorgelassen. Ein Mann bittet darum, die Abgeordnete möge sich doch dafür einsetzen, dass seine Frau, die Lehrerin sei, nach Ankara versetzt werde. Ein anderer möchte, dass sie bei seinem Chef anruft, damit er endlich eine Lohnerhöhung bekommt. Und ein Dritter erkundigt sich, ob die Abgeordnete nicht dafür sorgen könne, dass er eine Arbeit findet. Der Büroleiter wird umstandslos als Ansprechpartner akzeptiert, schließlich ist er der Abi, der große Bruder der Abgeordneten, er ist somit eine Autorität. Er notiert sich die Fälle, sagt seine Hilfe zu und lässt den Bürgern Tee bringen. Niemand stört sich an unserer Gegenwart.

Fast entschuldigend weist der Büroleiter darauf hin, dass die Bearbeitung solcher Fälle die meiste Zeit beanspruche. Als Abgeordnete habe seine Schwester mit so vielen Dingen zu tun, diese Arbeit könne schließlich auch er erledigen. Ich bin erstaunt, mit welchen Anliegen die Menschen zu ihm kommen, das seien doch alles private Wünsche, deren Erfüllung nicht zu den Aufgaben eines Politikers gehörten. Er lächelt und erläutert, so sei das nun einmal in der Türkei, da hänge alles miteinander zusammen. Auch als Abgeordneter sei man ein »Teil der Familie«. Als wir uns erkundigen, ob Abgeordnete denn Nebentätigkeiten ausüben dürften, verneint er die Frage – ein Abgeordneter habe voll und ganz für das Volk zu arbeiten. Da er selbst, kaum hat er das gesagt, den Widerspruch zwischen seinen Worten und dem Handeln seiner Schwester bemerkt, brauche ich ihn gar nicht mehr auf den befremdlichen Umstand hinzuweisen, dass seine Schwester offensichtlich hauptberuflich Ärztin und nicht Abgeordnete ist – er wird von allein einsilbig.

Die Zehn-Prozent-Hürde

Es gibt bei den Wahlen zum nationalen Parlament Direktmandate für jede der 81 Provinzen und Listenmandate, die entsprechend der Stimmenzahl im Mehrheitsverhältnis nach Bevölkerungszahl und Wahlstimmen vergeben werden. Die Parteivorstände selbst nominieren und platzieren die Kandidaten auf den Listen. Vor den letzten Wahlen wurde in türkischen Zeitungen darüber spekuliert, was ein Abgeordnetenmandat »kostet« und was es einbringt, denn jeder Direktkandidat muss den Großteil seines Wahlkampfes selbst finanzieren. Nur wenn eine Partei mehr als 10 Prozent der Stimmen erhält, kommt sie ins Parlament. Diese Regelung ist eine Erblast des letzten Militärputsches – das Militär wollte verhindern, dass extremistische Parteien ins Parlament einziehen. Bei der letzten Wahl blockierte diese Zehn-Prozent-Hürde die parlamentarischen Chancen anderer oppositioneller Kräfte. Nur 21 kurdischstämmigen Kandidaten aus dem Osten gelang der Sprung über ein Direktmandat ins Parlament, die sich zu einer Fraktion der Partei der demokratischen Gesellschaft, DTP, zusammenschlossen. Aktuell hat die AKP 340, die republikanische Volkspartei CHP 98, die Partei der Nationalistischen Bewegung MHP 70, die Demokratische Linkspartei 13 Mandate. Sechs Abgeordnete sind unabhängig oder gehören Splitterparteien an.

»Alles unsere Leute«

Wir werden vom Bruder der Abgeordneten ins Parlamentsrestaurant geführt. Am Nebentisch sitzen vier Männer. Drei von ihnen sind erkennbar vom Land, sie haben dicke Schnauzer unter der Nase und ihren besten schwarzen Anzug angezogen. Die ungewohnte Umgebung scheint sie nicht sonderlich zu beeindrucken. Der Vierte muss ein Abgeordneter sein.

Als wir unseren Begleiter auf die politischen Großdemonstrationen gegen die Wahl des AKP-Kandidaten Abdullah Gül zum Präsidenten ansprechen, lächelt er nur. Das seien doch eigentlich alles »unsere Leute«, sagt er. Als ich Zweifel anmelde und ihn darauf hinweise, dass sich die Demonstrationen doch eindeutig gegen eine Islamisierung des Landes gerichtet hätten, widerspricht er. Nein, die Menschen demonstrierten für die Republik und gegen die Einmischung von außen und von Seiten des Militärs. Niemand wolle das Land islamisieren. Nur seien nun mal die Muslime in der absoluten Mehrheit und würden inzwischen auch ihre Rechte einfordern und ihren Platz in der Gesellschaft einnehmen.

Der Abgeordnete am Nebentisch gibt sich alle Mühe, seine drei Gäste aufzumuntern, die etwas verdrossen auf das vornehme Ambiente mit weißen Tischdecken und Kellnern im schwarzen Anzug reagieren: »Esst, meine Freunde, esst, so viel ihr könnt. Es geht alles auf meine Rechnung.« Kurze Zeit später verabschiedet er sich eilig mit der Entschuldigung, er habe eine unaufschiebbare Verabredung bei einer Bank.

Was denn an dem von Kemalisten und anderen erhobenen Vorwurf dran sei, die AKP würde alle neu zu vergebenden Posten mit Parteigängern besetzen, möchte ich vom Abi wissen. Ach, da jammerten doch nur jene, die den Staatsapparat jahrelang als ihre Pfründe betrachtet hätten. Jetzt seien eben andere dran, schließlich hätten sich auch die Mehrheitsverhältnisse im Parlament geändert. Dass mit dem Politikwechsel auch ein Kampf um Einfluss und Posten verbunden sei, will er gar nicht bestreiten.

Die drei Männer neben uns sehen gar nicht erst in die Speisekarte, sondern geben dem Kellner ihre Bestellung direkt auf.

»Habt ihr den gesehen«, poltert einer der drei los, »dieser Hund! Der wollte uns doch nur loswerden, denkt wohl, er habe es nicht nötig, mit uns zu essen.« Der Zweite stimmt ein: »Schließlich haben wir ihn hierher geschickt – genauso können wir ihn wieder zurückholen! Wir lassen uns doch nicht auf den Arm nehmen.« Der Dritte nickt, als der Erste einen Beschluss verkündet: »Wir gehen hier erst wieder weg, wenn er uns die Zusage gemacht hat, dass im Dorf die Wasserleitung gelegt wird. So lange bleiben wir.« Der Kellner bringt das Essen, ein Stück Lammfleisch mit Tomatensoße, Joghurt, Salat und Brot, das Gleiche, was wir auch bestellt haben. Auch unser Begleiter verabschiedet sich bald, die Stühle vor seinem Büro sind sicher längst wieder besetzt.

»Hier werden Wähler gekauft«

Am nächsten Tag treffe ich Serap, die Frauenbeauftragte der kemalistischen CHP, der Republikanischen Partei.[21] Von ihr möchte ich wissen, wie sie sich den Erfolg der AKP erklärt. Serap ist Ende zwanzig, hat vor ihrer jetzigen Tätigkeit für die »Fliegenden Besen« gearbeitet, eine Frauenorganisation, die die Gewalt gegen Frauen in der Türkei bekämpft, und ist auf die Regierungspartei nicht allzu gut zu sprechen.

»Sie tun viel für die Armen in den *gecekondus*«, erklärt sie mir. »Um an die Macht zu kommen und ihren Einfluss auszubauen, ersetzen sie die über Nacht illegal gebauten, primitiven Häuser durch staatlich subventionierte Hochhäuser. Die Grundstücke werden legalisiert, und die ehemaligen Bewohner können dann Wohnungsbesitzer werden – sofern sie in die AKP eintreten und ein Wahlversprechen ablegen. Ich habe mit Leuten dort gesprochen, die auf diese Weise, ohne einen *kurus* zu zahlen, zu einer Wohnung gekommen sind. Danach wird die Religionsbehörde

Diyanet losgeschickt, um im Viertel eine Moschee zu bauen. Die Bürgermeister und Gouverneure der AKP arbeiten alle so und nennen das ›Angliederung der Randgebiete‹. Das ist doch ein Etikettenschwindel, dieses groß angelegte Projekt dient in Wahrheit ausschließlich der Islamisierung der Türkei. Sie richten Sozialstationen in den Armenvierteln ein, verteilen Zucker und verschenken Geld. Das ist keine rechtsstaatliche Kommunalpolitik, sondern Almosenvergabe, um die Menschen emotional und moralisch an sich zu binden. Hier werden zukünftige Wähler gekauft.«

Aber hat sich denn bisher irgendeine andere Partei der Probleme in den Slums angenommen, möchte ich wissen. Welche Ideen habe denn die CHP, um die sozialen Probleme zu beheben? Schließlich kenne ich das Problem aus eigener Anschauung.

Immer wenn ich in Ankara bin, wohne ich bei meiner Schwester in einem der vielen Neubaugebiete, wo die provisorisch errichteten Hütten abgerissen und als Reaktion auf die nicht abnehmende Landflucht hastig Neubauten hochgezogen wurden. Es handelt sich auch um die Einlösung eines Versprechens der AKP-Kommunalverwaltung, die Bewohner an Wasser und Strom anzuschließen und ihr Land als Bauland auszuweisen. Wenn der einst illegal besetzte Grund offiziell zum Wohngebiet erklärt wird, können die frischgebackenen Grundbesitzer ihn Bauträgern überlassen, von denen sie dafür meist in Immobilien bezahlt werden. Von einem Wohnblock mit zehn Stockwerken zu jeweils drei Wohnungen bekommt der Grundbesitzer bis zu zehn Wohnungen als Eigentum überschrieben. So wurden aus manchen der *gecekondus*, den über Nacht Gekommenen, die meist an der untersten Einkommensgrenze lebten, die *bir gecede zengin kondu*, die über Nacht reich Gewordenen. In die Häuser ziehen sie entweder selbst mit großen Familien ein oder sie vermieten sie.

Die Miete der Vierzimmerwohnung meiner Schwester beträgt

etwa 200 Euro. Mein Neffe, der bei seiner Mutter wohnt, verdient als Autoverkäufer 250 Euro, meine Schwester als Verkäuferin noch weniger. In dieser Stadt reicht das nicht zum Leben. Zwei Freundinnen, so erzählte sie mir vor einigen Tagen, die wie sie selbst geschieden sind, hätten ihre Kinder zu Verwandten geben müssen und lebten als Haushaltshilfen bei ihren Geschwistern. Auch mein Neffe und meine Schwester müssen sparen. Im Winter ist die Heizung in der Wohnung von den in Ankara herrschenden Tiefsttemperaturen völlig überfordert. Es ist kalt in den Räumen, und die Fenster sind undicht. So verlassen die beiden morgens in aller Frühe das Haus, am Arbeitsplatz wird ausreichend geheizt. Wenn sie spät am Abend heimkehren, schlüpfen sie gleich unter die Heizdecken. Am Wochenende fährt man »zum Einkaufen«, um sich in einer der nächstgelegenen Shopping-Malls aufzuwärmen.

Auf solche Probleme mag die CHP-Frauenbeauftragte nicht eingehen, sondern verweist nur erneut darauf, wie gut die AKP es verstehe, Menschen für ihre Ziele einzuspannen, besonders die Kopftuch-Frauen. Die würden losgeschickt, um andere Frauen in den Armenvierteln zu besuchen, Betreuungsaufträge der Kommunen zu übernehmen und Teenachmittage zu veranstalten. Das beeindrucke andere Frauen. So habe die AKP es geschafft, mithilfe der Frauen eine große Wählerschaft hinter sich zu versammeln. Und so sei es auch zu erklären, dass sich immer mehr Frauen aus diesen Gebieten verschleiern.

Der Erfolg der AKP kam also nicht über Nacht, und die Islamisierung des Landes war kein Putschversuch, wie es manchmal dargestellt wird, sondern ein schleichender Prozess. Und auch wenn meine Gesprächspartnerin nichts davon wissen will: Die derzeitige politische Lage in der Türkei ist nicht nur in der Stärke der regierenden AKP begründet, sondern auch in der Schwäche bzw. Krise der Opposition. Das Versagen der kemalistischen Eliten, die es in achtzig Jahren nicht vermocht haben, aus der vom Militär gegründeten Republik eine funktionierende Demokratie zu machen, rächt sich heute bitter. Wer jahrzehntelang ausschließlich Wert darauf gelegt hat, Menschen zu »Türken« statt zu Demokraten zu erziehen, hat seine Chancen verspielt. Wer die sozialen Probleme des Landes systematisch ignoriert und mit Verachtung auf »die vom Land« herabgeschaut hat, muss mit Protest rechnen. Wer Kritik am »Vater der Türken« mit Blasphemie gleichsetzt, wer Atatürks Sprüche wie heilige Gebote zitieren lässt, der darf sich nicht wundern, wenn die Menschen dann doch lieber dem älteren Propheten und seiner Schrift folgen. Dass auch die AKP und ihre nationalistischen und islamistischen Verbündeten kein Interesse daran haben, eine Republik der Demokraten zu schaffen, steht auf einem anderen Blatt.

Mit und ohne Kopftuch

Serap und ich kommen auf die aktuellen Auseinandersetzungen um Abdullah Gül zu sprechen. Dass die AKP es gewagt habe, trotz der Putschdrohung des Militärs ihn zum Staatspräsidenten wählen zu lassen, sei schon bemerkenswert gewesen, meint sie. Allerdings habe die Drohung der Armee bei der Aufstellung von Gül die Bürger auch erschreckt. »Kaum einer, nicht einmal aus meinem Umfeld, würde eine militärische Intervention gutheißen.« Darin stimmt sie mit dem Bruder der AKP-Abgeordneten völlig überein. »Die Demonstrationen, die jetzt von den Bürgern initiiert wurden, sind auch eine Antwort auf das Militär. Die Türkei ist kein demokratisches Land. Wenn wir das werden wollen, dann geht das nur mit Bürgerbeteiligung und Demonstrationen.«

Ich erzähle ihr, wie sehr mich irritiert, dass aus dem anfänglichen Protest gegen die Islamisierung aus meiner Sicht inzwischen eher Demonstrationen für die »Fahne« und für das Türkentum geworden sind, an denen sich vor allem die Nationalisten zu beteiligen scheinen.

»Wer in diesem Land für Rechte auf die Straße geht«, antwortet sie, »muss immer mit Gewalt seitens des Staates rechnen. Diesmal aber sind diejenigen, die sich für einen laizistischen Staat einsetzen, ohne Angst auf die Straße gegangen. Das ist neu. Die Sorge, dass durch die AKP und ihre Alleinherrschaft der Laizismus gefährdet sein könnte, hat selbst manche Kopftuchträgerinnen dazu gebracht zu protestieren. Auch das ist neu. Auf diesen Demonstrationen kamen Gewerkschaften, Frauenvereine, Alte, Junge, Professoren, Studenten und auch MHP-Nationalisten zusammen, die sonst nie etwas miteinander zu tun haben wollen. Das ist ebenfalls neu. Die Frauen haben die Demos vorbereitet, sie wissen, was für sie auf dem Spiel steht, und sind sehr aktiv. Die Parteien versuchen jetzt, diese Frauen für ihre Zwecke einzuspannen.«

In Istanbul, erklärt sie weiter, seien die Frauenvereine die Initiatoren der Großdemonstrationen. Aber leider verstünden sie sich als kemalistische Republikanerinnen und grenzten sich von anderen Frauen ab: »Sie betreiben Wahlkampf für eine bestimmte Richtung, statt die Rechte der Frauen voranzubringen. Sie hängen einer Vorstellung von der Rolle der Frau als Mutter und Ehefrau aus der Gründungszeit der Republik an. Diese Frauen wollen den Kemalismus retten, wie die AKP-Frauen den Islam.«

Die AKP versuche, so Seraps Interpretation, die prominenten Frauen – besonders die ohne Kopftuch – mit dem Versprechen auf einen guten Listenplatz bei den nächsten Wahlen zu ködern und für sich zu gewinnen. »Das soll die Botschaft vermitteln: Ob mit oder ohne Kopftuch, Frauen haben bei uns ihren Platz. Damit wird die Freiwilligkeit des Kopftuchtragens demonstriert, und die modernen Frauen halten ihren unverschleierten Kopf dafür hin, die AKP-Frauen salonfähig zu machen.«

Das Kopftuch, das Latife so demonstrativ abgelegt hatte, um

den Frauen ein »öffentliches Gesicht« zu geben, sorgt heute wieder für Aufruhr. Es wird als Zeichen der kollektiven Identität propagiert, und jene, die Kopftuch oder Schleier überstreifen, mit deren Abschaffung unter Atatürk ein neues Kapitel in dem Verhältnis zwischen muslimischen Männern und Frauen aufgeschlagen werden sollte, gelten jetzt als die Wächterinnen der Tradition. Von den politischen Vertretern der Muslime wird dieser Rückschritt als »Freiheit« von Bevormundung verkauft. Dagegen allerdings protestieren viele Tausende. Die Republik droht an der Kopftuchfrage zu zerbrechen.

Aber die Befürworter des Schleiers haben inzwischen einen neuen Leitstern am Himmel der Vorbilder ausgemacht: die Gattin des Staatspräsidenten, Hayrünnisa Gül.

First »türban« Lady

Abdullah Gül, Staatspräsident der Republik Türkei, heiratete im Alter von dreißig Jahren die Frau, die seine Mutter für ihn aussuchte – Hayrünnisa, damals ein 15-jähriges Mädchen. Der türkischen Zeitung »Vakit« gaben ihre Eltern im August 2007 ein Interview, in dem sie aus dem Nähkästchen plauderten und öffentlich machten, wie die Ehe der beiden vor 27 Jahren zustande gekommen war.

Auf einer Familienhochzeit in Kayseri sah Abdullah Güls Mutter die 15-jährige Hayrünnisa und ließ deren Mutter wissen: »Ein Feuer ist in meinem Herzen entfacht. Ich glaube, sie wird meine *gelin*, Schwiegertochter, werden.« Hayrünnisas Mutter lehnte ab. Ihre Tochter sei noch viel zu jung, sie solle erst einmal die Schule beenden und dann Medizin studieren. Doch die einflussreiche Familie Gül insistierte. Um ihrem Druck zu entkommen, zog Hayrünnisas Familie mit der Tochter zurück nach Istanbul. Aber die

Güls gaben die Jagd nach der Braut nicht auf. Abdullahs Mutter versprach sogar, ihr Sohn werde das Mädchen weiter zur Schule schicken. Das brachte die Wende. Die Mutter von Hayrünnisa formuliert es knapp: »Wir haben uns mit den Älteren unserer Familie beraten und sie dann gegeben.«

Die Frischvermählte ging nun keineswegs, wie versprochen, weiter zur Schule, sondern 1980, nach dem ersten Jahr des dreijährigen Gymnasiums, in der neunten Klasse von der Schule ab. Mit der Bestnote 10 in Religion. Leibesübungen: nicht teilgenommen.[22]

Sie wurde gleich darauf Mutter und ging dann mit ihrem Mann für neun Jahre nach Saudi-Arabien. Er war dort bis 1991 Manager der Islamischen Entwicklungsbank. In dieser Zeit bekamen sie zwei weitere Kinder.

1997 erhielt Hayrünnisa, »ohne dass sie einen Tag das Haus verlassen musste«, so die Mutter stolz, die Hochschulreife. Sie belegte einen Fernkurs. Da sie darauf bestand, mit *türban* zu studieren, verweigerte man ihr die Immatrikulation; ihr Mann machte daraus einen politischen Skandal. Gül war zunächst Abgeordneter der islamistischen Wohlfahrtspartei, dann bei der Tugendpartei und schließlich Gründungsmitglied der AKP Erdogans. Er wurde anstelle von Erdogan 2002 kurzzeitig Ministerpräsident, weil dieser noch mit einem Politikverbot belegt war. Als Erdogan dann im Frühjahr 2003 die Position des Ministerpräsidenten übernehmen konnte, wurde Gül sein Außenminister. Zu den Präsidentschaftswahlen im Frühjahr 2007 präsentierte die AKP Gül als Kandidaten. Doch weniger die Kandidatur als vielmehr das Kopftuch seiner Frau rief in der säkularen Türkei eine wahre Staatskrise hervor, das Militär raunte Drohungen in die politische Landschaft, Massen demonstrierten, Neuwahlen wurden anberaumt. Diese Wahl hat Erdogans AKP klar gewonnen, und Gül wurde Präsident.

Das »Recht aufs Kopftuch«

Am 28. August 2007 ziehen Abdullah und Hayrünnisa Gül in den Präsidentenpalast ein. Die First Lady tritt, ganz anders als Atatürks Frau Latife, auch bei offiziellen Anlässen mit islamischem Kopftuch und langem Mantel auf. Die AKP hat im Parlament mithilfe der nationalistischen MHP ein Gesetz verabschiedet, das das Kopftuch nun auch an Universitäten zulässt. Einige Wochen später wurde das Gesetz vom Verfassungsgericht wieder gekippt.

Hayrünnisa Gül ist schon vor Jahren für das »Recht auf das Kopftuch« sogar bis vor den Europäischen Gerichtshof für Menschenrechte in Straßburg gegangen. Sie zog die Klage 2002 allerdings zurück, um die außenpolitische Karriere ihres Mannes nicht zu belasten. Inzwischen geht die Gattin des Staatspräsidenten aber modisch in die Offensive. Sie gab bei dem türkischstämmigen Designer Atil Kutoglu in Wien eine »elegante moderne Garderobe« mit »modischem Kopftuch« in Auftrag. So soll das bisher von den aufgeklärten Städtern als bäuerlich und rückständig verlachte und von den Islamisten als gottesfürchtig propagierte Kopftuch salonfähig werden.

Westliche Intellektuelle mahnen gern zur Gelassenheit gegenüber solchen Kleiderfragen. Daran würde weder bei uns noch in der Türkei die Demokratie zugrunde gehen. Ich teile diese Meinung nicht, denn das Kopftuch ist die voranflatternde Fahne einer ganzen Ideologie, der Ausdruck eines kollektivistischen und patriarchalischen Gesellschaftsbildes. Während im Namen der Freiheit von den Vertretern des politischen Islam *für* das Kopftuch gekämpft wird, ist es im Osten der Türkei jungen Frauen kaum noch möglich, *ohne* Kopftuch auf die Straße zu gehen. Weder ein neuer Verfassungsparagraf noch die Vernunft wird die Frauen vor den selbsternannten »Islamwächtern« schützen. Durch die mit dem *türban* öffentlich dokumentierte Geschlechtertrennung im höchsten Staatsamt wird die Unterordnung der Frauen im Alltag wieder salonfähig. Hayrünnisa Gül repräsentiert dieses konservativ-islamische Frauen- und Gesellschaftsbild. Sie ist das politische Konstrukt ihres Mannes.

Die fliegenden Besen

Erst mühsam lernen die säkularen türkischen Frauen, dass sie sich ihre Rechte selbst erstreiten müssen. 1986 demonstrierten sie für die Einhaltung der Menschenrechte und gegen Diskriminierung, 1987 protestierten 3000 von ihnen, als ein Richter sich weigerte, eine schwangere Frau von ihrem schlagenden Ehemann zu scheiden. Seine Begründung: »Der Rücken der Frau soll nicht ohne Stock [für Prügel und Schläge], der Bauch nicht ohne Kind verbleiben.« Frauenorganisationen wie »Die fliegenden Besen« versuchen dagegen vorzugehen.

In einer kleinen, ruhigen Straße in einem der vornehmeren Wohnviertel von Ankaras Innenstadt liegt das Büro der bekannten Frauenorganisation »Die fliegenden Besen«, *Ucan Süpürge*. Gegründet wurde sie 1997 von Frauen aus der bürgerlich-kemalistischen Schicht, die in der Medienbranche oder bei den Gewerkschaften tätig waren. Die Organisation ist unabhängig, sie gehört keiner politischen Bewegung oder Partei an und finanziert sich durch Spenden und, zum größeren Teil, durch Mittel der Europäischen Union, die mit »Empowerment«-Projekten Frauen ermutigen will, selbst aktiv zu werden.

Im Büro treffe ich ein Dutzend schick gekleideter Frauen an, die gerade damit beschäftigt sind, das jährlich stattfindende Frauen-Filmfestival mit Beiträgen vieler internationaler Filmemacherinnen zu organisieren. Diesmal heißt das Thema »Baby-Bräute«. Überall werden Programmhefte eingetütet, wird telefoniert und diskutiert. Die Frauen sehen nicht anders aus als Frauen, die man in Deutschland auf einer Vernissage treffen könnte oder bei einer Diskussion »Kind – ja oder nein« in einer Kneipe mit einem Kölsch in der Hand. Die Vorsitzende Halime Güner stellt mich ihren Mitarbeiterinnen vor und muss dann zu einem Interviewtermin sausen. »Das Interesse der Öffentlichkeit an dem Festival ist groß«, erklärt sie.

Die »fliegenden Besen« sind erfolgreich – kaum eine Politiker- oder Journalistendelegation, die nicht auch den Frauen von den »fliegenden Besen« ihre Aufwartung macht. Die Organisation sammelt Berichte über Frauen aus aller Welt, informiert über Kampagnen und Gerichtsurteile gegen Frauen, berichtet über Kunst und Literatur. Sie will weiblicher Gegenpol in einem »Männerland« sein, um den Frauen eine Stimme zu geben.

Dass die »fliegenden Besen« – obwohl sie sich selbst durchaus als eine feministische Organisation verstehen – auch gern mit Männern zusammenarbeiten, dürfte sie von deutschen Feministinnen vielleicht doch unterscheiden, mutmaßt eine meiner Gesprächspartnerinnen. Jeder, der für Fraueninteressen arbeite, sei ein Feminist – so sähen sie das. Jetzt verstehe ich, warum in den islamischen Ländern auch der Prophet Mohammed als »Feminist« bezeichnet wird – ihm wird ja auch nachgesagt, er habe die Situation der Frauen verbessert. Zum Abschied packt sie mir einen schwarzen Leinenbeutel mit Infomaterial ein und schenkt mir einen Button, auf dem der Spruch steht: »Eine Feministin sieht aus wie ich.« Das gefällt mir. Und dann eile auch ich zum Festival.

Alleinerziehend

Auf einer Podiumsveranstaltung, deren Besuch mir besonders ans Herz gelegt wurde, wird die Frage diskutiert, wie sich die türkische Frau heute als Mutter sieht. Dies sei das derzeit aktuelle Thema in den Auseinandersetzungen innerhalb der türkischen Feministinnen, war mir gesagt worden. Auf dem Podium im Kino »Metropol« sitzen die Theaterdramaturgin Sündüz Hasar und die Vorsitzende des Gewerkschaftsdachverbandes Yasar Seyman. Beide Frauen haben einen erwachsenen Sohn, beide sind berufstätig, haben relativ spät ihr Kind bekommen und es allein erzogen.

Ich höre die mir nur allzu bekannten Sorgen und Nöte alleinerziehender berufstätiger Mütter an. Die Dramaturgin erzählt, dass sie immer darauf geachtet habe, dass ihr Sohn nie die Schule schwänzt oder vernachlässigt, schließlich koste seine Privatschule 17.000 Dollar im Jahr. Beide Frauen beklagen, dass sie als alleinerziehende Mütter unter ständigem Rechtfertigungsdruck stünden. Bei der Diskussion mit dem Publikum meldet sich eine zierliche Frau, Mitte fünfzig, von der Moderatorin als Vorsitzende des Frauendachverbandes und als Psychologin vorgestellt, zu Wort. Sie spricht ein sehr akzentuiertes Hochtürkisch und fragt, ob den beiden Damen eigentlich bewusst sei, dass Söhne, die nur mit ihren Müttern aufwüchsen, später oft homosexuell würden? Wenn der männliche Part in der Erziehung der Jungen fehle, komme es oft zu solchen Abnormitäten. Sie halte Frauen für egoistisch, die Jungen allein aufziehen würden. Anhaltende Buhrufe im Publikum.

Die Dramaturgin, sichtlich genervt, antwortet mit einer kleinen Geschichte: »Als ich eines Tages hinter dem Bett meines damals elfjährigen Sohnes einen Ball hervorholen wollte, entdeckte ich dabei plötzlich versteckte Pornohefte. Entsetzt und mit hochrotem Kopf rief ich meine Freundin an und bat um Rat. Sie sagte ganz kühl, ich solle doch froh sein, dass er offensichtlich nicht schwul sei.«

Eine ältere Dame aus dem Publikum erzählt von ihrem Sohn, den sie sehr frei und allein erzogen habe. Sie lebten beide in Deutschland. Ihr Sohn habe sich nach der Schule in eine Griechin verliebt, sei inzwischen mit ihr verheiratet und Offizier bei der deutschen Bundeswehr. Sie hätten nur noch sporadisch Kontakt, er würde selbstbestimmt seinen eigenen Weg gehen. Die Frauen neben mir sind bestürzt, im Saal herrscht betretenes Schweigen. Meine Nachbarin flüstert ihrer Begleiterin zu: »Die scheint verrückt zu sein, sie hätte dringend einen Mann im Haus gebraucht!« Ich weiß nicht, was die Frauen schlimmer finden – dass der Sohn eine griechische Frau hat, dass er zum deutschen Militär gegangen ist oder dass er kaum noch Kontakt zu seiner Mutter hat.

Über die Situation der Frauen in der Türkei erfährt man auf dieser Veranstaltung kaum etwas. Stattdessen wird am Abend das filmische Selbstporträt einer Amerikanerin über ihr lesbisches Coming-out gezeigt. Ich werde das Gefühl nicht los, dass sich die türkischen Frauen mit diesem Festival bestätigen wollen, dass sie weltoffen und auf »Augenhöhe« mit den Feministinnen der westlichen Welt sind.

Das frühe Heiraten

Als ich mich im Internet genauer über die Arbeit der »fliegenden Besen« informiere, bietet sich mir ein anderes Bild. Die Organisation berichtet nicht nur über kulturelle Themen, sondern veröffentlicht im Netz beispielsweise auch eine vom deutschen Außenministerium finanzierte Untersuchung über »Frühe Heiraten« in der Türkei. Bei der Lektüre erfahre ich, was auf dem Festival leider kein Thema war. Etwa 200 Frauen in zwei mittelgroßen Städten in der Nähe von Ankara, in Yozgat und Kirikkale, wurden befragt. Die Ergebnisse sind sehr aufschlussreich.

Acht Prozent von ihnen wurden bereits zwischen ihrem 13. und 14. Lebensjahr verheiratet, 34,5 Prozent mit 15 oder 16. Bis zum 18. Lebensjahr waren fast alle Mädchen verheiratet, obwohl laut Gesetz eine Hochzeit überhaupt erst in diesem Alter erlaubt ist. In den meisten Fällen wurden sogenannte Imam-Ehen geschlossen, die später, wenn nötig, auf dem Standesamt legalisiert werden. Imam-Ehen sind Verabredungen oder Verträge zwischen den Familien, die mit dem Segen eines Geistlichen oder einer Sure aus dem Koran besiegelt werden. Die Mädchen unter 16 Jahren wurden fast alle unter Zwang oder arrangiert mit einem Verwandten verheiratet. Und je jünger die Frauen waren, desto mehr Gewalt haben sie von ihrem Ehemann oder seiner Familie erfahren.

»Frauenhäuser sind eine Schande«

»Kadin dayanisma vakfi«, die Frauenberatungsstelle in Cankaya, dem Regierungsviertel in Ankara, liegt an einer der großen belebten Straßen. Sechs Frauen sind hier angestellt, unterstützt werden sie von über einem Dutzend ehrenamtlicher Mitarbeiterinnen. Bisher gibt es etwa fünfzig solcher Beratungsstellen, die aber untereinander noch nicht hinreichend vernetzt sind.

Hier herrscht die Farbe Lila vor, in der Kleidung, auf den Postern, in den Prospekten und an den Wänden. Frau Ü., ausgebildete Psychologin, erzählt, dass die Einrichtung 1987 von feministischen Frauen gegründet wurde, um Hilfe bei familiären Problemen anzubieten. Eine richtige Beratungsstelle konnte aber erst vier Jahre später eingerichtet werden, als die damals im Bezirk Cankaya regierende CHP endlich Gelder dafür bewilligte. Als 1997 die AKP die Kommunalregierung übernahm, wurden die Mittel wieder gestrichen, und die Beratungsstelle musste geschlossen werden. Die Frauen haben sich daraufhin um Projektmittel der Europäischen Union bemüht und sie 2000 auch bekommen. Die Diskussion über den EU-Beitritt, sagt Frau Ü., habe den Frauenorganisationen sehr geholfen. Die Zahl der Beratungsstellen sei gestiegen, und ihre Organisation bemühe sich, in allen Großstädten der Türkei eine solche Einrichtung auf die Beine zu stellen.

Sie sprechen Frauen auf der Straße an, erläutern, was sie an Hilfe anbieten können, verteilen Karten mit den Notrufnummern.

Wie nötig solche Beratungsstellen sind, zeigen die von dieser Einrichtung ermittelten Daten einer Befragung. 97 Prozent der Frauen erklärten, dass sie in ihrem Leben von Männern Gewalt erfahren haben. Die Befragung bezog Frauen aus allen sozialen Schichten ein, auch die Frauen der sogenannten »besseren Kreise«. Es sei nicht nur die AKP, die ihre Arbeit behindert, sagt Frau Ü. Was die Arbeit und Einrichtungen für Frauen betrifft, seien sich die Männer aller Parteien einig: Ein Frauenhaus sei eine Schande, die Männer würden ihr Ansehen verlieren, wenn es in ihrem Stadtteil ein Haus gibt, in das Frauen flüchten können.

Es geht, wie so oft, um die Männer, nicht um die Frauen. Nicht dass Frauen in Not geraten, sondern dass ihnen geholfen wird, gilt als Schande.

Niemand ist an der Seite der Frauen

So dringend ein Frauenhaus auch gebraucht wird – eigentlich »sollten nicht die Frauen die Wohnungen verlassen müssen, sondern Männer, die schlagen, müssten einen Platzverweis bekommen«, sagt Frau Ü. Dafür gebe es auch eine gesetzliche Grundlage, und zusammen mit der Polizei schule die Frauenorganisation derzeit Beamte, die bereit und in der Lage sind, diese Gesetze auch durchzusetzen.

Ich frage, ob auch die Religion, der Islam, eine Rolle bei all den Problemen spielt. Da wird Frau Ü. deutlich: »Seit die USA den Irak angegriffen haben, sehen wir doch, wer der Aggressor ist. Die Christianisierung ist viel gefährlicher als der Islam. Wir haben keine Angst, dass die Türkei sich islamisieren wird. Die Probleme dieser Welt liegen ganz woanders, nicht in der Türkei.« Ob sie eine Veränderung gegenüber früher sieht, was die Religiosität betrifft, möchte ich wissen. Ihr gefällt diese Richtung des Gesprächs nicht, und zum Abschied sagt sie: »Das Problem hier ist das Patriarchat, die Tatsache, dass die Männer die Frauen beherrschen. Die Religion unterstützt zwar diese Macht, aber sie ist nicht das eigentliche Problem. Woanders werden Frauen auch unterdrückt. Als die AKP am Anfang ihrer Regierungszeit *zina*, den Ehebruch, als Straftatbestand durchsetzen wollte, sind wir auf die Straße gegangen. Wir glauben auch nicht, dass die AKP die Scharia einführen wird. Das Problem ist, dass es in der ganzen Türkei nicht eine einzige Partei gibt, die auf Seiten der Frauen ist. Sie sind alle gegen die Frauen und verteidigen ihre Verfügungsgewalt über uns. Keine Partei will eine Demokratisierung, auch die CHP nicht. Bei den derzeitigen Demonstrationen, die gern als ›Frauenbewegung‹ dargestellt werden, geht es nicht um Frauenrechte. Es gibt keine Frauenbewegung in der Türkei.«

2

Freiheitsberaubung

Die vielen radikalen Reformen von Atatürk ermöglichten Veränderungen, auch für die Frauen. Aber da die Freiheit nur wie ein neues Kleid über die alte Tracht gezogen wurde, blieb sie Kostüm. Auch die Gründer der Republik, allen Beteuerungen zum Trotz, änderten an der Vorherrschaft der Männer über die Frauen nichts grundsätzlich. Was das für die Frauen bedeutet, zeigt sich besonders extrem in Zentral- und Ostanatolien. Die Demokratie ist dort eine Fremde geblieben. Ich bin zu den Frauen nach Malatya, Diyarbakir, Batman, Mardin, Midyat, Urfa und Gaziantep gefahren. Ich wollte wissen, wie ihr Leben aussieht.

Der Ort, in dem die erste Geschichte spielt, liegt inmitten eines hauptsächlich von alevitischen Kurden bewohnten Gebiets in den Bergen Südostanatoliens. Ich nenne den Ort K. und habe auch die Namen der beteiligten Personen verändert, weil der Fall auch heute, Monate später, noch nicht abgeschlossen ist. Die Beteiligten verstecken sich, die Täter sind auf freiem Fuß, und es ist nicht abzusehen, wie die Sache ausgehen wird. Es ist eine Geschichte, die von der Macht der Familie handelt, von archaischen Traditionen, die stärker sind als die Gesetze aus Ankara. Aber anders als an vielen anderen Orten traf ich hier auf Polizisten, die willens waren, diese Gesetze dennoch durchzusetzen. Die Geschichte von Fatma, einer jungen Kurdin mit deutschem Pass, die von ihrer Familie festgehalten wurde, ging – vorläufig – anders aus als viele andere, weil eine deutsche Sozialarbeiterin hartnäckig ihren Spuren folgte.

Der Winter im Jahr 2008 will in der Türkei gar nicht enden. Ich bin in Ankara, und es ist bitterkalt. Bis zu 20 Grad Frost und meterhoher Schnee bestimmen seit Wochen das Leben in der Stadt, die noch einige Monate zuvor unter unerträglicher Hitze und Wassermangel gelitten hatte. Die extremen Temperaturunterschiede zwischen Sommer und Winter, manchmal bis zu 60 Grad, machen die Menschen mürbe. Da tröstet nur die Aussicht, dass die Schneeschmelze in diesem Jahr die Wasserreservoire wieder auffüllen wird. Schon an »normalen« Tagen muss man sich in Ankara sehr genau überlegen, wo man hinwill und wie man sein Ziel erreicht – im Winter droht daraus eine Tagesreise zu werden. Der Schnee chaotisiert die zu einem Moloch ausufernde Stadt noch zusätzlich; Anfahrtswege von zwei Stunden, um zur Arbeit zu kommen, sind nicht unüblich.

Von hier aus will ich in den nächsten Tagen mit Peter nach Zentralanatolien fahren, um ihm endlich einmal Pinarbashe zu zeigen. Ich stehe gerade an einer Bushaltestelle, als mich sein Anruf aus Deutschland erreicht. Schon vor meiner Abreise hatte mich eine Sozialarbeiterin aus einem deutschen Frauenhaus um Hilfe gebeten, weil eine ihrer Bewohnerinnen nicht aus dem Türkei-Urlaub zurückgekehrt sei. »Da wird eine junge Frau von ihrer Familie festgehalten«, sagt Peter. »Wenn wir ihr helfen wollen, gibt es keine andere Möglichkeit als dort hinzufahren. Ich bringe, wenn ich morgen komme, die Unterlagen mit.« Ich frage noch, wo die Frau denn festgehalten werde. Er meint, er habe sich die Karte angesehen – von Ankara sei es gar nicht so weit. Wie sich später herausstellt, sind es »nur« 500 Kilometer durch die Berge.

Meiner Schwester erzähle ich besser nichts von unserem Plan, denn sie, meine Tanten und Cousinen würden sich nur Sorgen machen, wenn sie wüssten, dass ich in den Osten fahren will. Man verreist in der Türkei nicht einfach so in den Osten, höchstens zu

Verwandten oder Bekannten. Wenn die nicht in der Nähe sind, ist man allein, das heißt, man ist in Gefahr.

Zwei Tage später, Peter ist inzwischen in Ankara eingetroffen, steigen wir in den Bus nach Malatya. Züge gibt es in der Türkei kaum, und wenn, dann sind es langsame Vorkriegsmodelle, die ohnehin nur auf wenigen Strecken verkehren. Der Überlandverkehr findet – wie in den USA – entweder mit dem Flugzeug oder mit Bussen statt. Überlandbusse erreichen jeden Ort, man kann im Südosten in Diyarbakir oder an der syrischen Grenze in Gaziantep ein- und 15 oder 18 Stunden später in Istanbul wieder aussteigen.

Auch in Ankara gibt es einen großen Busbahnhof, die *otogar*. Die Busunternehmen in den kleinen Buden der Terminalhalle kämpfen um jeden Reisenden. Bereits am Eingang stehen Männer, die Neuankommende ansprechen, nach ihrem Reiseziel fragen und dann zu der Bude schleusen, für die sie arbeiten. Wir haben Glück, denn fast stündlich fährt ein Bus nach Malatya. Die Busse sind komfortabel und preiswert. Man bekommt einen festen Platz, etwas zu trinken, und alle drei Stunden wird an einer Raststation gehalten. Wir haben eine Reise von über zehn Stunden vor uns. Ich mache mich daran, die Unterlagen zu Fatma zu studieren, die Peter mitgebracht hat. Die Sozialarbeiterin Frau B. hat ein genaues Protokoll über die bisherigen Ereignisse erstellt.

Fatmas Geschichte

Fatma wurde vor 23 Jahren in einer westdeutschen Großstadt geboren. Ihre Mutter Huriye war die Zweitfrau von Fatmas kurdischem Vater, der hier Khan heißen soll. Khan hatte in Deutschland politisches Asyl bekommen und war eingebürgert worden. Er hatte Fatmas Mutter – vermutlich nur per Imam-Ehe und ohne staatliche Eintragung – geheiratet, weil seine erste Frau Hatun keine Kinder bekommen konnte.

Die Selbstverständlichkeit, mit der er sich zwei Frauen nahm, ist den archaischen Regeln der Turkvölker wie auch den islamischen Männerrechten zufolge nicht ungewöhnlich – dass dies aber auch Ende des 20. Jahrhunderts in Deutschland möglich war, mutet gespenstisch an, war und ist aber sicherlich kein Einzelfall. Kurdischstämmige Familien leben oft in großen Clans, manchmal mit fünfzig oder mehr als hundert Familienangehörigen, zusammen. In einer norddeutschen Kleinstadt, in der eine Freundin von mir arbeitet, leben etwa 300 Migranten, die alle zu nur zwei Familien gehören. Vor dreißig Jahren war ein Kurde mit seinem Freund aus Ostanatolien in diese Stadt gekommen und hat nach und nach alle seine Verwandten nachgeholt. Wer mit wem verheiratet ist, wer wessen Kind, Enkel oder Cousin ist, erschließt sich Außenstehenden nicht. Und so ist es auch in Fatmas Familie. Alle tragen denselben Nachnamen.

Fatmas Mutter bekam drei Kinder in Deutschland und lebte mit der ersten Frau ihres Mannes unter einem Dach, in einer Wohnung. Aber die beiden Frauen vertrugen sich nicht. Als Fatma sechs Monate alt war, wurde ihre Mutter in die Türkei zurückgeschickt. Ihre Kinder aber blieben bei der »Erstfrau« Hatun in Deutschland, die »nach der Sitte« das Recht auf die Kinder hatte. In Fatmas Geburtsurkunde ist Hatun als ihre Mutter eingetragen, so wie bei allen anderen Kindern auch, obwohl diese nie ein Kind geboren hat.

Als die kleine Fatma krank wurde, schickte man sie in die Türkei zu ihrer leiblichen Mutter. Khan besuchte seine Zweitfrau oft dort, schlug und schwängerte sie regelmäßig. Huriye bekam noch drei weitere Kinder von ihm, weigerte sich aber, diese nach Deutschland zu geben. Als Fatma schulpflichtig wurde, holte man sie wieder nach Deutschland. Der Vater arbeitete nicht, bezog Arbeitslosengeld, Sozialhilfe und Kindergeld, und mit den Erträgen aus seinen »Geschäften« kaufte er Häuser in der anatolischen Heimat.

Irgendwann erzählte Fatma ihren älteren, in Deutschland aufgewachsenen Geschwistern von der leiblichen Mutter. Hatun und Khan erfuhren davon, und von diesem Zeitpunkt an machten sie Fatma das Leben zur Hölle. Fatma hatte Hatuns »Ansehen« geschädigt, sie als nicht vollwertige Frau bloßgestellt. Fatma wurde geschlagen, musste, wenn sie von der Schule kam, die Hausarbeit erledigen und durfte nicht mehr mit anderen Kindern spielen. Nach dem Hauptschulabschluss arbeitete sie bei einem Bäcker, den Lohn kassierte der Vater. Als sie 19 wurde, teilte Khan seiner Tochter mit, dass er sie mit dem Sohn seines Bruders in der Türkei verheiraten werde. Mit Grauen erinnert Fatma sich an ihre Hochzeitsnacht, in der die Verwandten vor der Schlafzimmertür auf das blutige Laken lauerten – und es bekamen.

Im Rahmen der »Familienzusammenführung« wurde Fatmas Ehemann nach Deutschland geholt. Die beiden zogen in eine Wohnung im Haus ihrer Eltern. Ihr Mann sprach kein Deutsch, hatte nichts gelernt und erhielt Sozialhilfe. Für Fatma blieb er ein Fremder. Als er ein Kind wollte, schob sie Krankheiten vor, um nicht mit ihm schlafen zu müssen. Ihren Vater, der seinen Schwiegersohn als Schlappschwanz beschimpfte, machte das wütend. Er verbot ihr Jeans und T-Shirts, warf ihre Kosmetika in den Müll und verlangte von seiner Tochter, fortan das Kopftuch zu tragen. Fatma weigerte sich. Ihr Mann schlug sich auf die Seite ihres Vaters, der schließlich sein Onkel war und dem er dankbar dafür war, dass er ihn nach Deutschland geholt hatte. Mehr und mehr machte er sich das Verhalten seines Schwiegervaters zu eigen, wachte eifersüchtig darüber, dass Fatma gleich nach der Arbeit nach Hause kam, und prügelte sie. Fatma, die schon seit ihrer Kindheit an Asthma litt, wurde immer häufiger krank.

Es gehe ihr schlecht, sie müsse zu Hause bleiben, sagte sie zu ihrem Mann, als wieder einmal eine Hochzeit in der Familie gefeiert wurde. Eine Freundin bleibe bei ihr. Als ihr Mann bei der Festgesellschaft ohne seine Frau erschien, wurde er von seinem Schwiegervater beschimpft und beauftragt, auf der Stelle Fatma zu holen.

Fatma hatte ihre Freundin zum Bus gebracht, als ihr Mann bei ihrer Rückkehr schon auf sie lauerte. Er verprügelte sie und trat sie dabei so heftig, dass Nachbarn auf die Szene aufmerksam wurden. Sie brachten sie ins Krankenhaus und begleiteten sie anschließend zur Polizei. Danach suchte Fatma Zuflucht in einem Frauenhaus, nach Hause wollte sie nicht mehr zurück.

Zwei Monate später standen plötzlich ihr Vater und ihr Ehemann dort vor der Tür. Fatma konnte fliehen, sie zog um in ein anderes Frauenhaus. Auch dort spürte Khan sie auf. Sie wurde in eine andere Stadt gebracht, in eine betreute Einrichtung. Dort lernte sie Frau B. kennen und machte ein Praktikum in einer Einrichtung für behinderte Menschen. Und sie ließ sich scheiden.

Doch Fatma verkraftete die Trennung von ihrer Familie nicht, sie hatte Sehnsucht nach ihren Geschwistern, besonders in der Türkei. Ihr Leben selbst in die Hand zu nehmen hatte sie nie gelernt. Irgendwann rief sie mit ihrem Handy ihre Schwester in der Türkei an, fragte nach ihrer Mutter und sprach auch mit ihrem Onkel. Alle hätten ihr verziehen, dass sie ihren Mann verlassen habe, meinte der. Wochen später meldete sich ihre Schwester – die Mutter sei schwer erkrankt und bitte sie, in die Türkei zu kommen, vielleicht sei es die letzte Gelegenheit, sie noch einmal zu sehen. Fatma geriet in Panik. Wenn ihre Mutter stürbe, ohne ihre Tochter wiedergesehen zu haben – das könnte sie sich selbst nicht verzeihen. Sie beschloss zu fahren und kaufte sich ein Flugticket nach Malatya.

Als Frau B. davon erfuhr, versuchte sie alles, um Fatma von der

Reise abzuhalten. Ob sie denn mit der Mutter selbst gesprochen habe? Welche Krankheit sie denn habe? Ob Fatma ausschließen könne, dass alles nur eine Falle sei, um sie nach K. zu locken und möglicherweise wieder zu verheiraten? Fatma wollte das nicht glauben, sie vertraute ihrer Schwester und dem Onkel. Frau B. traf daraufhin mit ihr eine Verabredung: Sie ließ sich nicht nur die Daten des Hin- und Rückfluges sowie die Adressen und Angaben zu Fatmas Familienangehörigen geben, sondern bat ihren Schützling, ständig Kontakt zu halten und eine Vollmacht auszuschreiben: »Hiermit ermächtige ich Frau B., nach mir zu suchen, falls ich nicht am 15.10.2007 aus der Türkei zurückkomme. Ich will auf keinen Fall in der Türkei bleiben, sondern so bald wie möglich meine Ausbildung in Deutschland beginnen. Ich bitte, gegebenenfalls Frau B. bei der Suche nach mir zu unterstützen. Gez. Fatma Z.«

Die ersten telefonischen Rückmeldungen schienen alle Befürchtungen als unbegründet zu erweisen – Fatma wurde herzlich von ihrer Familie aufgenommen. Krank war ihre Mutter zwar nicht, aber sie hatte offensichtlich Sehnsucht nach der Tochter. Aber je näher der Tag von Fatmas Rückflug rückte, desto schwerer war sie für all jene zu erreichen, die von Deutschland aus Kontakt mit ihr hielten. Erst bekam ihre Freundin sie nicht mehr ans Telefon, Fatma war angeblich nie im Haus; dann wurde die Mutter irgendwann deutlicher und behauptete, Fatma wolle keinen Kontakt mehr mit Deutschland, der Vater werde alles regeln, was zu regeln sei. Frau B. und Fatmas Freundinnen gaben sich mit dieser Auskunft aber nicht zufrieden, sondern versuchten immer wieder, sie selbst ans Telefon zu bekommen. Ein oder zwei Mal gelang das auch, aber Fatma konnte nicht offen sprechen. Klar aber wurde, dass es ihr nicht gut ging und sie das Haus nicht mehr verlassen durfte. Der Rückflug wurde verschoben, denn inzwischen war der Vater aus Deutschland nach K. gekommen. Fatma erzählte mir später, dass er wie ein Berserker in die Wohnung gestürmt sei, alle Familienmitglieder verprügelt und bestimmt habe, dass Fatma so bald wie möglich wieder verheiratet werde. Als seine Tochter spontan zustimmte, wurde er misstrauisch und höhnte, wenn sie glaube, auf diese Weise wieder nach Deutschland zurückkehren zu können, dann habe sie sich geirrt. Er werde dafür sorgen, dass sie in der Türkei bleibe.

Die spärlichen Nachrichten, die Frau B. aus K. noch erreichten, gaben Anlass zu wachsender Besorgnis. Angeblich bat Fatma um Geld, das Frau B. ihr auf ein türkisches Konto überweisen sollte – was diese aber nicht tat. Ein Freund von Khan meldete sich bei Fatmas Freundin und drohte – wenn sie Fatma und Khans Familie nicht endlich in Ruhe lassen würde, müsse sie um ihre Kinder fürchten. Frau B. wurde immer unruhiger. Sie holte Rat ein bei einem Bundestagsabgeordneten, der sie an das Auswärtige Amt verwies. Dort sagte man ihr, dass man erst etwas unternehmen könne, wenn die Polizei eingeschaltet sei und eine Vermisstenanzeige vorläge. Das Auswärtige Amt verständigte die Botschaft in Ankara.

Ende November, Fatma war inzwischen sechs Wochen überfällig, ging Frau B. zur Polizei und gab die Vermisstenanzeige auf. Langsam liefen die Ermittlungen an, das Landeskriminalamt wurde informiert, der Fall an das Bundeskriminalamt und an die Botschaft weitergeleitet, Interpol eingeschaltet. Aber man konnte sich nicht sicher sein, ob die junge Frau – anders als in der Vollmacht angegeben – inzwischen nicht doch den Entschluss gefasst hatte, in der Türkei bleiben zu wollen. Und niemand aus der deutschen Botschaft in Ankara wollte sich auf bloßen Verdacht hin auf die zehnstündige Reise nach Kurdistan machen. So wurde die Sache schließlich der türkischen Polizei übergeben, die Fatma im Haus ihrer Familie aufsuchte und befragte. Ende des Jahres 2007 kam dann über Interpol eine Übersetzung der Aussage, die Frau B. und ihre Freundinnen schockierte. Fatma erklärte darin, dass sie freiwillig in der Türkei sei, weil ihr Vater schwer erkrankt sei. Sie habe vor Jahren auch freiwillig geheiratet und sei nur ins Frauenhaus gegangen, weil ihr Mann sie geschlagen habe. Jetzt sei sie bei ihrer Familie und wolle nicht nach Deutschland zurück.

Alle Beteiligten waren ratlos. Die Botschaft konnte nicht tätig werden, denn warum sollte sie die Aussage anzweifeln? Dafür hätte ein begründeter Verdacht vorliegen müssen. Fatmas Behauptung, dass der Vater und nicht die Mutter krank sei, war zwar für die Eingeweihten ein verschlüsselter Hinweis, dass nichts an dieser Aussage stimmte, für die Polizei aber noch lange kein Beweis, dass die Aussage unter Druck gemacht wurde. Wenn nichts passierte, das war allen Beteiligten inzwischen klar, würde Fatma gegen ihren Willen in der Türkei bleiben müssen.

Das ist der Stand der Dinge Anfang Januar 2008, den ich den Unterlagen während unserer Fahrt von Ankara nach K. entnehmen konnte. Zwischen den Schriftstücken findet sich auch ein Foto von Fatma, aufgenommen bei einem Picknick: ein modernes junges Mädchen, das etwas schüchtern lächelt und sich inmitten ihrer Freundinnen wohlzufühlen scheint.

Hohe Berge, tiefe Schluchten

Ein wenig mulmig ist Peter und mir schon zumute, als wir nun im Bus durch das winterliche Anatolien brausen. Wie soll man in einem solchen Fall vorgehen, was gefährdet weder Fatma noch uns? Wir beschließen, auf keinen Fall einen Alleingang zu machen, sondern uns bei allen möglichen Stellen Hilfe und Unterstützung zu holen. Als Erstes telefoniere ich noch auf der Fahrt mit der Frauenorganisation Ka-mer, die sich seit ihrer Gründung 1997 für gefährdete Frauen in der Türkei einsetzt und mit deren Einrichtungen ich schon verschiedentlich Kontakt aufgenommen hatte. Die Frauen bitten mich, zunächst zu ihnen nach Malatya zu kommen und von dort aus alles Weitere zu veranlassen. Dann rufen wir die deutsche Botschaft an und teilen dem BKA-Kontaktmann mit, dass wir auf dem Weg zu Fatma sind. So machen wir es auch bei den nächsten Stationen, wir informieren die Botschaft stets, wo wir sind, wen wir aufsuchen und was dort passiert.

Je weiter wir nach Osten fahren, desto höher schnurrt der Bus hinauf. Wir sind auf der alten Karawanenstraße unterwegs, die inzwischen mal vier-, mal sechsspurig ausgebaut ist, in der Nähe größerer Städte aber wieder zur Durchgangsstraße wird. Alles liegt in diesen Tagen unter einem dünnen Laken aus Schnee, darüber ein stahlblauer Himmel. Wie Skizzen auf weißem Grund säumen Olivenbäume und Zypressen das schwarze Band der Straße – die Asphaltpiste ist in dieser unbewohnten Landschaft das einzige Zeichen von Zivilisation. Wo der Wind den Schnee verweht hat, kommt die rote Erde zum Vorschein. In regelmäßigen Abständen tauchen Tankstellen am Straßenrand auf, ein Trost für den Reisenden, dass ihm wenigstens das Benzin auf seiner Reise nicht ausgehen wird. Auf den Bildschirmen im Bus läuft ein Film mit Bruce Willis. Autos explodieren und fliegen durch die Luft, es wird gebrüllt und geschossen – welch ein Kontrast zu dem Frieden, der über dem Land liegt.

Bei Kayseri steigt der Erciyes Dagi auf 3917 Meter an. Ich werde unruhig, als ich den schneebedeckten Gipfel des majestätischen Berges vor mir sehe. Denn diese Landschaft ist für mich voller Geschichten. Pinarbashe liegt bereits auf einer Höhe von 1500 Metern. Dort steigen wir aus, um uns wenigstens kurz den Ort anzusehen. Später halten wir den nächsten Bus an, um weiter nach Malatya zu kommen. Hinter Pinarbashe erstreckt sich das »Weite Tal«, das Uzun Yayla, wo ich vor einigen Jahren Haluk, den Tscherkessen mit den himmelblauen Augen, dessen Leben von seinem älteren Abi zerstört worden war, inmitten der vielen verlassenen Häuser seines Dorfes getroffen habe. Über hundert Kilometer nach Osten erstreckt sich hier eine von Bergen umkränzte fruchtbare Ebene auf fast 2000 Meter Höhe. Wo Wasser fließt, säumen Aprikosenbäume die Ufer der Bäche, nach denen es meinen Onkel Enischte so sehr verlangte, als er in Istanbul als Schuljunge hungerte. Der Bus hält auch in Gürün, wo meine Großmutter Emmana geboren wurde. Die neueste Errungenschaft der Raststätte dort sind zwei elektrische Massagesessel, die mitten im Gastraum stehen. Ansonsten hat sich wenig verändert – es gibt Bohnensuppe oder Auberginen mit Hackfleisch und Reis für wenig Geld und dazu das obligatorische Glas Tee.

Die frauenlose Aprikosenstadt

Es dauert noch Stunden, bis wir endlich in Malatya ankommen. Malatya mit seinen etwa 250.000 Einwohnern gilt als die »Aprikosenstadt«. Das milde Höhenklima lässt die Früchte besonders gut gedeihen. Die Luft ist trocken, und deshalb eignet sich die Gegend auch für die Produktion von Trockenfrüchten. Das klassische Souvenir aus Malatya ist ein Teller mit getrockneten Aprikosen und Nüssen.

Die beiden Frauen von Ka-mer erwarten uns bereits im Hotel. Es sind junge, selbstbewusste Frauen um die dreißig, die vor Kurzem begonnen haben, auch in dieser Stadt eine Anlaufstelle für bedrohte Frauen aufzubauen. Ich schildere ihnen die Situation, in der Fatma sich befindet. Zuerst schlagen sie vor, dass wir gemeinsam nach K. fahren und versuchen, mit Fatma zu sprechen. Aber als ihnen klar wird, wie weit der Ort entfernt und wie schwierig die Sache ist, beschließen wir, dass sie mit dem zuständigen Beamten beim Sozialamt in K. telefonisch Kontakt aufnehmen und unser Kommen ankündigen. Wir verabreden uns für den nächsten Morgen, bis dahin wollen sie alles organisiert haben.

Als wir gegen sechs Uhr abends durch die Stadt schlendern, wirkt sie auf uns ein wenig gespenstisch. Es gibt breite Boulevards, im klassischen Stil gebaute öffentliche Gebäude, einen großen Park – aber keine Frauen auf der Straße. Nur ab und zu huscht eine Frau mit Kopftuch an uns vorbei, ansonsten laufen nur Männer in der Stadt herum, junge Männer, die ziel- und orientierungslos wirken – so als wüssten sie nicht, wohin. Eine merkwürdig resignative Stimmung liegt über dieser Männergesellschaft, ein harter Kontrast zu den stolzen Boulevards. Als wir ein Restaurant betreten, sitzen auch da nur Männer zusammen mit anderen Männern, essen, trinken Tee und schwatzen. Ein Paar wie wir ist eine Ausnahme und wird entsprechend beäugt.

Noch vor zwanzig, dreißig Jahren gehörte es zum neuen Leben der Republik, dass auch Frauen durch die Stadt flanierten. Inzwischen ist die anatolische Öffentlichkeit frauenlos geworden. Ich fühle mich unwohl, und mir wird klar, dass ich als Frau allein diese Reise niemals machen könnte. Ich falle auf, nicht weil ich eine Fremde bin, sondern weil ich als Frau abends durch die Stadt spazieren gehe.

In der Hotelbar flimmern die Bilder vom Einmarsch der türkischen Truppen in den Irak über den Fernseher. Sie seien ausgezogen, den »internationalen Terror« zu bekämpfen, heißt es. Politiker aller Parteien haben sich, die Hand auf dem Herzen, vor der im Wind flatternden türkischen Fahne versammelt und verabschieden die Truppen; Mütter, die ihre Söhne der Fahne weihen, weinen vor Freude. Und im nächsten Moment stürmen hochgerüstete Einsatzkommandos Häuser, treten Türen ein und führen Männer in ärmellosen Unterhemden in Handschellen ab. Wir fragen uns: Hat der Krieg angefangen und wir haben davon nichts mitbekommen? Der Kellner nimmt die Fernbedienung und schaltet um, auf dem Rasen spielt Galatasaray gegen Kayseri Fußball.

Der Kellner ist ein freundlicher junger Mann in einer steifen weißen Jacke, der bei unserer Bestellung immer nur den Kopf schüttelt. Kein Bier, kein Wein, kein Raki – Alkohol wird in der Öffentlichkeit der östlichen Türkei nicht mehr ausgeschenkt, weder in Hotels noch in Restaurants noch in Bars. »Iki su, lütfen«, »Zwei Wasser, bitte«, sind deshalb die türkischen Worte, die Peter nach kurzer Zeit am geläufigsten von der Zunge gehen. Der Kellner revanchiert sich auf Deutsch: »Alles klar, Chef.« Er war noch nie in Deutschland, aber ein Cousin, erzählt er uns, habe ihm diese Antwort beigebracht.

Im Nirgendwo

Am nächsten Morgen berichten die Ka-mer-Frauen, dass wir bei der Sozialbehörde in K. erwartet werden, und geben uns die Adresse und gute Wünsche mit auf den Weg. Die Stadt, in die wir wollen, liegt etwa 150 km von Malatya entfernt und ist zu unserem Leidwesen nur einmal am Tag mit einem Bus zu erreichen. Der ist aber bereits um sieben Uhr morgens abgefahren. Wir lösen die Sache pragmatisch und nehmen den Dolmus, den Kleinbus, bis zur letzten Tankstelle am Stadtrand. Wir wollen trampen. Die Männer an der Raststätte können es nicht fassen, dass jemand freiwillig im Winter in diesen verdammten Ort fahren will, der doch höchstens für seine Hahnenkämpfe berühmt ist. Und tatsächlich: Kein Auto, kein Lkw, kein Bus hält. Es kommt einfach niemand vorbei. Nach einer ganzen Weile, als unsere Füße schon halb erfroren sind, trabt der Wirt des kleinen Kiosks auf uns zu und bietet an, uns hinzufahren.

Der Mann, vielleicht Anfang vierzig, trägt den üblichen Fünftagebart, der vielfach den Schnauzer abgelöst hat, und stellt sich als Mehmet vor. Er nennt einen astronomischen Preis, wir winken ab. Da fängt er an zu argumentieren – er habe doch Familie, drei Töchter, die noch in die Schule gingen, sein Auto sei neu, und wenn wir hier noch lange stehen müssten, würden wir bald frieren. Nach einigem Hin und Her einigen wir uns auf den Preis für eine Tankfüllung. Wie sich herausstellt, haben wir nicht zu viel bezahlt für diese 150 Kilometer lange Reise über die Pässe und Gipfel Südostanatoliens, bei der wir durch eine Landschaft von bizarrer Schönheit fahren, die seit Jahrtausenden den Menschen hart zugesetzt hat – alles mussten sie ihr abtrotzen, sie war Durchgangsgebiet für Karawanen und Kriegszüge, und immer wieder haben ihre Bewohner ihr Dorf hinter sich gelassen, in der Hoffnung, es vielleicht in der nächsten Stadt besser zu haben.

Gelegentlich kommen wir an neu errichteten schmucken Häuschen mit bunten Fenstern vorbei. »Das sind die Häuser der *almanci*«, der Deutschländer, sagt unser Fahrer. »Die haben sich mit dem Geld aus Deutschland hier Ferienhäuser gebaut.« Er schüttelt den Kopf über so viel Verschwendung. »Da unten«, erklärt Mehmet, mit dem Finger auf ein Dorf zeigend, »wurde der einzig berühmte Mann dieser Gegend geboren.« Er wartet einen Moment und sagt: »Es ist Ali Agca, der Papst-Attentäter.« Dann lacht er, als hätte er gerade einen besonders gelungenen Witz gemacht.

Türkische Städte haben keine markanten Ränder. Erst tauchen einige Häuschen auf, Reste von Bauernhöfen, dann kommen die Neubauten, und schließlich zeigt sich eine dichtere Bebauung an der langen schnurgeraden Straße. K. hat, wie alle anatolischen Städte, eine frühgeschichtliche Vergangenheit in der Hethiterzeit und verdankt seine heutige Existenz der ertragreichen Viehzucht in den weiten Tälern und den Kohlevorkommen der Region. Als wir im Zentrum ankommen, ist Markttag, und trotz Schnee gibt es Orangen, Auberginen, Zucchini, Tomaten zu kaufen. In der für türkische Verhältnisse nahen Küstenregion bei Adana ist es nie so kalt wie in den Bergen, und dort wächst das Obst und Gemüse zu jeder Jahreszeit. Wir gehen ins Bürgermeisteramt, einen repräsentativen Bau aus den Anfängen der Atatürk-Zeit, und fragen uns zu dem von den Ka-mer-Frauen empfohlenen Beamten durch.

Üble Nachrede

Der sitzt in einem großen holzgetäfelten Büro, an der Wand das übliche Atatürk-Porträt, vor dem Schreibtisch, auf dem die Utensilien eines Staatsrepräsentanten mit Namensschild in Messinglettern sichtbar sind, ein weiterer Tisch mit sechs Stühlen. Wir befinden uns im Büro des stellvertretenden Bürgermeisters. Der Mann ist sich seiner Stellung bewusst und macht nach der Begrüßung keine Anstalten, uns zum Sitzen aufzufordern. Als ich ihm unser Anliegen schildere und ihn bitte, uns zu helfen, mit Fatma sprechen zu können, wird er sehr förmlich. Offenbar haben die Ka-mer-Frauen aus Malatya nicht mit ihm, sondern mit jemand anderem gesprochen. Er lehnt sich in seinem Schreibtischstuhl zurück, fragt, woher wir uns das Recht nähmen, Nachforschungen über türkische Bürger anzustellen. Wir sagen, dass Fatma deutsche Staatsbürgerin sei, und zeigen ihm die Kopie der Vollmacht. Da sie auf Deutsch verfasst ist, wirft er nur einen flüchtigen Blick darauf und gibt sie kommentarlos zurück. Dann beugt er sich vor, um uns mitzuteilen, dass es das in der Türkei und besonders in seiner Stadt nicht gäbe: Hier würde niemand gegen seinen Willen festgehalten. »Hören Sie auf, so etwas zu behaupten!« Als wir einwenden, Fatma würde als Vermisste über Interpol gesucht, sagt er nur abschätzig: »Dann gehen Sie doch zur Polizei.«

Als wir wieder vor der Tür stehen, muss ich erst einmal tief Luft holen. Ich habe wohl einen Fehler gemacht, sage ich zu Peter. Ich hätte erst einmal ein Gläschen Tee mit ihm trinken, ihm ein wenig Honig um den Schnauzer schmieren müssen, um ihm das Gefühl zu geben, er könne mir, der Schwester, helfen. Aber vielleicht hätte das auch nichts genützt, vielleicht ist er einfach nur einer dieser verbohrten Nationalisten, die sowieso in jedem Fremden einen Feind oder Spion sehen.

Dann eben anders.

»Meine Söhne werden dich finden«

Wir gehen zur Post, ich wähle die Nummer von Fatmas Mutter Huriye. Tatsächlich geht sie ans Telefon. Ich stelle mich als Fatmas Freundin vor, sei zufällig in K. und würde sie gern sprechen. Fatma sei nicht zu sprechen, bellt die Frau ins Telefon und legt auf. Ich wähle erneut und verlange diesmal sehr bestimmt, Fatma zu sprechen, das dürfe sie mir nicht verweigern. Die Mutter schreit ins Telefon: »Wer bist du denn? Was ich darf und was ich mit Fatma mache, geht dich gar nichts an. Bei uns gelten unsere Gesetze.« Ich wiederhole mein Anliegen, ich kläre sie auf, dass sie sich strafbar mache, wenn sie Fatma einsperre – da dreht die Frau am Telefon völlig durch. »Ich werde dich und deine Familie finden und euch alle umbringen lassen. Dein Dorf wird brennen.« Und dann fügt sie noch hinzu: »Wenn du in der Stadt bist, werden dich meine Söhne finden.«

Nun ist K. zwar eine Stadt mit ein paar zehntausend Einwohnern, aber wir sind sicher die einzigen Fremden hier, und das Zentrum ist übersichtlich. Wir setzen uns in die hinterste Ecke einer Teestube auf dem Markt und überlegen, was zu tun ist. Die Option, zu dem Haus der Familie zu fahren, verwerfen wir – Alleingänge haben wir uns verboten. Wir wissen nicht einmal, ob Fatma überhaupt noch in der Stadt ist. Und falls Mutter, Vater und Söhne so gewalttätig sind, wie vermutet werden muss, kann das nur schiefgehen.

Wir versuchen aus einer Telefonzelle am Marktplatz die deutsche Botschaft in Ankara zu erreichen, landen aber in einer end-

losen Ansageschleife: »Falls Sie Fragen zu Visa und Passangele-
genheiten haben, drücken Sie bitte die 1 …« Und der zuständige
Sachbearbeiter geht nicht ans Telefon. Der Marktplatz ist voller
Männer, die herumstehen, warten, sich unterhalten. Wir werden
neugierig gemustert. Irgendwie habe ich das Gefühl, aufpassen zu
müssen, vielleicht ist ja einer der Brüder bereits unterwegs und
sucht uns. Plötzlich beginnt auf der gegenüberliegenden Straßen-
seite ein Geschubse, Gedränge und Geschrei. Zwei Männer schlagen aufeinander ein. Es kommt zu einem Handgemenge, andere
drängen hinzu, und wir sind auf einmal mittendrin. Nach einer
Minute ist die Polizei mit fünf Männern zur Stelle und greift sich
die Streithähne. Ein Mannschaftsbus lädt die Festgenommenen
ein, und so schnell, wie die Aufregung angefangen hat, legt sie
sich auch wieder.

Der Polizist und sein »Effendi«

Peter schlägt vor, zur Polizei zu gehen. Mein Vertrauen in die türkische Polizei ist nicht besonders groß – womöglich wird auch
dort in »ihr« und »wir« unterschieden. Aber ich sehe ein, dass
uns nichts anderes übrig bleibt. Die Kommandantur ist ein großer, kasernenartiger Bau mit fünf Stockwerken und einem Stachel-
drahtzaun um das Gelände. Der Eingang wird von Polizistinnen
bewacht, die uns ohne große Formalitäten den Weg zur Wache
weisen. Der Beamte in der Meldestelle hört sich unser Anliegen
aufmerksam an. Er realisiert schnell, dass es sich hier um einen
»Fall« handelt, telefoniert und bringt uns zu seinem Abteilungsleiter. Auf dem Gang durch die Flure sehen wir die beiden Schläger
von vorhin, die friedlich nebeneinander auf der Bank vor einem
Büro auf ihre Vernehmung warten.

Im Büro läuft der Fernseher, und hinter dem Schreibtisch sitzt
ein Polizeioffizier mit drei Sternen auf den Schulterklappen seiner

dunkelblauen Uniform. Er stellt sich vor und fragt nach unserem Anliegen. Ich schildere ihm den Fall, zeige ihm die Unterlagen, die Vollmacht, die Kopie der Nachricht von Interpol. Als ich die Äußerung der Mutter erwähne, dass in K. andere Gesetze herrschten als in Deutschland, meint er nur trocken: »Da irrt die Dame.« Er berät sich kurz mit einem in feines Tuch und mit perfekt sitzender Krawatte gekleideten Herrn, der im Büro sitzt und vom Offizier mit »Effendi« angeredet wird. Es ist der Polizeipräsident der Region, wie wir später erfahren. Die beiden Männer lächeln uns aufmunternd zu, telefonieren, und innerhalb von wenigen Minuten haben sie die Akte Fatma auf dem Tisch liegen. Sie zeigen mir Fatmas türkische Aussage, die auch nicht anders ist als die deutsche Übersetzung. Ich äußere meinen Zweifel, sie sei bestimmt nicht freiwillig zustande gekommen.

»Dann wollen wir die junge Frau doch selbst fragen«, beschließt der Offizier, ruft einen Beamten in Zivil zu sich, und der wiederum beordert einen Streifenwagen zur Wohnung von Fatmas Familie. Die sei nicht zu Hause, komme erst später wieder, meldet der Beamte am Funkgerät. Die gesamte Familie habe vor einer halben Stunde das Haus verlassen. »Hätten Sie die Mutter nicht angerufen, wäre Fatma jetzt vielleicht hier«, stellt der Polizist nüchtern fest und veranlasst die Fahndung.

Inzwischen ist es später Nachmittag geworden, und wir müssen uns entscheiden, ob wir in der Stadt bleiben oder weiterfahren. Aber wir können derzeit ohnehin nichts weiter tun. Mit der Polizei verabreden wir, dass wir sofort benachrichtigt werden, falls Fatma gefunden wird, und nehmen den letzten Bus – mit einem unguten Gefühl, denn wir sind nicht sicher, ob die Sache gut ausgehen wird.

Am nächsten Morgen, wir sitzen in bitterer Kälte in einer der Raststätten Anatoliens und frühstücken, klingelt mein Handy. Der Polizist ist am Apparat. Sie haben Fatma nachts bei einer der

Verwandten aus dem Bett geholt. Jetzt sitzt sie im Büro des Kommissars. Er gibt ihr den Hörer, damit ich mit ihr sprechen kann. »Willst du zurück nach Deutschland?«, frage ich sie. Sie sagt ja, unbedingt. Ich rate ihr, auf keinen Fall zu ihrer Familie zurückzugehen, sondern so lange bei der Polizei zu bleiben, bis sie zum Flughafen gebracht wird. Der Kommissar ist einverstanden, Fatma wird vorübergehend in einer Zelle untergebracht.

Ich telefoniere mit der deutschen Botschaft, die inzwischen geklärt hat, dass das Rote Kreuz den Rückflug bezahlt. Am nächsten Tag kann Fatma, von zwei Beamten zum nächsten Flughafen eskortiert, eine Maschine nach Deutschland besteigen.

Eine Geschichte mit Happy End?

Noch nicht.

»Werden sie mich am Leben lassen?«

Wir setzen unsere Reise in der Türkei fort, in Deutschland wird Fatma von der Flughafenpolizei in Empfang genommen. Sie soll vorerst wieder in einem Frauenhaus unterkommen, wo man eine sichere Bleibe für sie finden will. Aber kaum hat sie, noch am Flughafen, ihr Handy wieder eingeschaltet, ist ihr Cousin Ahmet am Apparat. Er freue sich, dass sie endlich vor dem schrecklichen Vater in Sicherheit und wieder in Deutschland sei. Er komme sie abholen, er werde sich um sie kümmern. Zu Ahmet hatte Fatma ein unbelastetes Verhältnis, ihn hatten auch ihre Freundinnen hin und wieder angerufen, um sich bei ihm wegen der Probleme zwischen Fatma und ihrer Familie Rat zu holen. Fatma ist überrascht und erfreut über seinen Anruf, vielleicht wird ja doch noch alles gut. Sie willigt ein, dass Ahmet sie abholt. Die Polizei lässt sich bestätigen, dass Fatma freiwillig mit dem Cousin mitgeht. Frau B., die auf allen Stationen dieser Geschichte mitgefiebert hat und ohne die Fatma längst vergessen wäre, kann es nicht fassen, denn schon am nächsten Tag ist die ganze Familie von Fatmas Heim-kehr unterrichtet.

Der Vater ruft von der Türkei aus wieder eine Freundin von Fatma in Deutschland an und bedroht sie: »Ich werde dich fin-den, und du wirst mir sagen, wer dafür gesorgt hat, dass die Po-lizei in mein Haus gekommen ist. Alle Beteiligten werden es zu spüren bekommen. Es gibt eine Menge hungriger Russen, die für 2000 Euro bereit sind, jeden von euch zu erschießen. Ich sorge da-für nicht zum ersten Mal.«

Ich telefoniere mit Fatma, rate ihr, sich in die Obhut von Frau B. zu begeben: »Du hast das Recht, selbst zu bestimmen, wie und wo du leben willst.« Fatma überredet ihren Cousin, sie zu einem Treffen mit Frau B. zu fahren. Frau B. besteht darauf, allein mit Fatma zu sprechen. Fatma weiß inzwischen, dass es nur eine Fra-ge der Zeit ist, bis der Vater zurückkommt und alles von vorn be-ginnt. Sie will endlich in Ruhe gelassen werden. Frau B. bringt sie in einer Wohnung unter, einen Tag später steht dort der völ-lig konsternierte Cousin, den Frau B. informiert hat, dass Fat-ma wieder in ihrer Obhut sei, mit seiner Mutter vor dem Haus. Frau B. schlägt vor, für Fatma Amtsvormundschaft zu beantra-gen, denn Fatma sieht sich nicht in der Lage, sich gegen ihre Fa-milie zu stellen.

Die Polizei in Deutschland hat inzwischen Ermittlungen gegen die Familie wegen Freiheitsberaubung aufgenommen. Sie will den Vater verhaften, wenn er aus der Türkei zurückkommt, und vor Gericht bringen. Fatma hat Angst, um sich, um ihre Mutter und um ihre Geschwister – sie würden es zu spüren bekommen, hatte er gedroht, wenn er Fatma erwische.

Fatma lebt jetzt an einem unbekannten Ort und kann eine neue Praktikumsstelle als Kinderpflegerin antreten. Der Vater traut sich nicht nach Deutschland. Bei meinem letzten Gespräch mit ihr war Fatma ganz fröhlich, weil sie sich auf die neue Arbeit freute. »Was meinst du, Abla, große Schwester, werden sie mich am Leben lassen?«, fragte sie mich.

Sicher ist das nicht.

Verbrechen im Namen der Ehre

Fatma wird mit der Bedrohung leben müssen. Ich weiß nicht, ob ihr morgen oder vielleicht erst in einigen Jahren, vielleicht aber auch nie, etwas »passieren« wird. Ihr Vater hat nach den Maßstäben seiner archaischen Kultur sein »Gesicht verloren«, er war nicht in der Lage, seine Tochter, seine »Ehre« zu kontrollieren, auch die Familie seines Bruders hat das nicht geschafft. Das ist eine Schmach.

In meinem Buch »Die verlorenen Söhne« spreche ich von »Vaters Staat«, den die Männer als Herrschaftssystem in den Familien errichten.[23] Sein »Volk« sind seine Söhne, seine Frau(en) und Töchter. Er bestimmt, wer was zu tun hat, wer wen heiratet, er vertritt die Familie gegenüber der Gemeinde, der Öffentlichkeit. Frauen haben zu gehorchen, und Kinder stehen ihm gegenüber in einer Daseinsschuld. Denn ihm, so die Auffassung, verdanken sie ihr Leben, ihn haben sie später zu versorgen. In dieser Familiendiktatur sind die Väter unumschränkte Herrscher. Sie fühlen sich nie im Unrecht, denn niemand ist berechtigt, ihnen zu widersprechen. Der Vater ist für sein Verhalten niemandem Rechenschaft schuldig – weder seiner Frau noch seinen Kindern, nur Allah am Jüngsten Tag.

Eine Frau, die wie Fatma handelt, Ungehorsam gegen den Vater zeigt und vor ihm geflohen ist, hat *fitna*, Unzucht, begangen und muss, so schreibt es der Koran vor, im Haus eingesperrt werden, »bis der Tod sie abberuft oder Gott ihr einen Ausweg schafft« (Sure 4, Vers 15). Erst so wäre Khans Ehre wiederhergestellt.

Was ist Ehre?

In den traditionellen türkisch-kurdisch-muslimischen Gesellschaften versteht man etwas ganz anderes unter »Ehre« als im Westen. Für aufgeklärte Europäer erwirbt man sich Ehre durch Leistung – man hat vielleicht einen großartigen Roman geschrieben, eine physikalische Entdeckung gemacht, Zivilcourage gezeigt oder von Abschiebung bedrohten Flüchtlingen geholfen. Dann wird jemand hier »geehrt«, man hat Ehre erworben. In den archaisch-muslimischen Gesellschaften kann man sie höchstens verlieren. Denn sie ist ein Besitz der Familie, sie besteht, schreibt die in Persien geborene Soziologin Farideh Akashe-Böhme, »in dem Ansehen, das die Familie in der Öffentlichkeit genießt. Der Einzelne partizipiert an diesem Ansehen, insofern er Mitglied der Familie ist. Er muss sein Verhalten in der Öffentlichkeit so einrichten, dass er das Ansehen der Familie nicht beschädigt. Die Ehre ist deshalb ein Besitz, der stets gefährdet ist.«[24]

Der Kulturanthropologe Werner Schiffauer interpretiert »Ehre« in den vom Islam und von dörflichen Strukturen geprägten Gesellschaften als die »Integrität, die Unantastbarkeit und Unbescholtenheit eines Haushaltes«. Wer ein Mitglied der Familie angreift oder eine der Frauen beleidigt, verletzt die »Ehre« der Familie. Sie wird aber auch verletzt, »wenn sich ein Familienmitglied ›unehrenhaft‹ verhält, d. h. als Mann in den Ruf eines ›Feiglings‹, als Frau in den Ruf einer ›Hure‹ gerät. In beiden Fällen sind alle anderen Familienmitglieder mit betroffen: Von ihnen wird verlangt, die ›befleckte‹ Familienehre zu ›reinigen‹.«[25]

Dass diese Definition in den Fällen von »Verbrechen im Namen der Ehre« beschönigend ist, zeigt eine aufschlussreiche empirische Untersuchung. Die Dicle-Universität im ostanatolischen Diyarbakir hat unter der Leitung des Arztes und Psychiaters

Aytekin Sir mithilfe von Ka-mer 443 Männer aus der Stadt und aus der Umgebung zum Thema »Ehre« befragt.[26]

Auf die Frage, was Ehre sei, antworteten 32,9 Prozent: die Frau, meine Familie. 18,4 Prozent sagten, Ehre sei, was ihre Religion ihnen befehle; für 13,7 Prozent war mit Ehre das Ansehen des Mannes in der Öffentlichkeit gemeint; und jeder Zehnte verstand darunter »das Benehmen der Frau in der Öffentlichkeit«.

»Ohne Ehre« ist für fast jeden Zweiten (48,5 Prozent) der Befragten, wer *zina*, Ehebruch, begeht, für 12 Prozent ist die Ehre verloren, wenn die Frau den Ehebruch begeht, und für jeden Zehnten, wenn die Braut, Tochter, Schwester vor der Hochzeit die Jungfräulichkeit verliert.

Auf die Frage, was sittsames Verhalten oder einzuhaltender Brauch sei, nannten fast 60 Prozent »die Regeln, die unsere Väter aufgestellt haben«, also die Traditionen; 17,7 Prozent nannten »die Einhaltung der religiösen Regeln«. Eine Abgrenzung von »Tradition« und »religiöser Regel« wurde nicht vorgenommen.

Wichtigste Aufgabe der Gesellschaft ist für nahezu jeden Fünften (18,4 Prozent), die Augen vor Verstößen gegen den »Anstand« nicht zu verschließen; 12,5 Prozent wollten die »Sitten und Bräuche« geschützt wissen, und 12,3 Prozent gaben als wichtigste Aufgabe der Gemeinschaft an, die »eigenen Frauen zu kontrollieren«. Für jeden Zweiten war die Aufgabe der Frau, »sich zu schützen«, für 28,6 Prozent »zu gehorchen«, für 5,4 Prozent »sich unterzuordnen«. 70 Prozent meinten, die Aufgabe des Mannes sei es, auf seinen Besitz (Familie, Frauen, Haus und Hof) aufzupassen; 13,9 Prozent sahen es als seine Verpflichtung, »die Frauen unter Kontrolle zu halten«; 7,6 Prozent: »die Frauen auf ihre Pflichten aufmerksam zu machen«.

Die Frage »Wessen Aufgabe ist es, die Ehre zu schützen?«, beantworteten 23,9 Prozent mit »der Vater, der Bruder«; von 21 Prozent wurden »die männlichen Mitglieder der Großfamilie« angeführt, 20,1 Prozent waren der Meinung, die Frau müsse selbst aufpassen, 7,3 Prozent hielten das für eine Aufgabe des Ehemannes.

Die Frage, ob die Frau bei »Ehrverlust« bestraft werden müsse, bejahten 83,7 Prozent, 16,3 Prozent verneinten sie. Als »Strafe«, die ihr in einem solchen Fall »zustünde«, verlangten 37,4 Prozent: »Sie muss getötet werden«; 25,8 Prozent würden sie verstoßen und sich scheiden lassen; 7,6 Prozent sagten: »Sie muss ins Haus eingeschlossen werden«; 3,3 Prozent: »Sie muss Selbstmord begehen.«

An den Antworten wird deutlich, dass die »Ehre« von allen befragten Männern als gesellschaftliche Norm akzeptiert wird, für deren Verlust fast vier von zehn Befragten zu töten bereit wären. Niemand verweist auf die Gesetze, die das verbieten. Die Umfrage zeigt in nüchternen Zahlen, dass in diesem Teil der Türkei der Mord an Frauen bei über einem Drittel der männlichen Bevölkerung auf Zustimmung trifft, auch wenn die befragten Männer das nicht Mord, sondern Verteidigung der Ehre nennen.

»Mit wem beraten Sie sich in solchen Fällen?« – diese Frage beantwortete fast die Hälfte mit »dem Clan-, Familienältesten« (41,6 Prozent), jeder Fünfte sagte: »Entscheide ich selbst, ohne mich zu beraten« (19,1 Prozent); 13,5 Prozent beraten sich mit dem »Hodscha/Imam/Vorbeter« (10,9 Prozent) oder dem »Scheich, religiösen Führer« (2,6 Prozent).

Auf einer vom British Council und von Ka-mer durchgeführten Konferenz im Oktober 2003, an der hohe türkische Regierungsvertreter und Organisationen teilnahmen, wurde zu diesem Thema einvernehmlich festgestellt, »dass die meisten der ›im Namen der Ehre‹ begangenen Verbrechen durch Fatwas, islamische Rechtsgutachten, legitimiert wurden. Diese Fatwas wurden von Menschen erstellt, die sich selbst als ›Imame‹ bezeichnen und auf lokaler Ebene großes gesellschaftliches Ansehen genießen. Das Amt für religiöse Angelegenheiten hat diesen Einfluss unterschätzt.«[27]

Was heißt »unterschätzt«? Angeblich gibt es keine Geistlichen, die nicht von der Diyanet ausgebildet und kontrolliert werden. Der von der Religionsbehörde eingesetzte Frauenausschuss wurde selbst in Kenntnis dieser Tatsachen nicht aktiv. Solange die Männer sich muslimisch geben, solange die Frauen gehorchen, ist es dem »Präsidium für religiöse Angelegenheiten« egal, was in den Häusern mit den Frauen passiert. Das Eingeständnis ist eine Bankrotterklärung der türkischen Republik. Sie ist nicht in der Lage, dem schwächsten Teil seiner Bevölkerung die elementaren Menschenrechte zu garantieren. Sie kann oder will den Frauen und Mädchen nicht helfen.

Wer diese barbarischen Taten mit Tradition, Sitte oder einer anderen »Kultur« rechtfertigt, betreibt Schönfärberei. Wie kann man ein Handeln, das Frauen zu einem Besitz erklärt, über den andere verfügen, als »Kultur« bezeichnen? Treffender wäre es, von krimineller Energie und von kriminellen Vereinigungen zu sprechen. Auch der Hinweis, diese Verbrechen seien tribale, also stammesegoistische Erscheinungen und hätten mit der Religion nichts zu tun, ist kaum überzeugend. Denn die Täter und Opfer von Ehrenmorden sind Muslime – gleich welcher Richtung. Und im Koran und durch die Vorbeter finden sie für ihr Verhalten die Legitimation. Sunniten sind genauso involviert wie Aleviten und Schiiten. Nicht nur im Osten, sondern in der ganzen Türkei.

In den wenigsten Fällen sind bei den Ehrverletzungen, die den Frauen vorgeworfen werden, tatsächlich andere Männer im Spiel. »Widerspenstigkeit« und Gerüchte, die über eine Frau gestreut werden, reichen aus, um das Mordkommando in Marsch zu setzen. Ihre »Ehre«, auch das machen die Antworten der Befragten deutlich, sehen die Männer bei jedwedem »Angriff« auf ihre Verfügungsgewalt über die Frau bedroht. Für sie ist die Gewalt über Frauen ein »Besitzstand«, legitimiert sowohl durch Tradition als auch durch die Vorschriften des Glaubens. Im Koran, Sure 4, Vers

34 heißt es: »Die Männer stehen über den Frauen, weil Gott einem Teil der Menschen einen Vorzug vor den anderen gegeben hat ...« Auch die Ehe ist in der islamischen Rechtsauffassung ein Vertrag, der dem Mann eine Art »Nutzungsrecht« an der Frau einräumt. Wenn sie sich im Alltag, im Bett angeblich oder tatsächlich dem Willen des Ehemannes widersetzt, wird geschlagen, misshandelt oder der Tod beschlossen – gar nicht zu reden von der Gewalt, die schon vorher zur Durchsetzung des Männerwillens angewendet wurde. Das ist ein schreckliches Kapitel für sich.

Gegen wen sich die Vergeltung zur Wiederherstellung der Ehre richtet, ist dabei fast unerheblich. Kann der oder die eigentlich Gemeinte nicht erreicht werden, kann es ein beliebiges Mitglied der Familie der »anderen« sein. Denn in den Clans und Familien wird in Kategorien von »wir« und »ihr« gedacht und vergolten. Die Strafaktion kann sich gegen jeden der Beteiligten richten – die Frauenorganisation Ka-mer weiß ein Lied davon zu singen. Unzählige Fälle hat sie dokumentiert, in denen auch an anderen Familienmitgliedern Rache geübt wurde. Das Individuum existiert nur als Teil der Familie, der Gemeinschaft, als Einzelner ist man rechtlos. Die Familie ist das »Volksgericht«, das legitimiert ist, über den Lebenswandel jedes Mitglieds zu richten und bei Verletzung der Ehre das Todesurteil zu fällen. Das mag auch erklären, warum sich manche Mütter an den Verurteilungen ihrer Töchter beteiligen und die Töchter sich allzu oft widerstandslos diesen Urteilen unterwerfen.

Dass Männer sich anmaßen, über das Leben von Familienangehörigen zu entscheiden, sprengt den Rahmen einer zivilisierten Gesellschaft. Solche Familienjustiz ist auch in der Türkei verboten, aber ihr Nährboden, die patriarchalischen Strukturen, das System von Respekt und Gehorsam, sind nie grundsätzlich infrage gestellt worden. »Der Staat ist jene menschliche Gemeinschaft«, definiert Max Weber, die »das Monopol legitimer physischer Gewaltsamkeit für sich (mit Erfolg) beansprucht.«[28] Die türkische Republik, die sich so gern als starker Staat präsentiert, verfügt auf ihrem Staatsgebiet nicht über das Gewaltmonopol. Sie hat es den Männern nicht entwenden können – oder wollen.

»Alles ist besser als der Tod«

In weiten Teilen der Türkei gibt es einen rechtsfreien Raum, in dem die in Ankara beschlossenen Gesetze nicht das Papier wert sind, auf dem sie gedruckt werden. Die Frauenorganisation Ka-mer, vor mehr als zehn Jahren im Osten Anatoliens gegründet, hilft Frauen, deren Leben durch »Ehrenmord« bedroht ist. Dass jede Frau das individuelle Recht auf Leben, auf körperliche Unversehrtheit – auch gegenüber der eigenen Familie – hat, ist den Frauen meist unbekannt. »Sie kennen ihre Rechte gar nicht, oft hören sie durch uns zum ersten Mal davon«, sagten mir nahezu alle bei Ka-mer arbeitenden Frauen, die sich aufgemacht haben, daran etwas zu ändern.

»Wir sind leicht zu finden«, sagt die nette Dame am Telefon, und tatsächlich: Die Zentrale von Ka-mer in Diyarbakir ist nicht versteckt, sondern im dritten Stock eines Wohnhauses in einem bürgerlichen Viertel der Stadt beheimatet. Nur die doppelt gesicherte Eingangstür aus Stahl unterscheidet sie von den Nachbarwohnungen. Diese Tür rettete schon vielen Frauen das Leben.

Emine, die früher Beamtin war, arbeitet hier seit acht Jahren. 1997 haben zwölf Frauen Ka-mer in Diyarbakir gegründet. Mittlerweile hat die Organisation fünfzig Festangestellte und viele Helferinnen. Seit 2003 konnte Ka-mer auch in anderen Städten im Osten und Südosten Anatoliens Beratungsbüros einrichten. Gefördert werden diese fast ausschließlich durch Projekte der Europäischen Union, die diese Mittel vergibt, um die Gleichberechtigung der Geschlechter und die Durchsetzung der Menschenrechte zu fördern – eine der Voraussetzungen für einen EU-Beitritt.

Archaische Gesetze

Hauptaufgabe von Ka-mer ist die Bekämpfung der sogenannten *Töre-cinayeti*, der Ehrenmorde. Je nach Ethnie und Stamm gibt es unterschiedliche Traditionen des Ehrenmordes. Bei den im Südosten Anatoliens vorherrschenden Kurden-Stämmen gilt das archaische Gesetz, dass der Ältestenrat den Tod des Mädchens beschließt und auch den Mörder bestimmt. »Liegt so ein Fall vor«, sagt Emine, »können wir mithilfe der Polizei die Frau außerhalb der Stadt unterbringen. Doch wir fragen zuerst die Frau selbst, welche Art von Hilfe sie benötigt. Wir bieten ihr an, mit einem Familienmitglied zu sprechen, zu dem sie Vertrauen hat, und setzen dann auf ihn als Schlichter. In vielen Fällen war diese Vorgehensweise schon erfolgreich. Wir versuchen auch, Kontakt zum Familienrat aufzunehmen, an den Beratungen der Familie teilzunehmen und sie von ihrem Beschluss abzubringen. Das kann manchmal tagelang dauern. Bleibt die Familie bei ihrem Beschluss, das Mädchen zu töten, muss es auch in diesem Fall selbst entscheiden, ob es sich dem Urteil fügen oder unsere Hilfe in Anspruch nehmen will, um unterzutauchen.

Wird der Mordbeschluss rückgängig gemacht, kann sie wieder in die Familie aufgenommen werden. Sie wird dann allerdings meistens sofort zwangsverheiratet. Wie ihr Leben dann aussieht, wissen wir nicht. Aber alles ist besser als der Tod – das ist unsere Grundüberzeugung. Wir versuchen nie, für die Frau zu entscheiden. Sie muss von Anfang an lernen, selbst die Verantwortung zu übernehmen. Und wir versuchen, die Männer zu überzeugen.

Würden wir es anders machen, hätten wir die Männer längst hier. Und das wäre lebensgefährlich.

Frauen, die vor ihrer Familie fliehen, können wir nur einige Wochen anonym unterbringen. Danach schicken wir sie, wenn möglich, zu ihren Verwandten zurück, oder sie kommt mit einer neuen Identität irgendwo in der Türkei unter. Das geht alles nur mithilfe der Polizei und der Staatsanwaltschaft. Die Zusammenarbeit mit den staatlichen Stellen funktioniert inzwischen gut. Wir konnten sie von der Notwendigkeit gemeinsamen Vorgehens überzeugen. Das war schwer, aber die Unterstützung aus dem Ausland hat uns dabei geholfen. Wir wollen, dass der Staat sich verantwortlich für die Frauen fühlt. Wir selbst können nicht für ihre Sicherheit sorgen, das ist viel zu gefährlich für alle Beteiligten. Denn die Frauen, die sich bei uns melden, sind meistens in akuter Lebensgefahr. Gestern zum Beispiel haben wir gleich drei Frauen ins Frauenhaus bringen müssen, weil gegen sie ein Mordbeschluss vorlag. Es ist unser Alltag – jeden Tag bekommen wir bis zu fünf solcher Hilferufe.«

Der Erfolg von Ka-mer hat vor allem damit zu tun, dass sich die Frauen selbst organisieren. Von Anfang an haben sie es verstanden, die regionale und nationale Politik in die Verantwortung zu nehmen, internationale Unterstützung und Aufmerksamkeit zu organisieren und ihre Arbeit wissenschaftlich zu begleiten. Viele ihrer Projekte dienen auch dem Zweck, besonders in unterentwickelten, ländlichen Regionen, mehr Arbeitsmöglichkeiten für Frauen zu schaffen, um sie ökonomisch unabhängiger von den Männern zu machen. In 23 Städten gibt es solche Initiativen wie Restaurants oder kleine Manufakturen, und etliche davon finanzieren sich inzwischen selbst. Ka-mer betreibt auch Kindergärten, um schon in der Erziehung der Kinder etwas zu ändern.

Eine grausame Statistik

Neben solchen Projekten und der täglichen Hilfsarbeit haben sie aber in den letzten Jahren vor allem Fachtagungen und wissenschaftliche Untersuchungen zum Thema »Morde im Namen der Ehre« initiiert. Seit 2003 gibt es ein *Acil Müdahele Ekibi*, ein Notfallteam für »Verbrechen im Namen der Ehre«. Waren es 1997 drei Fälle, in denen Frauen vor Anschlägen auf ihr Leben bewahrt werden konnten, stieg die Zahl 1998 bereits auf 23. Von Anfang 2003 bis Ende 2006 konnten 158 Frauen vor dem Tod gerettet werden,[29] zwei Drittel kamen aus zaza-kurdischen Familien. Das jüngste Mädchen war 13, die älteste Frau 54 Jahre alt. 11 Prozent waren jünger als 18, 43 Prozent zwischen 18 und 25, die anderen älter.

Ein Drittel der Frauen waren verheiratet, davon 50 mit einem von der Familie ausgesuchten Mann, 17 mit einem Verwandten, 13 in einer Geschwisterehe, 11 durch Zwang, 7 durch Entführung. Die Gewalt ging in 95 Prozent der Fälle von der eigenen Familie oder dem Ehemann aus. Bei unverheirateten Mädchen kam die Bedrohung vom Vater, den Brüdern oder einem männlichen Verwandten, nur in neun Fällen kam sie von außerhalb, durch einen Entführer oder Vergewaltiger.

Der Hauptgrund für das Todesurteil waren Ungehorsam oder Widerspenstigkeit gegen den Ehemann, der zweithäufigste Grund Gerüchte, die Frau habe unerlaubt das Haus verlassen oder sich geschminkt. 14,6 Prozent der Frauen sollen sich mit einem anderen Mann getroffen haben.

Wenn ein Mädchen unverheiratet schwanger wird, keine Jungfrau mehr ist oder von zu Hause wegläuft, schändet es die Ehre der Familie. Selbst wenn es vergewaltigt wird – sogar wenn der eigene Vater der Täter ist –, beschmutzt es die Ehre und kann umgebracht werden. Semsiye Allak aus Yalimköy bei Mardin wurde 2004 öffentlich gesteinigt, als sie nach einer Vergewaltigung schwanger wurde.[30] Ihre eigene Familie hat sich daran beteiligt.

Bei all diesen Taten handelt es sich nicht um im Affekt begangenen Totschlag, sondern um sorgfältig geplante Morde, die wochen-, manchmal monatelang in den Familien besprochen werden. In 35,4 Prozent der Fälle entschied die Familie der Frau über das Leben, in 34,8 Prozent der Ehemann, und bei 12 Prozent war es eine gemeinsame Verabredung beider Familien zum Mord. 23 der 158 Frauen sollten nach dem Todesurteil gezwungen werden, Selbstmord zu begehen, und konnten sich dem Befehl nur durch Flucht entziehen. Jede vierte Frau, der Ka-mer geholfen hat, lebt inzwischen unter anderem Namen an einem anderen Ort, 34 Frauen gingen zu ihrer Familie zurück. Das weitere Schicksal von 53 Frauen ist der Organisation unbekannt.

Solche von Ka-mer geführten Statistiken bringen ans Licht, welche Morde *verhindert* wurden, sagen aber nichts darüber aus, welche tatsächlich *begangen* wurden. Wie hoch die Dunkelziffer ist, wie viele Frauen und Mädchen tatsächlich umgebracht oder zum Selbstmord gezwungen, eingesperrt oder zwangsverheiratet werden, darüber gibt es noch nicht einmal Schätzungen.

Fünf Frauen

Hinter jeder dieser Zahlen steht ein menschliches Drama. Von fünf Frauen, denen Ka-mer 2006 das Leben gerettet hat, sei hier beispielhaft erzählt. Sie wurden vergewaltigt, entführt, geschlagen, als Brautgeldersatz über Kreuz verheiratet oder der »Unreinheit« bezichtigt.

So wie die vierzehnjährige Aishe,[31] die von einem Cousin ihres Stiefvaters vergewaltigt wurde und wegen der »Schande« versuchte, sich das Leben zu nehmen. Zum Glück wurde sie rechtzeitig entdeckt und gerettet. Als ihre Eltern den Vergewaltiger anzeigten, entführte dieser den jüngeren Bruder von Aishe und drohte, ihn umzubringen, wenn das Mädchen seine Aussage nicht zurückziehe. Aishe konnte sich daraufhin bei der Polizei plötzlich »nicht mehr an den Täter erinnern«. Ihr Bruder kam wieder frei. Aber nun wollte Aishes Familie eine Entschädigung, die Familie des Täters weigerte sich zu zahlen. Daraufhin klagte Aishes Familie, der Vergewaltiger wurde verhaftet. Als dessen Familie dann doch Zahlungsbereitschaft signalisierte, »überzeugten« Aishes Eltern ihre »unrein« gewordene Tochter, ihren Vergewaltiger zu heiraten.

Oder die junge Behir, die sich freiwillig »entführen« ließ, ohne die Einwilligung ihrer Eltern heiratete und jahrelang Gewalt ertrug. Nach Hause konnte sie nicht zurückkehren, ihr Vater hatte ihr die Entführung nicht »verziehen«. Trotzdem verließ Behir ihren Mann und lebte auf der Straße, bis sie von einer Familie aufgenommen wurde, die sie mit einem älteren Mann verheiratete. Aber auch der begann sie zu schlagen: »Wenn du eine gute Frau wärst, hättest du deinen ersten Mann nicht verlassen und wärst nicht auf der Straße gelandet. Du bist unrein, alles, was du anfasst, wird schmutzig.« Und wieder floh sie, die Familie ihrer Schwester nahm sie auf. Als der Vater dies erfuhr, wurden sie von ihm und ihrem Abi fast zu Tode geprügelt. Behir wurde eingesperrt, die Männer der Familie hatten ihren Tod beschlossen. Ein Nachbar verhalf ihr zur Flucht. Und sie kam zu Ka-mer.

Oder Yasemin, die die Oberschule abgeschlossen und den Mann geheiratet hatte, den sie liebte – gegen den Willen ihres Vaters. Wenn sie vor den Schlägen ihres Mannes zu ihren Eltern flüchtete, brachte ihr Vater sie regelmäßig wieder zurück: »Du hast es so gewollt und nicht auf mich gehört. Nun musst du den Preis für deinen Ungehorsam bezahlen.« Da ihre Familie sie nicht beschützte, wurde Yasemins Mann immer brutaler. Eines Tages setzte er sie unter Drogen. Als sie am nächsten Morgen aufwachte, lag ein Freund ihres Mannes neben ihr. »Ich habe eine Schlange an meiner Brust genährt«, beschuldigte ihr Ehemann sie. »Aber wenn du willst, kann ich dir mehr Männer bringen.« Seinen Schwiegereltern erzählte er von dem angeblichen Ehebruch ihrer Tochter. Gemeinsam beschlossen die Männer beider Familien Yasemins Tod. Ihre Mutter half ihr, zu Ka-mer zu flüchten.

Die zwanzigjährige Inci wurde in eine *Berdel*-Ehe gezwungen. Sie wurde mit einem Bruder ihrer Schwägerin verheiratet, sie war der »Ersatz« für den Brautpreis, den ihre Familie für ihren Sohn nicht zahlen konnte. Dann behilft »Mann« sich mit der Schwester. Einem Bruder der zukünftigen Braut wird dann eine Tochter des Hauses zur Frau gegeben – eine besondere Art des Naturalientauschs. In der kurdischen Tradition nennt man diese Art der Über-Kreuz-Verheiratung »*berdel*« – es ist aber eher eine Art Geiselnahme. Denn die beiden Paare sind unauflöslich vertraglich aneinander gebunden. Scheitert eine Ehe, wird das andere Paar zur Rechenschaft gezogen. Incis Mann schlug und vernachlässigte sie. Sie flüchtete mit ihren Kindern zu Ka-mer.

Sila wurde von der Familie des Bräutigams wieder zurückgeschickt – mit der Begründung, sie sei keine Jungfrau mehr. Als sie ihrem Schwiegervater beichtete, dass sie vergewaltigt worden war, und ihm den Namen des Täters nannte, entführte der Schwiegervater dessen dreizehnjährige Schwester, verschleppte sie in die Berge und missbrauchte das Mädchen. Eine Woche später brachte er das Kind zurück.

Über diese und alle anderen Fälle haben die Ka-mer-Frauen ein Verlaufsprotokoll angefertigt, unzählige ähnliche Dramen werden nie bekannt. Die Geschichte dieser fünf Frauen fand ein »gutes« Ende – wenngleich das, um Emines Worte aufzugreifen, oft nur bedeutet: Es war »besser als der Tod«.

Die Arbeit von Ka-mer hat dazu geführt, dass sich das türkische Parlament mit dem Problem befasste, eine Kommission einrichtete und Ministerpräsident Erdogan 2006 einen Runderlass an alle Provinzgouverneure verschickte, in dem er sie aufforderte, dem »Phänomen« der Ehrenmorde besondere Aufmerksamkeit zu widmen. Denn nachdem im April 2005 bei der Reform des türkischen Strafgesetzbuches das Strafmaß für sogenannte Ehrenmorde erheblich angehoben worden war, stieg die Selbstmordrate unter jungen Frauen auffällig an. Die Vermutung liegt nahe, dass Ehrenmorde nun als Selbstmorde getarnt werden, damit die Familie strafrechtlich nicht belangt werden kann.

In der Stadt der Selbstmörderinnen

Den traurigen Rekord in der Statistik der »Selbstmörderinnen« hält die ostanatolische Stadt Batman, die nächste Station unserer Reise. Von diesem Ort habe ich die schrecklichsten Dinge gehört: Fast 200 Menschen, vornehmlich junge Frauen im Alter zwischen 15 und 24 Jahren – laut Aytekin Sir das »gefährlichste Alter« –, sollen sich hier mit Pestiziden vergiftet haben, vom Dach gesprungen oder in Bergschluchten verschwunden sein.

In Batman leben fast ausschließlich Kurden. Die Stadt, die ihren Namen dem Fluss verdankt, an dem sie liegt, wurde erst 1955 gegründet, nachdem in der Nähe Erdölvorkommen entdeckt worden waren und man Wohnungen für die Raffinerie-Arbeiter brauchte. Inzwischen leben hier über 250.000 Menschen.

Als wir in einem Gemüseladen nach der Adresse von Ka-mer fragen, bringt uns der Händler stolz bis zur Tür der Einrichtung – hier, sagt er, würden sehr aktive Frauen arbeiten, die »unseren Mädchen« helfen. Es ist ein älteres dreistöckiges Haus zwischen den üblichen Hochhäusern. Im Erdgeschoss werden etwa zehn Kinder von zwei Kindergärtnerinnen betreut. Hinter dem Haus sieht man einen kleinen trostlosen Hof. Für eine Schaukel, eine Rutsche oder einen Sandkasten fehlt das Geld.

Renan ist eine freundliche Dame Mitte vierzig. Sie sitzt an ihrem Schreibtisch unter dem Bild Atatürks. Wir müssen einige Minuten auf sie warten, denn sie führt gerade ein Gespräch mit einer Mutter und ihrer Tochter, beide von Kopf bis Fuß verschleiert. Als sie sich schließlich uns zuwendet, erfahren wir, dass sie seit fünf Jahren für Ka-mer in Batman arbeitet, seit einem halben Jahr ist sie die Verantwortliche. Vorher sei sie viele Jahre als Lehrerin im Schuldienst gewesen und habe ihre Schüler ganz im Geiste Atatürks erzogen. An die Probleme der Frauen hier müsse sie sich immer noch gewöhnen, die habe sie vorher so nicht gekannt. Die Frauen, die von Ehrenmord und Gewalt betroffen seien, kämen aus ganz anderen Verhältnissen als sie selbst, sie würden meist isoliert auf dem Land oder eingesperrt in den Hochhauswohnungen leben. Das sei eine fremde Welt, der sie sich nur vorsichtig nähern könne, um die Frauen nicht noch mehr zu verstören.

Das Mädchen zum Beispiel, das sie gerade beraten hat, hat sich auf eine Beziehung mit einem Jungen eingelassen, der ihr die Ehe versprach. Nachdem sie miteinander geschlafen hatten, trennte er sich von ihr. Wenn du mit mir schläfst, so seine Begründung, dann machst du das auch mit anderen. Das sei eine richtige Falle für viele Mädchen, meint Renan. Nun hat die junge Frau Angst, vom eigenen Vater oder Bruder ermordet zu werden; aber auch der Junge ist seines Lebens nicht mehr sicher, denn beide kommen aus Familien, die in der Stadt für die Ausübung von Blutrache bekannt sind. Renan hat dem Mädchen deshalb geraten, den Freund von der Heirat zu überzeugen. Niemand weiß, ob er dazu bereit ist. Noch ist alles offen. Das Mädchen muss entscheiden, was es will, sagt Renan. Auch wenn es nur die Wahl zwischen Tod und Ehekäfig habe.

Die Frauen in Batman verbringen ihr ganzes Leben zu Hause, erzählt Renan. Sie werden streng bewacht, selbst den Einkauf erledigen die Männer. Daher sind auch die Probleme nicht sichtbar, nichts dringt aus dieser abgeschlossenen Welt nach draußen. Noch schlechter gehe es den Frauen auf dem Land. Oft schon mit zwölf Jahren verheiratet, werden sie zu den Sklavinnen ihrer Männer, von der Arbeitskraft der Frauen leben die Männer hier. Daran hat sich seit Jahrhunderten nichts geändert. Und die Frauen sollen dies als gottgegeben hinnehmen. Niemand hilft ihnen, niemand interessiert sich für sie.

Im Dorf wie in der Stadt werden die jungen Mädchen als Blutgeld gegeben, wenn eine Familie Schulden bei einer anderen Familie hat und nicht bezahlen kann. Auch wenn es Streitigkeiten zwischen zwei Familienoberhäuptern gibt, verschenkt man ein Mädchen, um Blutrache zu vermeiden. Die beschenkte Familie darf mit dem Mädchen machen, was sie will. Es ist vogelfrei, den Fremden schutzlos ausgeliefert. Oft nehmen sich solche Mädchen das Leben. Oder sie werden Zweit- oder Drittfrau eines Familienoberhauptes und als Arbeitskraft aufs Land geschickt. Das ist eine immer noch übliche Tradition sowohl der muslimischen Kurden als auch der Yeziden. Deren Kinder werden ausschließlich untereinander verheiratet – vermutlich auch, weil der türkische Staat sie als »Teufelsanbeter« verfolgt. Viele sind ausgewandert. Etwa 40.000 von ihnen leben inzwischen in Deutschland. Sie bilden dort eine archaische und in sich geschlossene Gemeinschaft, von der nur selten etwas an die Öffentlichkeit dringt – meist hört man von ihr im Zusammenhang von Zwangsverheiratung und Gewalt gegen Frauen. Doch solche Fälle finden sich nicht nur bei den Yeziden. In Urfa, der nächsten Station unserer Reise durch Ostanatolien, erwartet uns Ayten, die eines Tages, als sie von der Schule nach Hause kam, erfuhr, dass »die Älteren« sie einem Mann versprochen hatten.

Ayten und der Traum von der Freiheit

Ayten, auch sie inzwischen eine Mitarbeiterin von Ka-mer, empfängt mich mit Tee und Gebäck. Sie wirkt müde. Sie müsse ihre »Fastenschulden« noch nachfasten und dürfe deshalb nichts essen und trinken. Da die Frauen während ihrer Menstruation nicht fasten dürfen, werden die im Ramadan versäumten Tage nachgeholt. Aber es mache ihr nichts aus, im Gegenteil, vielleicht helfe es ja, meint sie und zeigt lachend auf ihre breiten Hüften. Ayten ist 28 Jahre alt, verheiratet und hat eine zehnjährige Tochter.

Ich erzähle ihr von dem wunderschönen *avlu*, einem der alten Hofhäuser, das ich mir am Abend zuvor in Urfa habe anschauen können. Ihre Großmutter, so berichtet sie, sei mit 13 Jahren in eine Familie verheiratet worden, die ein solches Anwesen bewohnte. Die junge Braut war die Nichte der Schwiegermutter. »Wir sind ursprünglich Araber«, erklärt Ayten, »und damals war das so üblich. Noch heute werden zwei Drittel der Frauen in Urfa mit ihren Cousins ersten Grades verheiratet. Die Familien wollen unter sich bleiben, wie es die alten islamischen Stammesgesetze vorschreiben, und auf diese Weise die alten Traditionen bewahren. So kam meine Großmutter in ein islamisches Anwesen, in ein arabisches Haus. Von den vielen Zimmern und Kammern in dem Haus hatte die Familie ihres Mannes zwei Zimmer behalten, die anderen wurden an andere Familien vermietet. Aber da es im Sommer in Urfa sehr heiß wird, manchmal bis zu 45 Grad, schliefen alle meistens draußen, auf den Dächern oder Emporen im Hof.«

Leben im Hof

Das Leben in diesen traditionellen Anwesen war streng reglementiert und nach Geschlechtern getrennt, berichtet Ayten von den

Erzählungen der Großmutter. Wenn die Männer früh am Morgen das Anwesen verließen, frühstückten die Frauen gemeinsam, backten Brot oder wuschen die Wäsche. Am Brunnen im Hof wurde dann eine Feuerstelle eingerichtet, um in einem großen Kessel die Wäschestücke zu kochen. Nach getaner Arbeit wurde Tee getrunken, gestrickt, gehäkelt, gelacht und geplaudert.

Wenn ihre Männer heimkamen, mussten sich die Frauen zurückziehen, denn nach islamischer Vorschrift dürfen Männer nur ihre eigenen Frauen, Mütter und Töchter sehen, keine fremden Frauen. Nach dem Abendessen, das die Frauen für sie in der Mitte des Hofes angerichtet hatten, spielten die Männer Backgammon und rauchten ihre Wasserpfeifen. Oft kamen die Männer aus der Nachbarschaft dazu. Dann konnten die Frauen zu den Nachbarinnen gehen und dort im Hof sitzen.

Auch tagsüber verließen die Frauen fast nie das Anwesen. Der *avlu* war groß genug und von hohen Mauern umgeben, sodass von außen niemand einen Blick hineinwerfen konnte. Daher mussten die Frauen keinen Tschador tragen, ein Kopftuch genügte, sie fühlten sich frei und sicher. Wenn allerdings fremde Männer ins Haus kamen, zu denen auch die Untermieter zählten, mussten sie sich verschleiern. Zum Einkaufen und zu anderen Besorgungen wurden die Söhne geschickt. Sobald diese in die Pubertät kamen, war auch das Zusammentreffen mit ihnen für Frauen, die nicht zur Familie gehörten, *haram*, verboten.

Der Ramadan war damals wie heute etwas ganz Besonderes. Die Frauen bereiteten aufwändiges Essen zu, zum Beispiel *suluköfte*, kleine gekochte Hackbällchen in einer Brühe. Oder die für Ufar typischen *cigköfte*, feiner Bulgur mit scharfem Paprikamark und Tartar, der mit Kopfsalat als Vorspeise gegessen wird. Oder *lachmacun*, die türkische Pizza mit Hackfleisch, die auf einem Blech über einer offenen Feuerstelle gebacken wird. Als Nachtisch war *küfene*, ein mit Frischkäse gebackener Teig mit Fäden aus Zuckersirup, beliebt.

Wenn die Männer nach dem Fastenbrechen ihre *Sira*-Abende mit Musik organisierten, sangen auch die Frauen – natürlich unter sich.

»Meine Großmutter sprach immer davon, dass die Frauen zu ihrer Zeit eine ›Schicksalsgemeinschaft‹ bildeten und große Solidarität unter ihnen herrschte – alles wurde geteilt, Neid kannten sie nicht«, erzählt Ayten. »Ich bin sehr traurig, dass wir das Haus meiner Großmutter nicht beziehen können. Ich liebe dieses alte Haus. Auf dem Dach blüht in jedem Jahr eine ganz besondere Sorte von Wildtulpen. Wir glauben, dass diese Tulpen noch in der osmanischen Zeit gepflanzt wurden. Aber das Restaurieren des *avlu* würde ein Vermögen kosten. Außerdem liegt er mitten in der Altstadt, in der Nähe des Basars. Dort wohnen immer weniger Familien. Die meisten sind längst in die Neubauviertel gezogen, und so rotten die Häuser vor sich hin.«

Mit den alten Häusern starb auch die Tradition des Hoflebens. Viele Frauen wollen nicht mehr in einen Hof verheiratet werden. Denn dann müssten sie der Familie des Mannes dienen, bis sie selbst Schwiegermütter sind. Zu ihren täglichen Pflichten gehörte es, erst ins Bett gehen zu dürfen, nachdem sie ihren Schwiegereltern die Betten gemacht, die Füße gewaschen, sie umgezogen und die Älteren keine Wünsche mehr hatten.

Die große Waschung

Aytens Großmutter schlief, wie alle jungen Ehefrauen, entweder bei ihren Kindern oder bei ihrem Mann, der hinter einem Vorhang neben seiner Mutter nächtigte. Nur wer es sich leisten konnte, verfügte als Ehepaar über ein eigenes Schlafzimmer. Nach dem Beischlaf müssen nach islamischer Vorschrift die Eheleute noch in der Nacht, möglichst ohne jemanden zu wecken, die *kusulabdest*, die große Waschung, vornehmen. Sonst bleibt man »beschmutzt« und lebt in Sünde. »So verzog sich meine Großmutter manchmal um zwei Uhr morgens mit eiskaltem Wasser in eine Ecke und stellte sich auf eine breite Strohmatte, um beim Waschen keinen Lärm zu machen«, erzählt Ayten. Wenn die Schwiegermutter am nächsten Morgen den Wasserfleck entdeckte, habe sie oft gemurmelt: »Wieder hat sie meinen Sohn um den Verstand gebracht ...« Wenn sie allerdings länger keinen sah, habe sie gedroht: »Habe ich einen vertrockneten Zweig für meinen Sohn gekauft? Du musst dich nicht wundern, wenn ich bald die Zweite hole.«

Heute möchte eigentlich keine von den jungen Frauen mehr mit der Schwiegermutter zusammenleben. Und trotzdem versucht man, die Familientraditionen in den Apartmenthäusern fortzusetzen. »Ich weiß aus eigener Erfahrung«, meint Ayten, »vor welchen Problemen die Frauen dabei stehen, denn ich selbst habe diese alle durchgemacht.« Und dann beginnt Ayten, ihre eigene Geschichte zu erzählen.

Ich war »versprochen« worden

»Ich besuchte die siebte Klasse und war noch nicht einmal 16 Jahre alt, als ich mit meinem Cousin verheiratet wurde. Als ich eines Tages von der Schule nach Hause kam, erfuhr ich, dass ich versprochen worden war – kein Weinen, kein Flehen hat etwas genutzt, die ›Älteren‹ hatten bereits ihre Verabredungen getroffen. Auch ich musste – wie meine Großmutter damals – zu meiner Tante und Schwiegermutter ziehen, wo ich rund um die Uhr unter Bewachung stand. Meinen Mann sah ich nur nachts.

Das Elend der Frauen hier ist die frühe Verheiratung. Bevor ein Mädchen erwachsen ist, bevor es seine eigene Persönlichkeit hat entwickeln können, wird es einem Mann versprochen. Ich litt so sehr darunter, dass ich als Mädchen von Verboten geradezu umzingelt war: keine Hosen! Kein schönes Kleid! Ich musste zwar kein Kopftuch tragen, meine Eltern waren modern und nicht religiös. Aber irgendwann durfte ich keine Freundinnen mehr besuchen, nichts mehr ohne Kontrolle der Familie unternehmen. So träumte ich wie so viele andere Mädchen immer nur von Freiheit, von der Freiheit, endlich einmal etwas für mich tun zu dürfen. Die Ehe erscheint vielen hier als rettender Strohhalm: Heirate reich, dann fängt das Leben an. Aber auf die jungen Frauen wartet nicht das Leben, sondern die Schwiegermutter. Sobald sie die Braut im Haus hat, versucht sie, sie nach ihren Vorstellungen zu formen. Man muss sich anpassen, sonst hat man keine Überlebenschance. Meine kaufte mir die Kleidung, die ich fortan anziehen musste, sie setzte mir auch ein Kopftuch auf. Ich saß nur zu Hause, machte den Haushalt und bediente sie und die Familie. Und nachts konnte mein Mann mit mir machen, was er wollte – als Frau muss man dabei auch noch stumm bleiben, weil die Schwiegereltern nebenan horchen. Man kann nicht einmal seinen Schmerz hinausschreien. Es ist entwürdigend. Ich war fassungslos, als ich begriff, dass mit der Ehe das Elend erst richtig beginnt. Warum wollte man mich zu einer Person machen, die ich nicht war?

Immer wieder versuchte ich meinen Mann zum Auszug zu überreden. Als meine Schwiegereltern das erfuhren, haben sie uns dann selbst vor die Tür gesetzt. Mein Mann verlor seine Arbeit bei seinem Vater. Es war eine schlimme Zeit. Da ich aber schon immer gut handarbeiten konnte, fing ich an, zu häkeln und zu nähen. Eines Tages las ich, dass hier bei uns eine Haushaltsschule für Mädchen eröffnet worden war, und fragte dort nach, ob ich den Schülerinnen etwas beibringen dürfe. Am Anfang war es für mich nur eine Gelegenheit, aus dem Haus zu kommen. Irgendwann gab mir die Schulleitung ein Stück Filz – daraus sollte ich doch etwas machen. Ich mochte dieses Material sofort und zauberte im Handumdrehen eine kleine Tasche daraus. Das verschaffte mir die Einstellung als Lehrerin. Nach einigen Weiterbildungen bin ich heute die einzige Filzmeisterin der Stadt. Ich unterrichtete dieses Fach einige Jahre. Gleichzeitig habe ich mithilfe eines Fernkurses meine mittlere Reife nachgeholt. Inzwischen besuche ich auch im Fernkurs das *lise*, das Gymnasium, das dauert drei Jahre. Ich bin jetzt in der zweiten Klasse und hoffe, dass ich es schaffe. Für viele Frauen sind diese Fernkurse eine gute Möglichkeit, ihre Schulbildung nachzuholen, was ihnen das Leben zunehmend erleichtert. Bei anderen allerdings führt es dazu, dass sie überhaupt nicht mehr aus dem Haus kommen.

Als ich die Frauen von Ka-mer kennenlernte, fühlte ich mich nach den ersten Treffen wie ausgezogen, nackt. Sie sprachen alles aus, was ich immer schon gespürt und gewusst, aber nie auszusprechen gewagt habe. Diese unendliche Ungerechtigkeit uns Frauen gegenüber! Manchmal wünschte ich mir nach solchen Treffen, eine arme Bäuerin zu sein, einfach als Unwissende mein Leben zu leben und froh zu sein, wenn alles irgendwann vorbei ist. Man wird ja nicht glücklicher, je mehr man über sein Elend weiß, es macht auch unendlich traurig.«

Getrenntes Leben

Nach einigen Ehejahren sei nicht mehr die Schwiegermutter das zentrale Problem für die Frauen, die Männer seien es, die ihr eigenes Leben, getrennt von ihren Frauen, führen, schildert Ayten ihre Erfahrungen. »Nie müssen sie Auskunft geben, wo sie hingehen und wann sie wiederkommen. Ein Mann sagt, ich gehe, und dann geht er. Er kennt es nicht anders. So besuchen sich die Frauen untereinander und haben nur ein Thema: Wie viele Geliebte hat mein Mann? Was macht er den ganzen Tag über? Wie verbringt er die Nächte, wenn er nicht zu Hause ist? Wenn die Frau danach fragt, setzt es Schläge.

Viele der Männer verschulden sich, besuchen Puffs, die es offiziell natürlich nicht gibt, weil Bordelle verboten sind. Aber es gibt unzählige ›Häuser‹, die als Konzerthäuser oder als andere nur den Männern zugängliche Einrichtungen getarnt sind. Dort spielen sie Glücksspiele und verprassen das Geld. Wir haben viele Fälle, wo wir Frauen und Kinder vor dem Verhungern retten müssen, weil der Mann kein Haushaltsgeld gibt. Das ist auch eine Methode, die Frau mundtot zu machen – mit ökonomischer Gewalt. Wenn sie schweigt, gibt es Geld, wenn sie sich beschwert, gibt es Prügel und kein Geld.

Auch die Männer sind meist zwangsverheiratet worden, die Frauen an ihrer Seite kennen sie gar nicht, aber sie können sich an ihr rächen für ihr eigenes Schicksal, das sie nicht selbst entscheiden durften. Die Braut ist die rechtloseste Figur in diesem ganzen System, der Mann hat zumindest noch über sie die Macht.

Ich selbst hatte Glück mit meinem Mann. Er spielt leidenschaftlich gern Fußball und war immer auf dem Platz. So wusste ich wenigstens, wo er sich aufhielt. Und er brachte oft seine Fußballfreunde mit nach Hause. Solange wir noch mit meiner Schwiegermutter unter einem Dach lebten, warf sie mir vor, es sei eine Schande, dass ich den Männern – natürlich verschleiert – Tee und Kaffee selbst servierte, statt an die Tür zu klopfen, damit mein Mann das Tablett holt. Er werde mich eines Tages verstoßen, wollte sie mir einreden, weil ich offensichtlich gern fremde Männer anschaue. Aber mein Mann hörte nicht auf sie. Ich trage auch kein Kopftuch und keine religiösen Kleider mehr, mein Mann hat mir das erlaubt. Auch bei meiner Arbeitssuche wie auch bei meiner jetzigen Arbeit hat er mich immer unterstützt. Dafür bin ich ihm dankbar.

Seit zwei Jahren arbeite ich für Ka-mer. Ich will meine Erfahrungen als zwangsverheiratete Braut an andere Frauen weitergeben. Ich bilde Filzmeisterinnen aus und biete Filzkurse an, denn es gibt kaum Arbeitsmöglichkeiten für Frauen. Die Sachen verkaufen wir dann. Ich bin stolz, es so weit geschafft zu haben.«

Ich freue mich mit Ayten und kaufe ihr eine ihrer wunderschönen Filzketten ab. Peter hat im archäologischen Museum auf mich gewartet. Er zeigt mir in der Vitrine Skulpturen aus dem 8. Jahrtausend vor Christus. Es sind kleine Göttinnen.

Die schönsten Pistazien

Der orientalische Basar in Gaziantep ist wie überall nach Gewerben organisiert. Besonders die Bäcker, die wunderbare Kreationen aus Pistazien herstellen, scheinen hier ihre Meisterschaften auszutragen. Wir schlendern durch die engen Gänge und werden von den Verkäufern misstrauisch beäugt, als ich mir Tschadors ansehe und Peter unbedingt einmal die Pluderhosen anprobieren will. Der Verkäufer guckt grimmig und behauptet, keine zu haben – dabei sind seine Regale voll davon.

Wir gehen schließlich in einen *simitci*, einen Frühstücksladen, von dort können wir die beiden Einkaufsstraßen sehen, die sich hier kreuzen. Die Fenster stehen offen, man hört das geschäftige Treiben vom Basar. Der Blätterteigkuchen mit Pistazienfüllung schmeckt hervorragend, ein schöner Morgen. Rings um uns herum vorsichtig flirtende junge Menschen, offensichtlich Studentinnen oder Schüler. Neben uns am Tisch sitzt ein Soldat in Uniform mit zwei jungen Kopftuch-Frauen. Sie wirken sehr schüchtern, reden kaum miteinander und schauen sich nicht an. Eins der beiden Mädchen scheint als Alibi mitgekommen zu sein, damit niemand der anderen nachsagen kann, sie sei allein mit einem Mann im Café gewesen. Der junge Mann starrt vor lauter Verlegenheit in sein Teeglas.

Von der Straße ist plötzlich lautes Geschrei zu hören. Eine Frau in traditioneller Dorfkleidung stolpert durch die Straße und hält ein blutiges Handtuch ans Gesicht gepresst. Um sie herum sind Männer, die ihr laut rufend den Weg durch die Menge bahnen. »Die Nase, die Nase ist ab«, schreit einer der Männer. »Lasst uns durch, sonst verblutet sie! Ein Taxi, schnell!« Die Männer zerren die Frau an den parkenden Autos vorbei und winken nach einem Taxi. Einige der Gäste sind aufgesprungen, andere kümmert das alles nicht. Zwei Tische weiter empört sich eine rauchende Frau: »Dass sie sich nicht schämen, ihr Elend uns auch noch vorzuführen!« Plötzlich erinnere ich mich an Zeitungsberichte über verstümmelte Mädchen und an ein Gespräch mit einer der Frauen von Ka-mer, die erzählte, dass den Frauen und Mädchen, die nicht gehorchten, nicht selten die Nase abgeschnitten oder das Gesicht mit Säure verätzt werde. Ich schaue noch einmal nach der Frau, aber sie ist bereits im Gewühl des Verkehrs verschwunden.

Geschlossene Gesellschaft

Am Nachmittag bin ich bei einer Gruppensitzung der Ka-mer-Frauen. »Wir haben seit fünf Jahren unsere Beratungsstelle und wollen eigentlich etwas gegen die häusliche Gewalt unternehmen. Das ist uns noch nicht gelungen. Die Hälfte der hiesigen Bevölkerung sind Türken, die mehrheitlich bei der nationalistischen MHP sind. Dann haben wir die bei der PKK organisierten Kurden und ein nahezu verschlossenes arabisches Viertel, zu dem Nichtaraber gar keinen Zugang haben. Und es gibt große Stadtviertel, die *gecekondus*, wo die aus dem Dorf zugezogene Landbevölkerung wohnt, die entweder alevitisch oder kurdisch ist. Das alles macht unsere Arbeit sehr schwer. Wir erreichen die Frauen gar nicht. Es gibt zwar neue gesetzliche Bestimmungen aus Ankara, mehr gegen die Gewalt in den Familien zu unternehmen, aber bis jetzt steht das nur auf dem Papier. Wenn uns Frauen vom Bürgermeisteramt geschickt werden, dann stellt sich im Gespräch heraus, dass ihnen gesagt wurde, wir könnten ihnen Arbeit vermitteln. Frauen, die von häuslicher Gewalt bedroht sind, schicken sie uns nicht. Sie behaupten, es melde sich eben niemand. Hinzu kommt, dass die Menschen kein Vertrauen zu den Behörden haben. Denn überall herrschen Willkür und Vetternwirtschaft, besonders bei der Polizei«, berichtet eine der Frauen.

Es entbrennt eine heftige Diskussion, jede der Frauen erklärt sich die Misserfolge der letzten Jahre auf ihre Weise. »Wenn wir mit den Frauen über ihre Probleme sprechen wollen, winken sie ab – das könnten sie auch mit ihrer Nachbarin bereden. Über grundsätzlichere Themen wie die Strukturen von Gewalt, die allgemeine Situation der Frauen, die Erziehung der Kinder wollen sie auch nicht sprechen. Und wenn wir über das Verhalten der Männer reden wollen, denken sie, wir wollten sie von ihren Männern trennen.«

Dabei, darin sind sich alle einig, herrschen schlimme Zustände. Jede zweite Frau in Gaziantep wird betrogen. Die Männer heiraten traditionell, leben aber außerhalb des Hauses ihr eigenes Leben. Es gibt ein Rotlichtviertel und Prostitution, Alkohol- und Drogenprobleme. Auch die Polygamie, die Vielehe, wird von den Männern ganz selbstverständlich praktiziert.

»Ich wohne in einem sehr reichen Viertel«, erzählt eine der Frauen. »Über uns wohnt ein Mann mit mehreren Frauen. Jede Frau hat ihre eigene Wohnung. Die Familien verheiraten ihre Töchter gern an reiche Verwandte, selbst in eine Vielehe. Sie meinen, dem Mädchen damit etwas Gutes zu tun. Denn schließlich lebe es im Wohlstand. Solange der Mann zahlt, sei doch alles in Ordnung. Besonders wenn die Ehefrau keinen Sohn bekommt, dann schaffen die Familien eine zweite oder gar dritte Braut heran – bis eine darunter ist, die dem Mann mindestens drei Söhne gebärt.«

Dass viele Frauen ihre Rettung eher darin sehen, nach Deutschland verheiratet zu werden, als an den Verhältnissen in ihrem Heimatort etwas zu ändern, sei auch ein Problem, meint eine andere: »Auch eine Cousine von mir ging als ›Importgelin‹, als ›Importbraut‹, nach Deutschland. Aber sie kam nach einem Jahr zurück. Sie war vom Regen in die Traufe gekommen, nur unter alten Leuten gewesen, die Sklavin der Familie ihres Mannes. Es passiert selten, dass eine Braut zurückkommt. Wir erfahren meist nichts mehr über die Frauen, die gegangen sind. Wir dachten immer, wir hier leben im Mittelalter – bis wir hörten, dass es mitten in Deutschland offensichtlich noch schlimmer für die Frauen zugehen kann.«

»Ich kenne einen anderen Fall, wo ein wunderschönes Mädchen nach Deutschland verheiratet wurde. Dort musste sie in der Landwirtschaft arbeiten. Sie kam nach einem Jahr zurück. Ihr Mann hatte eine andere gekauft, gibt aber das verstoßene Mädchen nicht frei, sodass sie nicht wieder heiraten kann. Sie ist gerade mal zwanzig Jahre alt, aber ihr Leben ist ruiniert.«

Jetzt gehen die Geschichten wild durcheinander, vor allem von den Versuchen, Arbeitsplätze für Frauen zu schaffen, ist die Rede. Die Provinz Gaziantep hat in den letzten Jahren vor allem in der Textilproduktion, aber auch in der Landwirtschaft durch große Bewässerungsprojekte einen wirtschaftlichen Aufschwung erfahren. Viele Frauen sind Heimarbeiterinnen, weil sie ihre *mahalles*, ihre Stadtviertel, nicht verlassen dürfen. So knacken sie zum Beispiel zu Hause die Pistazien, die in der Provinz angebaut werden – aber diese Arbeit wird schlecht bezahlt. Die Ka-mer-Frauen wollen eine Flugblattaktion gegen diese Unterbezahlung starten. Aber das ist schwierig, und das regionale Fernsehen, über das sie die

Frauen erreichen könnten, sperrt sich, über die Ka-mer-Arbeit zu berichten.

Nach zwei Stunden Tee, Pistaziengebäck und Gesprächen schwirrt mir der Kopf. Die Frauen sind voller Tatendrang. Jede Gesellschaft könnte stolz auf diese Bürgerinnen sein. Aber sie werden, ganz besonders in dieser Stadt, in ihrem Engagement weder unterstützt noch erkennt man es an. Im Gegenteil: Jede Form von Bürgerengagement wird im Keim erstickt. Das macht mich, als ich sie verlasse, wütend und traurig.

Begegnung mit schwarzen Gespenstern

Der Name der Stadt Midyat war mir bisher nur einmal aufgefallen, nämlich in einem Bericht über jugendliche Intensivtäter in Berlin. Viele der straffällig gewordenen Jugendlichen stammen aus kurdisch-arabischen Familien dieser kleinen Stadt. Midyat liegt auf halber Strecke zwischen Batman und Mardin im Südosten nahe der Grenze zu Syrien. Der Ort besteht aus zwei Teilen – der westliche wird überwiegend von sunnitischen Muslimen bewohnt, während der östliche, unschwer erkennbar an den Kirchen, christlich geprägt ist.

»Berg der Knechte Gottes«, Tur-Abdin, nennt man die bis zu 1400 Meter hohe Kalkplateau-Landschaft östlich von Mardin. Hier entstanden seit dem vierten Jahrhundert n. Chr. bis zu den arabischen Eroberungen zahlreiche Klöster, es war ein Zentrum der süryanäischen Christen. Vier Bistümer und über 80 Klöster gab es hier im Mittelalter, die den Raubzügen der Kreuzritter zum Opfer fielen. Im Zuge der ethnischen Säuberungen durch die Jungtürken wurden die christlichen Minderheiten zwischen 1915 und 1922 vertrieben. Heute gibt es nur noch etwa 25.000 syrisch-orthodoxe Christen in der ganzen Türkei.

Wir warten an einer Haltestelle auf den Kleinbus, der uns in den Ostteil der Stadt fahren soll. Eine Gruppe von vier Frauen im schwarzen Tschador steht bereits dort. Selbst vor den Augen haben sie ein schwarzes Gazetuch. Sie tragen schwarze Handschuhe, schwarze Schuhe, bei einer von ihnen blitzen Lackpumps hervor. Als ich mich frage, wie sie so »verschlossen« überhaupt den Weg zur Haltestelle haben finden können, entdecke ich schließlich eine »nur« mit Türban und langem Mantel gekleidete Frau als ihre Begleiterin, die für die vier schwarzen Gespenster bezahlt, für sie redet.

Wir steigen gemeinsam in das Sammeltaxi, das bestimmte Routen fährt und in das man nach Bedarf einsteigen kann. Wir sitzen den schwarzen Gespenstern gegenüber, und ich versuche auszumachen, ob sich wirklich Frauen unter diesen schwarzen Gewölben verbergen. Auch alle anderen Fahrgäste starren die Frauen stumm an. Niemand wagt, etwas zu sagen. Als eins der Zelte kurz den Schleier hebt, erkenne ich darunter ein Baby. Die Frau versucht, das Kind in den Schlaf zu schaukeln.

Ich bin froh, endlich aussteigen zu können. Bevor es dunkel wird, will ich mir die alten Kirchen und Klöster anschauen. Die christlich geprägte Stadtarchitektur ist erkennbar, ein Marktplatz mit einer großen Kirche in der Mitte ist von Bürgerhäusern aus gelbem Kalkstein umrahmt, deren Balkone zum Marktplatz weisen. Gleich neben dem riesigen Kloster befindet sich eine *medrese*, eine Koranschule, in die gerade eine Gruppe von bärtigen Männern eilt, gekleidet wie muslimische Frömmler – mit langem Hemd und den wie immer zu kurzen Hosen. Wenig später sind auch draußen die auf Arabisch gesungenen Koransuren zu hören, laut vom Chor wiederholt.

»Palästina gehört uns«

Vor der *medrese* warten einige kleine Jungen auf die bärtigen Männer, um Geld zu erbetteln. Niemand sonst ist auf der Straße. Einer der Jungen erspäht mich, läuft auf mich zu und bietet mir an: »Teyze, Frau Tante, ich kann dir alles zeigen.« Er führt mich noch einmal überall herum und preist, was Allah an Wunderbarem geschaffen hat. Als sich unser Rundgang dem Ende nähert, kommt er zögerlich auf eine etwas heikle Angelegenheit zu sprechen: »Teyze, weißt du, wir feiern hier gerne Hochzeit.« Pause. »Und wenn Hochzeit ist, dann schießen wir gern in die Luft.« Pause. Und dann: »Ich habe auch so eine Pistole, mit der man in die Luft schießen kann. Nur leider habe ich keine Munition mehr.« Pause. Ein fragender Blick. »Wäre es wohl möglich, dass du mir ein wenig dazugibst, damit ich mich freuen kann?« So viel Argumentationskunst ist überzeugend. Ich gebe ihm eine Lira. Er bedankt sich, zieht unter dem Hemd seine Spielzeugpistole hervor und sagt: »Teyze, jetzt beschütze ich dich auch vor den *gavur*, den Ungläubigen.«

Schnell wird es dunkel. In der einzigen Einkaufsstraße des Viertels werden schon die Rollläden aus Stahl heruntergelassen. Männer eilen nach Hause, und ich bin froh, dass der kleine Junge mich begleitet. Vor einem Schmuckgeschäft, das noch geöffnet hat, trennen wir uns. Der Junge flitzt zum Kaufmann, um seine Munition zu erstehen; ich möchte mir noch den fein gearbeiteten Silberschmuck ansehen, für den die Stadt berühmt ist. Dem Silberschmied ist es offensichtlich unangenehm, eine fremde Frau bedienen zu müssen, er antwortet nur unwillig auf meine Fragen nach einzelnen Schmuckstücken und sieht mich nicht an.

Erst als er hört, dass ich aus Deutschland komme, wird er offener. Er sei Yezide, in der Stadt würden zwar noch ein paar Christen leben, aber die meisten Einwohner seien sunnitisch. »Neuerdings gibt es hier auch Hamas-Anhänger, die über die syrische Grenze ins Land kommen. Das Zentrum ist die *medrese* oben am Markt.« Er glaubt, dass dort Terroristen ausgebildet werden. Aber auch ihre Frauen seien aktiv, man erkenne sie an ihren schwarzen Tschadors. Ich verabschiede mich von ihm, da ich noch schnell für den Abend etwas Obst kaufen will. Hinter dem bärtigen Kassierer des kleinen Ladens neben unserem Hotel sehe ich ein Plakat mit dem Slogan: »Palästina gehört uns«, darüber jubelnde bärtige Männer mit Maschinenpistolen.

Wiegenhochzeit und Winzerinnen

Peter und ich entscheiden uns, die sechzig Kilometer von Midyat nach Mardin wieder mit dem Dolmus zu fahren – durch weites Land, in dem jetzt im Oktober die Baumwollernte im vollen Gange ist. Vor uns Lastwagen mit hochgetürmten Ladungen weißer Samenfäden, auf den Feldern endlose Reihen von Frauen, die, einen Sack hinter sich herziehend, Baumwolle pflücken. Etwa eine Million Tonnen jährlich produziert die Türkei, und das meiste davon wird von Frauenhand geerntet.

Mitten auf der Strecke steht plötzlich ein Militärposten. Wir sollen aussteigen, Pässe und Gepäck werden kontrolliert. Alle haben einen Ausweis dabei – zum Glück. Anderntags lese ich in der Zeitung unter »Vermischtes«, dass eine Militärkontrolle einen Bus angehalten hat. Als sich zwei junge Männer unter den Fahrgästen nicht ausweisen konnten, verlangte man von ihnen, die türkische Nationalhymne zu singen oder mit auf die Wache zu kommen, bis ihre Identität geklärt sei. Laut Bericht haben die Männer es vorgezogen zu singen.

Je näher wir Mardin kommen, desto mehr verändert sich die Landschaft. Die Baumwollfelder weichen Olivenhainen. An den

Hängen sieht man noch die alten Terrassen, die heute aber nicht mehr genutzt werden. Dann taucht Mardin in der leicht hügeligen Landschaft wie ein riesiger besiedelter Felskegel auf. Die Stadt ist steil an den Felsen gebaut, der sich 500 Meter über der Ebene erhebt, ihre Geschichte soll bis zu den Zeiten der Sintflut zurückreichen. Man spürt die Aura des Ortes. Oben auf dem Gipfel des Felsens thront eine Zitadelle, in der die amerikanische Armee eine Radarstation errichtet hat. Der Berg in der Nähe zur Grenze ist ein strategisch günstiger Platz, um von hier aus Syrien bis in den Irak zu beobachten. Vom Fuß des Felskegels aus kann man die dicht an dicht stehenden malerischen alten Häuser mit ihren Terrassen, kleinen Gärten und den Torbögen erkennen, die wie ein von Paul Klee gemalter Orientgarten anmuten. Es ist die erste Stadt auf unserer Reise, deren alter Kern Zentrum geblieben ist.

Blick in die Wüste

Wir gehen auf Empfehlung in ein Butik-Hotel, das in einem alten Bürgerhaus eingerichtet wurde. Hier residierte im 19. Jahrhundert hinter hohen Sandsteinmauern eine süryanäische Kaufmannsfamilie. Von außen eher unscheinbar wirkend, öffnet sich im Innern ein Hof, in dem ein mit Mosaiken geschmückter Brunnen und ein zweistöckiges Gebäude stehen. Die halbrunden Fenster und Türen sind mit feinen, in Sandstein gearbeiteten Bordüren und Ornamenten verziert wie auch mit kunstvollen schmiedeeisernen Arbeiten versehen, die immer wieder das gleichschenklige Kreuz, das Symbol der Süryanäer, als Grundmotiv aufnehmen. Aber auch Tiere und Dämonen als steinerne Hausgeister weisen darauf hin, dass es sich hier um ein Gebäude eines nichtmuslimischen Bauherrn handelt.

Das Haus ist nach Süden hin geöffnet, und der Blick geht vom Balkon und aus jedem Fenster hinein in die syrische Wüste. Kein

Baum, kein Strauch, kein Haus, kein Fluss oder See ist zu sehen, sondern nur der felsige Grund der Wüste. Wer sie im Sommer ohne Wasser durchqueren muss, wie die von den Jungtürken vertriebenen Armenier im Jahr 1915, der wird, noch ehe Mardin am Horizont verblasst, verdurstet sein. Damals hatte die Stadt 50.000 Einwohner, etwa die Hälfte davon Muslime. Die anderen waren syrische, aramäische, armenische Christen verschiedener orthodoxer Gemeinden. Heute leben hier nach den diversen Umsiedlungsprogrammen des türkischen Staates hauptsächlich Kurden und einige zurückgekehrte Christen.

In Mardin hält der Dolmus zuerst im neuen Teil der Stadt. Der alte Stadtkern war nach den Umsiedlungen in den ersten Jahrzehnten der Republik zunächst dem Verfall überlassen worden, die Türken bauten sich eine neue Stadt am Rande des Berges.

Nachdem vieles unwiederbringlich zerstört ist, nimmt jetzt allmählich in Teilen der Bevölkerung die Wertschätzung alter Häuser wieder zu. Alte *medrese* werden restauriert, der Großunternehmer Sabanci lässt von seiner Stiftung eine der Koranschulen zum Museum umgestalten. Die alte Substanz von Mardin wird neu entdeckt, unser Hotel wurde mithilfe von EU-Geldern restauriert.

»Auch die Männer müssen befreit werden«

Mit Ülkü von der hiesigen Ka-mer-Einrichtung sind wir in einem von Frauen geführten Café an der Hauptstraße verabredet. Es ist Mittagszeit, wir sind die einzigen Gäste. Hinter dem Tresen putzt ein junger Mann Gläser. Die Frauen, sagt Ülkü, würden das Essen zubereiten und die Einkäufe erledigen. Aber ganz ohne männliche Hilfe würde die Arbeit hier nicht laufen.

Ülkü ist vor drei Jahren aus Ankara gekommen, um hier die Leitung der Organisation zu übernehmen. Die türkisch-islamische Gemeinschaft ist verschlossen, sagt sie, wenn Journalisten kommen und fragen, warum auf einmal so viel von Ehrenmorden in Mardin zu hören ist, antworte sie: Früher hat nur niemand darüber gesprochen, wir machen das jetzt öffentlich. Bisher haben die Frauen immer nur gelernt, dass sie Dienerinnen ihrer Familien sind, dass ihre Familien ein Recht hätten, sie zu schlagen. Sie kennen ihre Rechte gar nicht. Gewalt ist für sie eine alltägliche Erfahrung, eine Selbstverständlichkeit, ihr Schicksal eben. »Wir haben erreicht, dass das keine Selbstverständlichkeit mehr ist. Und dafür konnten wir auch Männer gewinnen.«

Helfen könne ihre Organisation aber nur bei akuten Notlagen. Die Mittel seien sehr begrenzt. »Wir machen im Grunde die Arbeit der Behörden, wollen aber bei ihnen, bei den Beamten des Staates, ein Problembewusstsein wecken, sie sensibilisieren. Deswegen arbeiten wir mit der Polizei, Staatsanwaltschaft, den Religionsbehörden, den Imamen, den Lehrern zusammen. Oft hören wir von einem kurz bevorstehenden Mord. Wenn die Polizei gleich zu erreichen ist, können wir wirkungsvoller eingreifen.«

Manche der bedrohten Frauen, erzählt sie, die zu ihnen kämen, wollten zur Familie zurück und sich mit ihr versöhnen. Da es in der sozialen Hierarchie immer noch einen gibt, der höher als das Familienoberhaupt steht, sei es der Bürgermeister, Landrat oder ein Abgeordneter, würde Ka-mer den zu Hilfe rufen, um mit den Familien zu verhandeln. Manchmal dauern solche Verhandlungen lange – je nach Schwere der »Sünde«, die das Mädchen auf sich geladen hat. Fälle, bei denen ein Mädchen eine Beziehung mit einem Mann hatte, sind relativ einfach, sofern es nicht bereits einem anderen versprochen war. »Meist erreichen wir, dass die beiden heiraten dürfen. Aber bei Unzucht oder Vergewaltigung ist es schwer, das Leben der Frauen tatsächlich zu retten. Wenn der Mordbefehl vom Familienrat aufrechterhalten wird, haben wir kaum eine Chance.« In solchen Fällen scheint auch die Polizei keine Hilfe zu sein, jedenfalls erwähnt sie das nicht.

Vor zwei Tagen kam eine Frau zu ihr, die von ihrem Mann seit Jahren geschlagen und gedemütigt wurde. Es hatte ständig Streit mit dem Ehemann gegeben, weil der ihr kein Geld gab, seine Frau und seine Kinder hungern ließ. Die Frau schämte sich so sehr, dass sie sich nicht einmal ihrer eigenen Familie anvertrauen mochte. »Wir haben einen Anwalt hinzugezogen, der ihr versichert hat, dass ihr Mann verpflichtet sei, ihr Geld zu geben. Und dass sie, ohne sich scheiden zu lassen, dagegen klagen könne. Sie war überrascht von dieser Information und wollte darüber nachdenken, wie sie weiter vorgeht. Das erleben wir ganz oft, dass die Frauen erst durch uns erfahren, dass auch sie Rechte haben.«

Ich frage, ob Ka-mer auch aktiv wird, wenn sie zum Beispiel von Kinderehen erfahren. »Nein«, antwortet Ülkü, »wir reagieren nur, wenn Zwang oder Gewalt vorliegt und wir zu Hilfe gerufen werden.« Kinderehen seien hier an der Tagesordnung: »Die Familien verheiraten ihre Kinder so jung wie möglich, um Gerede zu vermeiden. Da das Mädchen die Ehre der Familie beschmutzen könnte, wird es am besten noch vor der Pubertät verheiratet, dann ist die Familie des Mannes für das Mädchen verantwortlich. So schützen sich die Familien vor Ehrverlust und kommen nicht in die ›Verlegenheit‹, einen Ehrenmord vollstrecken zu müssen. Auch *berdel* wird hier ganz selbstverständlich praktiziert – das Mädchen als Blutopfer. Oder auch *beschikkertmesi*, die Wiegenhochzeit. Zwei Brüder versprechen einander: Wenn ich einen Sohn bekomme und du eine Tochter, sollen sie einander gehören. Wird das Versprechen später nicht eingehalten, ist das eine Ehrverletzung, und das Mädchen – fast immer trifft es das Mädchen – kann Opfer eines Ehrenmordbeschlusses vom Familienrat werden.«

So fremd ihr diese Welt auch sei, sagt Ülkü, so habe sie doch in den Gruppentherapien, die Ka-mer anbiete, um »das Frauenproblem als gesellschaftliches Problem zu begreifen«, erkennen müssen, dass selbst sie, eine Akademikerin und berufstätige Frau aus der Hauptstadt, nicht wirklich gleichberechtigt sei. »Die Männer sind Teil des Systems, auch sie müssen befreit werden.«

Während unseres Gesprächs telefoniert sie immer wieder mit der Gefängnisleitung des Ortes. Ka-mer möchte in den Gefängnissen Seifenwerkstätten einrichten lassen, damit die Insassen beschäftigt werden können. Ich frage sie, ob ich mich ihrem für morgen geplanten Besuch im Gefängnis anschließen dürfe. Sie verspricht, bei der Gefängnisleitung nachzufragen.

Zum Schluss zeigt sie uns die Seifenwerkstatt der Ka-mer-Frauen, leider treffen wir auch hier wieder nur zwei Männer an. Peter und ich rüsten uns mit mehreren Paketen schöner Seifen aus und machen uns dann auf den Weg zu der süryanäischen Familie, mit der wir verabredet sind.

Vergessene Traditionen

In ihrem Schmuckladen treffen wir Madame Isabel. Vor zehn Jahren zog sie mit ihrer Familie aus Istanbul zurück in ihre Heimatstadt. Ihr Mann Farik beherrscht noch die feine Technik des typisch süryanäischen Silberhandwerks, bei dem aus ganz feinen langen Silberfäden ornamentale Muster geformt und zu Anhängern, Ohrringen und Broschen aus feinem Gespinst verarbeitet werden. Für den türkischen Staatspräsidenten Gül und seine Frau habe er einen ganz besonderen Schmuckkasten gemacht, berichtet er stolz und zeigt uns ein Foto von dem Prachtstück. Seine Arbeiten, sagt Farik, seien inzwischen so bekannt, dass er mit anderen Handwerkern aus der Türkei in den Präsidentenpalast nach Ankara eingeladen wurde und auch Prinz Charles ihn schon besucht habe. Aber die größte Genugtuung bereitet ihm, dass er seit Kurzem einen Lehrling hat. Ein junger Muslim will das Handwerk bei ihm erlernen.

Seine Frau Isabel arbeitet mit den Ka-mer-Frauen zusammen

und hatte die Idee, mit den Frauen Wein zu produzieren. Mardin hat eine mehrtausendjährige Tradition im Weinanbau, die aber in Vergessenheit geraten ist, es gibt wenige erfahrene Winzer. Die Frauen haben – misstrauisch von den Muslimen beäugt – einen alten Weinberg gekauft und wollen ihn in den nächsten Jahren kultivieren. Zurzeit kaufen sie noch Weintrauben von den Bauern und keltern ihn in kleinen Mengen. Aber die ersten Jahrgänge sind gelungen. Stolz bieten sie ihre kleine Produktion mit dem Ka-mer-Etikett feil. Ob das wirklich eine tragfähige Geschäftsidee ist? Inzwischen wird in der ganzen Türkei der Ausschank von Alkohol an Muslime verboten, selbst in unserem schicken Hotel bekommt man nicht einmal ein Bier.

Jakob, Isabels 22-jähriger Sohn, der sich an diesem Ort als junger Mann verloren fühlt, weil die Mädchen so früh verheiratet werden, erzählt von einem Restaurant in der Stadt, in dem man noch Wein zum Essen bestellen könne, allerdings nur Gäste, die dem Wirt auch bekannt seien. Wir bitten ihn, für uns dort einen Tisch zu reservieren, er solle sagen, dass wir Deutsche sind. Das gehe klar, meldet er uns zwei Minuten später nach einem Anruf in dem Lokal, »aber nur, weil ich den Besitzer kenne«.

Die knappe Stunde bis zum Abendessen schlendern wir durch die Stadt. Auf dem Marktplatz von Mardin thront ein Atatürk-Denkmal. Die lange schmale Einkaufsstraße säumen viele Schmuckgeschäfte, aber auch Seifen und ein reichhaltiges Sortiment an Trockenfrüchten werden angeboten. Man ist hier auf Touristen eingestellt.

Besuch aus Istanbul

Der Muezzin ruft zum Abendgebet, und wir eilen zu dem Restaurant, in dem Jakob uns einen Tisch reserviert hat. Nein, sagt der Kellner ganz irritiert, als wir Wein bestellen, Alkohol gebe es bei ihnen nicht. Also ordern wir wieder *Iki su lütfen*, zwei Wasser, bitte.

Zurück im Hotel begeben wir uns stracks in die orientalisch eingerichtete Lobby. Peter will auf keinen Fall das Fußballspiel verpassen, das heute übertragen wird: Griechenland gegen die Türkei. Das ist mehr als ein Spiel, meint er, für einige Türken sei das die Wiederauflage des Kampfes im Unabhängigkeitskrieg. An den Sandsteinwänden des von großen Laternen beleuchteten Raums, der ganz mit roten Kelims ausgelegt ist, liegen komfortable Bodenkissen, vor denen kleine Tabletts mit Tee, Mokka und Pistazien stehen. An der Stirnseite gibt es einen riesigen Flachbildschirm, vor dem sich etwa zwei Dutzend Männer versammelt haben. Das Spiel schleppt sich so dahin. Im unteren Bildrand wird eine Sondersendung zum »Kampf gegen den Terror« angekündigt und zu Spenden für die »türkischen Märtyrer« aufgerufen, die nicht weit von hier hinter der Grenze zum Irak von der kurdischen PKK »ermordet« wurden. Acht weitere Soldaten sind im Kampfgetümmel in kurdische Gefangenschaft geraten. Aber niemand achtet während des Spiels besonders auf diese Meldung.

Peter feixt über die unbeholfenen Versuche der türkischen Stürmer, den Ball in »Ottos Kasten« unterzubringen. Trainer Otto Rehhagel hat seine Griechen clever eingestellt. Die Gäste und Kellner verlieren im Laufe des Spiels irgendwie den Spaß am Zuschauen, und als Griechenland dann zehn Minuten vor Schluss auch noch ein Tor schießt, leert sich der Raum.

Ich komme gerade von einem Telefonat mit Ülkü zurück – aus unserem gemeinsam geplanten Besuch im Gefängnis werde nichts, weil sich »hoher Besuch aus Istanbul« angesagt habe –, als sich das türkische Ehepaar, das drei Kissen weiter sitzt, vorstellt. Er ist aus beruflichen Gründen in Mardin, seine Frau, Professorin für Literatur in Istanbul, ist mitgekommen, weil sie das Hotel so reizend findet und die beiden hier ihren 30-jährigen Hochzeitstag feiern. Wir gratulieren und stoßen mit Tee an. In Istanbul wohnen sie direkt am Bosporus, erzählt er und beginnt, von der »aufregendsten Stadt der Welt« zu schwärmen. Selbst die Ehefrauen seien eifersüchtig auf die Stadt, weil die Männer immer vom Bosporus träumten, den sie mehr liebten als ihre Frauen. Ja, so sei es, sagt sie. Und so multikulturell sei die Stadt, sagt er, Menschen aus aller Welt lebten dort. »Das soll uns Türken erst einmal ein Land nachmachen, so wie wir die Fremden lieben«, meint er und wirft Peter dabei einen vorwurfsvollen Blick zu. Der lächelt zurück, nickt und antwortet auf Deutsch: »Null zu eins.« Ich übersetze das besser nicht. Aber, schwadroniert unser Tischnachbar weiter, im Wesen seien die Türken sehr deutsch, auch sie würden das Reisen lieben und bis zum Umfallen arbeiten. »Meine Frau wird Ihnen bestätigen, dass ich außer meiner Arbeit, Reisen und einigen Feiern am Bosporus nichts anderes kenne«, sagt er, und wieder stimmt sie ihm zu. Am nächsten Morgen nach dem Frühstück will seine Gattin shoppen gehen, es gebe doch so fantastischen Silberschmuck in der Stadt. »Ich werde in der Zeit einen kleinen Besuch machen«, sagt ihr Mann. Im Foyer wartet eine Polizeieskorte auf ihn. Er gibt uns zum Abschied seine Visitenkarte. Er ist Generalstaatsanwalt.

3

Istanbul leuchtet

»Der Bosporus ist ein Fluss mit der Durchsichtigkeit des Meeres, ein Salzwasserfluss, der zwei Meere verbindet, ein Fluss zwischen zwei Weltteilen, wo jeder Fleck malerisch, jede Stelle historisch ist; hier wirbt der Orient um Europa und träumt, er sei der Herrscher.« So schrieb Hans Christian Andersen 1840 in seinen Reisebeschreibungen »Eines Dichters Basar«. Dichter und Musiker hat die Stadt am Bosporus schon immer inspiriert, aber in den ersten Jahren der Republik erblühten auch die bürgerlichen Freiheiten – und gleichzeitig wurde die Weltmetropole in weniger als fünfzig Jahren zu einem Mega-Dorf.

Istanbul ist nicht nur eine Stadt, die niemals schläft, es ist auch eine Stadt, die nicht endet. In der Mitte der Bosporus, das Marmara-Meer und ringsherum ein endloses Häusermeer. Wer eine Fähre besteigt, sieht die unvergleichliche Silhouette von Sultanahmet mit den großen Moscheen und Minaretten auf dem Hügel neben dem Topkapi-Serail, die Galatabrücke, die über das Goldene Horn von Eminönü nach Beyoglu, dem Genueser Viertel mit dem Galataturm, führt und unmittelbar darunter die modernen Ozeanriesen, die am Pier festgemacht haben. Man hat alles auf einmal vor sich – den Orient, den Okzident, die Geschichte und die Gegenwart, die Stille des Meeres, das Brausen der Stadt, das Geschrei der Möwen. Man schaut hinaus aufs Meer, wo das Wetter den Tag bestimmt, wendet den Kopf und sieht die an den Hügeln klebenden Häuser, eins über dem anderen, als wolle jedes Haus sich über das andere erheben, um den freien Blick auf das Meer zu gewinnen.

Aber die »andere Welt«, die Welt der sogenannten gecekondus, *der Millionenvororte, in denen billige und schnell hochgezogene Wohnblocks stehen und die vom Dorf mitgebrachten archaischen Sitten das Leben regieren, wächst und wächst und ist längst bis in das pittoreske europäische Istanbul vorgedrungen.*

Im Gecekondu

Nach Istanbul – das war für meine Eltern wie für viele andere der Weg aus der Enge des weiten Anatolien in die Moderne, der Schritt aus der Kontrolle der Großfamilie zur selbstbestimmten Kleinfamilie. Es war der Weg vom Dorf in die Stadt, von der abhängigen Arbeit auf dem Hof in die »freie« Lohnarbeit, die Erprobung anderer Lebensentwürfe. In Istanbul wie in den anderen großen Städten veränderte sich das Leben zuerst. Das »rückständige« Anatolien wurde vergessen, nichts mehr dort investiert. »Die Musik« spielte in Istanbul, und zwar so laut, dass ein unaufhörlicher Binnenstrom an Menschen einsetzte und Istanbul inzwischen die Stadt mit dem größten kurdischstämmigen Bevölkerungsanteil ist. Darauf war die Stadt am Bosporus nicht vorbereitet. Das grüne Istanbul mit seinen großen Wäldern am Wasser und auf den Hügeln wurde betongrau durch seine endlosen *gecekondus*. Mit den Menschen vom Dorf kamen auch ihre Traditionen und Sitten in die Stadt, denn die Dörfler »modernisierten« sich nicht dadurch, dass sie Städter wurden. Im Gegenteil. Die *gecekondus* werden bewohnt von Dörflern ohne Land, Hirten ohne Herde, die heute zum riesigen Heer der Beschäftigungslosen oder Billigarbeiter zählen.

Dort, wo die Stadtviertel keine Namen haben, die Straßen erst asphaltiert werden und Strom erst verlegt wird, wenn die Häuser längst stehen, etwa anderthalb Autostunden vom Zentrum entfernt, besuche ich eine Familie. Wir treffen ihr Oberhaupt auf einem Parkplatz unter einer Brücke, dem einzigen markanten Punkt in einer Gegend, deren Straßen im Stadtplan gar nicht verzeichnet sind. Er ist ein strenggläubiger bärtiger Kurde, der, wie er sagt, »wegen einer Familiensache« nach Istanbul fliehen musste. Der Mittdreißiger arbeitet in einer Fabrik als Näher, sein Lohn beträgt weniger als 200 Euro im Monat. Nachdem er die Stelle bekommen hatte, heiratete er eine Cousine aus seinem Dorf, die ihm bereits als Kleinkind versprochen worden war. Später kamen seine Brüder nach, heirateten ebenfalls. Um die Familienmitglieder unterzubringen, baute er zuerst eine Art Garage, die nach und nach erweitert und aufgestockt wurde. Heute wohnen etwa zwanzig Personen auf den drei Etagen. Wer Arbeit hat, liefert seinen Verdienst ab. Zum Schlafen werden Matten auf dem Teppich ausgerollt.

Während die Frauen in der Küche das Essen vorbereiten, stoßen im Laufe des Gesprächs immer mehr männliche Mitglieder der Familie zu uns und setzen sich in dem großen, nur mit einem Teppich ausgelegten Raum nebeneinander an die Wand, um ihrem Abi zuzuhören, der mir, der Abla, der großen Schwester aus Almanya, erklärt, wie die Türkei zur islamischen Republik werden kann. Die Frauen bleiben unsichtbar. Erst als ich mehrfach betone, dass ich doch so gern seine Töchter sehen würde, ruft er sie.

Beide Mädchen tragen das Kopftuch zum T-Shirt. Die Älteste ist 14 und wird in diesem Jahr die Schule beenden. Ich frage sie, was sie danach vorhabe. Schüchtern antwortet sie, ihre Lehrerin habe sie fürs Gymnasium vorgeschlagen. Ich schaue zu ihrem Vater hinüber: »Wird sie weiter zur Schule gehen?« Er lacht und sagt, auf der Koranschule lerne man alles für das Leben – »Allah weiß, was er für Pläne hat.«

Auf der Suche nach dem Glück

Irgendwo in Ostanatolien wird die junge Meryem von ihrer Familie in einem Stall gefangen gehalten. Ihr Onkel, der Chef des Clans, hat sie vergewaltigt. Jetzt soll sie sterben, damit die »Ehre« der Familie wiederhergestellt wird. Die Tat ausführen soll ihr Cousin, der vom Militär zurückgekehrte Cemal. Er zögert, er weiß nicht, wie er es anstellen soll. Er fährt mit der Cousine erst einmal los, Richtung Istanbul.

Diese Geschichte erzählt ein Roman von Zülfü Livaneli, einem berühmten türkischen Musiker, Autor und Politiker. Von 2002 bis 2007 war er Abgeordneter im türkischen Parlament, zunächst als Mitglied der CHP, ab 2005, nachdem er als Protest gegen antidemokratische Tendenzen die Partei verlassen hatte, als unabhängiger Volksvertreter. Vor einiger Zeit traf ich ihn bei einer Diskussion über die heutige türkische Gesellschaft. Er argumentierte wie die meisten türkischen Intellektuellen, wenn sie im Ausland sind: Er verteidigte die Türkei, relativierte die Zustände, erklärte das Phänomen der Ehrenmorde zum »internationalen Problem«. Auch in Norwegen käme so etwas vor, meinte er. Ja, das stimmt, sagte ich: Eine afghanische Frauenrechtlerin war in Norwegen von ihrer Familie umgebracht worden.

Livanelis Äußerungen verunsicherten mich. Eigentlich kannte ich ihn als streitbaren Linken, der für die Rechte der Kurden eintritt, seine Stimme für Demokratie und Menschenrechte erhebt und mithilfe seiner Musik die Feindschaft zwischen Türken und Griechen zu überwinden und Versöhnung zu stiften versucht. Mit einiger Skepsis nahm ich deshalb seinen neuesten Roman zur Hand, den er mir nach unserem Treffen geschickt hatte und der in der Türkei ein großer Erfolg ist.[32] Er handelt von drei Menschen auf der Suche nach dem »Mutluluk«, nach der Glückseligkeit: von der jungen Meryem, die darauf wartet, dass man sie »nach Istanbul« bringt; von Cemal, dem Sohn ihres Onkels, der in der Armee gegen die kurdischen Rebellen kämpft; und von einem anerkannten Professor, der fürchtet, alles zu verlieren, wenn herauskommt, dass seine Reputation nur auf wissenschaftlichen Täuschungsmanövern basiert. Das Buch ist spannend; immer wenn ich mit einem der üblichen Klischees rechne, weiß Livaneli zu überraschen und den Geschichten seiner Figuren eine neue Wendung zu geben. Beeindruckend auch, wie er die Landschaften Anatoliens und die Stadt Istanbul beschreibt. Während sein Landsmann und Schriftstellerkollege Orhan Pamuk in seinen Erzählungen die Erinnerung an Istanbul, wie es einst gewesen ist, beschwört, fängt Livaneli die Gegenwart der Stadt ein, in die es immer mehr Menschen aus Anatolien zieht.

Sonntags findet man diese Menschen zum Beispiel auf kleiner Wallfahrt nach Eyüp, dem heiligen Ort am Ende des Goldenen Horns, der Bucht im Herzen der Stadt.

Heilige Geschäfte

»Ich muss heute nach Eyüp!«, verkündete meine Mutter eines Morgens beim Frühstück, als wir noch in Istanbul lebten. Ich war damals sechs Jahre alt. Meine Mutter hatte von ihrem Vater geträumt, den sie seit ihrem Weggang aus ihrem Dorf nicht mehr gesehen hatte. »Ich muss heute für ihn beten, Necla nehme ich mit!« Nachdem meine Mutter ihre Haare von Lockenwicklern befreit und ein dezentes Kostüm ausgesucht hatte, packte sie ein leichtes weißes *tülbend*, ein Kopftuch, in ihre Tasche, passend zu den Schuhen mit den Pfennigabsätzen. Auch ich durfte mein schönstes Kleid aus Organza anziehen und trug einen breiten Strohhut.

Wir wohnten im asiatischen Teil von Istanbul, in Kadiköy. Der

Weg auf die europäische Seite war Mitte der 1960er Jahre eine kleine Reise. Erst mit dem *tramvay*, der Straßenbahn, zum Hafen, dann mit der Fähre über den Bosporus nach Eminönü, dann mit einem Boot weiter das Goldene Horn entlang nach Eyüp.

Eyüp ist ein Wallfahrtsort, dort befindet sich die älteste Moschee Istanbuls und das Mausoleum von Eyüp Ensari, der während der Belagerung der Stadt durch die Araber 672–679 als Bannerträger Mohammeds gefallen war. Sein Grab spielte beim Fall Konstantinopels 1453 eine wichtige Rolle. Der osmanische Sultan Mehmed II., der Eroberer der Stadt, ließ 77 Gottesmänner sieben Tage lang nach der letzten Ruhestätte von Ensari suchen, ihre Entdeckung war eine Art »spirituelle« Eroberung Konstantinopels. Über den Fundort wurde eine *türbe*, ein Grabturm, gebaut, daneben errichtete man eine Moschee, eine Koranschule, ein Hamam und einen Basar. Nur der letzte der 35 osmanischen Sultane, Mehmed V. Reshad, fand hier 1918 seine letzte Ruhe. Aber nicht sein Grab ist das Ziel der vielen Pilger, sondern das des »Bannerträgers des Propheten«, genannt Ebu Eyüp.

In dem nach dem Verehrten benannten Ort angekommen, kaufte meine Mutter weiße Kerzen, legte das Kopftuch um, stellte sich zum Sarkophag im Mausoleum des Heiligen, zündete die Kerzen an und betete für ihren Vater und für ihre Familie. Nach dem Gebet kam das Tuch wieder in die Tasche, und wir gingen ins Café »Pierre Loti« Tee trinken, genossen unsere mitgebrachten Sandwiches und den Blick über das Goldene Horn.

Vierzig Jahre später stehe ich wieder am Pier von Eminönü. Mit Freunden mieten wir ein Boot, das uns nach Eyüp bringen soll. Es ist ein kleines Motorboot, das auf den Wellen und unter den Brücken hindurchschaukelt und die Riesenmetropole in die Ferne rücken lässt. In Eyüp stehen rechts und links der kleinen Straßen Buden mit religiösen Devotionalien: grüne Fahnen, das blaue Auge Fatimas gegen den bösen Blick, Schmuckketten mit

Koransuren. Viele Geschäfte bieten Kassetten und CDs mit religiösen Liedern sowie »fromme Kleider« an, aus den Lautsprechern erklingen religiöse Gesänge und Predigten bekannter Vorbeter. Die fast ausnahmslos bärtigen Verkäufer tragen die Tracht der Strenggläubigen, weite Hochwasserhosen, kragenlose Kaftanhemden, Käppi und Sandalen. Willkommen im siebten Jahrhundert!

Es ist Sonntag, und viele Familien nutzen diesen Tag, um die heilige Stätte zu besuchen und zu beten. Die alte Moschee ist mit gläubigen Männern überfüllt. Frauen haben keinen Zutritt. Im Hof der Moschee, hinter einer provisorischen Absperrung, hocken etwa hundert verschleierte Frauen auf den Knien und beten. Sie haben ihre kleinen Gebetsteppiche mitgebracht, sitzen auf dem Boden oder auf Wellpappen. Der Imam ruft aus dem Lautsprecher: »Allah möchte, dass ihr für ihn betet, dass ihr eure Pflicht ihm gegenüber niemals vergesst …« Das Gedränge ist groß, Frauen verteilen als fromme Gaben an Passanten Würfelzucker, und Kinder füttern damit die Tauben. Nichts mehr ist von der Gelassenheit und Einkehr geblieben, die ich in meiner Erinnerung mit Eyüp verbinde. Alles ist ganz auf das »heilige« Geschäft ausgerichtet.

Eine Seilbahn trägt uns von dem Berg der Toten wieder hinunter zum Wasser des Lebens, dem Goldenen Horn. Ein Fischer bringt uns im Schein der untergehenden Sonne zurück zur Galatabrücke, die Orhan Veli (1914–1950), einer der großen Lyriker der noch jungen türkischen Republik, unnachahmlich besungen hat.[33]

Galatabrücke

Ich stelle mich auf die Brücke
Und sehe euch vergnügt zu.
Manch einer von euch zieht langsam die Ruder;
Manch einer holt Muscheln von den Pontons;
Manch einer steht am Steuerruder des Schleppkahns;
Manch einer ist Matrose am Tau;
Manch einer ist Vogel, fliegt poetisch;
Manch einer ist Fisch, glitzernd;
Manch einer Schiff, manch einer Boje;
Manch einer Wolke am Himmel;
Manch einer ist Dampfschiff, das den Schornstein umknickt
Und im Nu unter der Brücke hindurch passiert;
Manch einer ist Schiffssirene und tönt;
Manch einer ist Schiffsrauch und stöhnt;
Aber alle, alle …
Seid ihr in Sorge ums tägliche Brot.
Fröne ich allein der Muße unter euch allen?
Und wenn schon, einmal kommt vielleicht der Tag
Und ich mache ein Gedicht über euch, bekomme ein Paar Kurus
Werde dann auch satt.

Die Literatur entdeckt das Leben

Das Gedicht zeugt von der »Leichtigkeit des Seins«, die in den Anfangsjahren der Republik viele Schriftsteller und Dichter erfasste. Es war die Zeit des großen Aufbruchs der türkischen Literatur, die Autoren schrieben wie befreit über das Leben der Menschen. Es herrschte ein ganz anderes Lebensgefühl in der Stadt, Gedichte schwirrten durch die Kaffeehäuser. Der Blick der Schriftsteller öffnete sich für die sozialen und politischen Probleme. Die Autorin Halide Edip trat für Frauenemanzipation ein und fand ein großes Publikum. Orhan Kemal, Sabahattin Ali oder Yasar Kemal, um nur einige Beispiele zu nennen, machten das Leben der Dörfer und Städte zum Thema ihrer realistischen Romane.[34]

Die osmanische Oberschicht hatte das Türkische als Sprache der Literatur missachtet, für sie war es die Sprache der Bauern, tauglich bestenfalls für die Volkserzählungen eines Nasreddin Hodscha, für das Schattenspiel »Karagöz« oder die an den Lagerfeuern der Karawansereien erzählten Geschichten. Menschen kamen in ihren an persischen Vorbildern orientierten Lehrgedichten der »Diwan-Dichtung« kaum vor. Ebenso wenig gab es im Osmanischen Reich Bilder oder Skulpturen, in denen Menschen abgebildet wurden. Denn nach islamischer Lehre darf ein lebendes Wesen, sei es Tier oder Mensch, nicht auf einem Bild verewigt werden, weil alles Irdische vergänglich ist. Ewigkeit verkörpert ausschließlich Gott. Selbst der Prophet Mohammed ist nur Gottes Sprachrohr und hat kein Recht auf das eigene Bild.

Bilderverbot

In seinem Roman »Rot ist mein Name« erzählt der türkische Literaturnobelpreisträger Orhan Pamuk von diesem Bilderverbot. 1591 erteilt der Kalif seinen Buchmalern den Auftrag, für den venezianischen Dogen zehn Blätter zum islamischen Jahrtausend zu erstellen. Die Zunft der Buchmaler erachtet den Auftrag als Blasphemie; der Maler, der ihn ausführt, wird ermordet, der Mord gerechtfertigt: Der Maler habe »in dem letzten Bild bedenkenlos die Perspektive benutzt«, die Dinge seien »nicht nach ihrer Bedeutung in Allahs Verstand dargestellt, sondern wie sie unser Auge erfasst, also so, wie es die Franken machen« – eine »große Sünde«. Ferner habe er »unseren Padischah, den Kalifen des Islam, in der gleichen Größe wie einen Hund« abgebildet und auch noch das »Bild des Satans« auf »liebenswerte Art« gemalt. Die größte aller Verfehlungen aber sei, »das Bildnis unseres Padischahs riesengroß und mit allen Einzelheiten seiner Gesichtszüge wiederzugeben. Gleich den Götzenanbetern … Oder wie die ›Porträts‹, welche die Christen, die sich nicht von den Gewohnheiten der Götzenanbetung lösen konnten, an die Wände ihrer Kirchen malen und anbeten«.

Erst mit den Reformen der Tanzimat-Zeit am Ende des 19. Jahrhunderts und den Neuerungen der Republik, die westliche Vorbilder ins Land trugen, wurden Romane geschrieben, in denen Heimatlosigkeit und Identitätssuche bestimmende Themen wurden. Jetzt trat der einzelne Mensch auf, das zwischen Tradition und Moderne, zwischen Altem und Neuem zerrissene Individuum. Orhan Pamuk hat in seinem großen Roman »Cevdet bey ve ogullari« (»Herr Cevdet und seine Söhne«, Istanbul 1982) diesen Zwiespalt am Beispiel einer Familie beschrieben, die sich äußerlich europäisch gibt, den Einzelnen aber aus den Verpflichtungen der Familie nicht entlassen will. Pamuks Protagonist Refik, der zwischen seinem Wunsch nach einem »Ich« und der Pflicht gegenüber dem »Wir« hin und her gerissen ist, lässt sich auf eine von seiner Mutter arrangierte Ehe ein, das junge Paar zieht im Dachboden der elterlichen Villa ein. Auch Refiks verheiratete Brüder wohnen in dem Haus. Der Vater ist gestorben, die Mutter führt das Haus und will Refiks 18-jährige Schwester möglichst bald verheiraten. Die Familie ist wohlhabend, die Brüder verwalten den väterlichen Nachlass, ein Lampengeschäft.

Refik hat einen Freund, der – »um frei denken« zu können – nicht geheiratet hat. Refik hingegen ist gerade Vater geworden. Eigentlich möchte er gar nicht im Familiengeschäft arbeiten, viel lieber würde er sich als Schriftsteller ausprobieren. Pamuk beschreibt ein Gespräch zwischen Refik und seinem Freund Muhittib, der gerade ein Buch von Hölderlin in Refiks Bücherregal entdeckt hat: »So etwas liest du? Als ich Dichter werden wollte, habe ich mich an ihm versucht. Er hat mich kaltgelassen. Diese Europäer! Sie fühlen anders, sie stehen uns sehr fern, weißt du das nicht? Außerdem kann man nichts mit ihnen anfangen, sie bringen einen nur durcheinander.«

Refik widerspricht, er will wissen, was die alten Griechen und die Renaissance bedeutet haben, das Licht der Vernunft kennenlernen, »um unsere Barbarei und den Despotismus in unserer Kultur besiegen zu können«.

»Du bezeichnest uns als Barbaren? Meinst du auch mich damit, deinen Freund? Ganz schön kühn, mein Lieber. Schau mich an«, sagt sein Freund, »ich bin Türke, ein türkischer Nationalist. Und stolz darauf. Was sagst du nun?«

»Ich suche nur ...«, stammelt Refik.

Stadt der zwei Welten

Der Bosporus hat zwei gegenläufige Strömungen. Die eine bringt Wasser vom Schwarzen Meer nach Westen ins Marmarameer und eine Gegenströmung salzigeres Wasser Richtung Norden. Mal ist die Drift stärker, mal verändert der Wind die Richtung des Stromes – das macht, auch wegen der Tiefe der Wasserstraße, die Durchfahrt der Schiffe zu einer gefährlichen Angelegenheit.

Die Strömungsverhältnisse scheinen mir fast wie eine Allegorie für den heutigen Zustand der Stadt. An der Oberfläche die aufgeregten Wellen, die Moden und die silbrig funkelnden Spiegelungen der Sonne des »oberflächlichen« Westens, der Anschein des Modernen, während gleichzeitig ein unablässiger Strom des »schwarzen Wassers« durch die Stadt fließt und sie zunehmend bestimmt. Die Flut der Binnenmigration mit den aus den Tiefen der Vergangenheit verhafteten Traditionen treffen hier auf die glitzernde Welt des schönen Scheins. Treffen diese Strömungen an der Oberfläche aufeinander, entsteht unberechenbares »Kabbelwasser«. Geht man in Istanbul von Beyoglu über die Galatabrücke nach Eminönü, spürt man dies.

Im »Leyla«, einem In-Café in Cihangir, dem Viertel von Beyoglu, das Orhan Pamuk so gern beschreibt, trinke ich einen Caffè Latte. Hier ist niemand verschleiert, keine Frau trägt Kopftuch. Die Gäste unterhalten sich über ihre Einkäufe, sprechen selbstverständlich Englisch, Italienisch oder Deutsch. Cihangir liegt an einem Bosporushügel und ist für Istanbul so etwas wie »Mitte« für Berlin – Musikkneipen, Galerien, internationales Flair. Viele junge Leute, »Intels«, Intellektuelle, wie man hier sagt, Menschen also, die in Zeitungen, Instituten und Agenturen arbeiten und hier wohnen.

In meinem Hotel gibt es kurzzeitig kein Wasser, jemand hat vergessen, den Tank nachzufüllen. Es herrscht große Aufregung unter den Gästen und dem Personal. Eines der großen Probleme der Stadt ist der Wasserverbrauch: Jeder der etwa 15 Millionen Einwohner verbraucht pro Tag etwa 200 Liter Trinkwasser. Das Rohrleitungssystem ist völlig überlastet und ohnehin längst marode. Ein Viertel der eingespeisten Wassermenge kommt nie in den Häusern an, es versickert irgendwo im Istanbuler Untergrund.

Am Nachmittag laufe ich von Beyoglu, dem Genueser Viertel, über die Galatabrücke, »die Brücke zum Goldenen Horn«, hinunter nach Eminönü, dem historischen Teil der Stadt. Es ist, als überquere man hier, wo man doch nur von Europa nach Europa geht, tatsächlich die Brücke zwischen Orient und Okzident. Galata, das sind die Bars, die Geschäfte, die Gassen, die Mietshäuser im italienischen Stil, gegenüber der historische Teil der Stadt mit dem Basar, den großen Moscheen. In Galata und Beyoglu das Handwerkerviertel mit den Straßen der Elektriker, Klempner, der Musiker, auf der anderen Seite in Eminönü die Straßen der Händler – das sind die Ober- und Unterströmungen der Stadt.

An diesem Sonntag schiebt sich eine dicht gedrängte Menschenmenge die Uferpromenade in Eminönü entlang, Menschen aus allen Teilen des Landes, Frauen in schwarzen Tschadors ebenso wie Frauen, die nach der neuesten Mode der Islamisten ein buntes, weit über die Schultern fließendes Kopftuch zum bodenlangen Mantel tragen. Rechts und links von der Brücke sind – umschwirrt von Möwen, die auf Beute hoffen – Boote vertäut, auf denen man gegrillte Makrelen erstehen kann.

Der Menschentross strebt durch einen Fußgängertunnel hindurch zu dem Platz vor dem ägyptischen Basar. Dort wird in einem unbeschreiblichen Gewühl alles verkauft, vom neuesten piependen Spielzeug über Handys bis zu Handtüchern. Auch nach dem Verlassen der Passage ist das Gedränge noch so dicht, dass man kaum vorwärtskommt. Hier vor dem Basar und der Rüstem-Pascha-Moschee ist die ehemalige Landbevölkerung unter sich, die wenigen Touristen werden bestaunt und sind das bevorzugte Ziel der fliegenden Händler, die spottbillige Imitate von Markenparfüms feilbieten. Aber auch Jeans, T-Shirts, Schuhe und einfache Haushaltswaren liegen auf Decken ausgebreitet vor den zahllosen Händlern, die lautstark ihre Waren anpreisen und gleichzeitig achtgeben müssen, dass die Massen sie nicht niedertrampeln.

Plötzlich ertönt eine Trillerpfeife: Zwanzig Polizisten in blauen Overalls stürmen auf den Platz. Die Händler raffen ihre Decken zusammen, werfen sie über die Schultern und verschwinden im Getümmel. Ein alter Mann ist nicht schnell genug weggekommen, er kann keine Lizenz vorweisen und muss mit den Polizisten zum Einsatzwagen. Für einen Moment versinkt der Platz in eine eigentümliche Beschaulichkeit, wird still und ruhig, wie ich ihn früher kannte. Aber die Veränderung währt nur kurz. Eine halbe Stunde später ist alles lärmend und voll wie vorher.

Die Stadt wird von Jahr zu Jahr voller. Der Platz vor der Moschee scheint der Zielpunkt für alle Zuwanderer aus dem Osten zu sein. Mich würde nicht überraschen, wenn Meryem aus Livanelis Roman mit ihrem Plastikbeutel auf einmal vor mir auftauchen würde. Der ganze Platz scheint mir voller Meryems. Auch die Menschen aus den Vororten erobern sich das Zentrum, Frauen, die früher in ihren Vierteln, in den *mahalles*, blieben. Die großen Einkaufsstraßen wie die Istiklal Caddesi mit ihren Nebenstraßen in Beyoglu sind fest in der Hand junger Männer, aber im Basarviertel, in Sultanahmet und in Fatih gehört die Stadt den Religiösen und den Menschen aus den *gecekondus*.

Während der Professor in der Ägäis segelt und seine Nöte in Alkohol zu ertränken versucht, geraten Meryem und ihr Cousin auf der Suche nach Cemals älterem Bruder in ein von der Welt verlassenes Viertel, wo die Polizei Extremisten vermutet. Meryem ahnt, dass ihr Glück, einmal in ihrem Leben in Istanbul zu sein, nur kurz währen wird. Sie ahnt inzwischen, was mit ihr geschehen soll. Cemal stößt sie einen Berg hinunter und bricht anschließend weinend zusammen. Meryem überlebt durch einen Zufall und tröstet den Cousin.

In Istanbul ist das Leben in Parallelwelten längst Realität. In bestimmten Stadtteilen hat sich die säkulare, westlich orientierte Gesellschaft auf ihre Wohlstandsinseln, in die bewachten Shopping-Malls und Szenecafés zurückgezogen, der Muezzin wird mit dem iPod übertönt, und man tut so, als könne man den tatsächlichen Verhältnissen im Land entkommen, indem man sie ignoriert. Eine leichtsinnige Selbsttäuschung, denn die Islamisierung des Alltags schreitet voran, genauer gesagt: Sie wird sichtbar. Vor Beginn der islamischen Revolution im Iran war kaum eine Frau in Istanbul verschleiert, jetzt tragen, nach meiner spontanen Zählung an einem Sonntagnachmittag im Gülhane-Park unterhalb des Topkapi-Palastes, zwei von drei Frauen Kopftuch und langen Mantel. Das mag nicht repräsentativ sein, aber das Bild der Stadt hat sich in den letzten zehn Jahren eindeutig verändert.

Getrennt feiern

Die Bürgermeister der AKP haben in den letzten Jahren dafür gesorgt, dass der Islam das gesamte öffentliche Leben besetzt: Die Volkshäuser, Erholungsheime, Parks aus der Atatürkzeit werden nach Geschlechtern getrennt; Alkoholausschank ist in allen städtischen Einrichtungen verboten; seit Erdogan Bürgermeister war, wurden am Strand Frauenabteilungen eingerichtet.

In Florya, einem der schönsten Istanbuler Badeorte, nehme ich an einem Hochzeitsessen teil. Der Ort, noch in den 1960er Jahren ein Sinnbild für die neue Bürgerlichkeit und das moderne Leben, hat sich verändert. Die großbürgerlichen Villen von damals stehen zwar noch, aber die staatlichen Erholungsheime am Wasser sind von AKP-Aktivisten übernommen worden. Demonstrativ flanieren die Islamisten an den Villen vorbei, als wollten sie den Bewohnern signalisieren: Bald werden wir hier einziehen. Mitten während des Hochzeitsessens stehen plötzlich, als der Muezzin der nahen Moschee ruft, alle gläubigen Mitglieder der Familie auf und ziehen sich in getrennte Räume zum Beten zurück. Abends findet die Feier nach Geschlechtern getrennt statt. Als ein junger, technisch versierter Mann ins Frauenzelt gerufen wird, um die Musikanlage zu reparieren, legen die meisten Frauen ein Kopftuch an, um ihr Haar darunter zu verbergen. Nur eine Frau bleibt gelassen sitzen. »Ich trage eine Perücke«, erklärt sie auf meine verwunderte Nachfrage.

Der Vater der Braut ist ein Kleinfabrikant. Seine Firma hat er mithilfe der IKB (Islam Kalkinma Bankasi) gegründet, einer islamischen Bank, die Kredite nur an bekennende Muslime vergibt. Ein Unternehmer aus der Bekleidungsindustrie erzählt mir von einem Unternehmerverband, dem »Islam Özel Sektör Destekleme Kurumu«, der mit Unterstützung der AKP eingerichtet wurde und inzwischen mit jährlich elf Millionen Dollar vom türkischen Staat gefördert wird, um einen eigenen Wirtschaftskreislauf der Islamisten aufzubauen. Die in diesem Verband zusammengeschlossenen Unternehmen finanzieren sich mithilfe eigener Banken, produzieren Kleidung für den religiös fundierten Markt, verkaufen ihre Ware in *helal*-Läden, sogenannten reinen Läden, und stellen nur Strenggläubige ein, deren Arbeitszeiten an den Gebetsrhythmen ausgerichtet sind. Die republikanische CHP läuft Sturm dagegen, bezeichnet diese Praxis als Einführung der Scharia am Arbeitsplatz. Aber die AKP hat die Mehrheit im Parlament und setzte die Subventionierung durch. Als ich einige Tage nach der Hochzeit auf dem Großen Basar in einem *helal*-Laden etwas kaufen möchte, werde ich nicht bedient. Die verschleierten Verkäuferinnen wenden sich ostentativ von mir ab – ich trage kein Kopftuch und bin damit als Unreine erkannt. Es ist, als sei ich gar nicht anwesend.

Religiöse Marktlücke

Die besser situierten Muslime gründen derzeit gezielt islamische Internate, zahlen bis zu 15.000 US-Dollar im Jahr, um ihre Kinder dort unterzubringen, vergeben Stipendien und bemühen sich, islamische Akademiker für alle Bereiche auszubilden. An vorderster Front sind dabei die Stiftungen des Predigers Fethullah Gülen, die inzwischen mit über 300 Ablegern ein weltweites Netzwerk von Internaten, Schulen und Studiengemeinschaften betreiben – auch in Deutschland. Zu Beginn hatte Gülen in der Türkei eine »Marktlücke« entdeckt. Er bot Abiturienten Vorbereitungskurse für die zentralen Aufnahmeprüfungen der Hochschulen an und erschloss sich so ein riesiges Rekrutierungsreservoir. Inzwischen hilft er nicht nur Schülern staatlicher Gymnasien auf dem Weg zum Studium, sondern unterhält selbst ein ganzes Imperium von Privatschulen und -universitäten.

Die AKP hat den Gläubigen den Weg an die Universität geöffnet. Bisher konnten die Absolventen der Imam-Hatip-Schulen, der Koranschulen, nur eine religiöse Fakultät besuchen, um dann Vorbeter oder Imam zu werden. Jetzt berechtigt ihre Kenntnis des Korans und der Hadithe sie auch zum Studium aller anderen Fächer. Professor Halis Ayhan, an der Marmara-Universität in Istanbul zuständig für religiöse Erziehung, Ethik und Kultur, erklärte schon 2004 in der Zeitung »Vakit«, wie man Kinder religiös erzieht: »Wichtig ist, dass das Kind von Geburt an mit dem Ruf des Muezzin aufwächst, um seine Seele so zu beeinflussen, dass sie ein Teil dieser Religion wird. Immer wenn die Eltern das Kind auf den Arm nehmen, sollten sie ihm das Glaubensbekenntnis ins Ohr sprechen. So wird gewährleistet, dass sein Leben islamisch geprägt wird.« Das hört sich noch eher harmlos an, aber es sind auch andere Fälle bekannt geworden: In einem Kinderheim in Istanbul wurde systematisch geschlagen und misshandelt. Als der Fall untersucht wurde, stellte man fest, dass die zuständige Behörde in den Jahren zuvor alle Erzieherinnen entlassen und durch strenggläubige Frauen ohne pädagogische Ausbildung ersetzt hatte. Zum Glück werden solche Dinge aufgedeckt, obgleich die Kritiker solcher Zustände ständig unter Druck gesetzt werden.

Bilder der verschwundenen Stadt

Meryem, Cemal und der Professor stranden auf einer Insel in der Ägäis. Der Professor besäuft sich jetzt mit ausschweifenden Reden über die glorreiche Türkei – ein pensionierter General leistet ihm dabei Gesellschaft. Cemal lässt Meryem ziehen. Er ist ver-

*loren, weil er seine Pflicht nicht getan hat, zugleich aber ist er
glücklich, nicht zum Mörder geworden zu sein. Meryem findet
ihr Glück auf der Insel.*

Als ich die Lektüre von Livanelis Roman beende, bin ich fast ein
bisschen neidisch auf Meryem. Auch ich habe einmal einen Sommer auf einer kleinen Insel in der Ägäis verbracht, in einer Strand-
hütte zwischen den Ruinen alter griechischer Häuser. Unter lauter
freundlichen Menschen, die wie Meryem Börek zubereiten und
Fische braten, fühlte auch ich mich aufgehoben. Aber *mutluluk*,
Glückseligkeit, hat wie Heimat keinen Ort. Vielleicht begegnet
uns beides nur als Verschwundenes.

Das Café »Ara« liegt in derselben Straße wie das Goethe-Institut
von Istanbul, gegenüber dem größten Gymnasium der Stadt, dem
Galata-Lisesi. Der Fotograf Ara Güler besitzt dort zwei Häuser, in
dem einen befindet sich das schöne Studentencafé, das andere be-
herbergt sein Privatmuseum, das er nur auf Anfrage öffnet. Auf
zwei Etagen hat er seine Fotos ausgestellt, die die Stadt über einen
Zeitraum von fünfzig Jahren zeigen. Es sind Bilder des unterge-
gangenen Istanbul: eine Fähre, die in der Abendsonne vom Pier
wegdreht; ein Fischer, die Zigarette im Mundwinkel, der vor der
Silhouette des historischen Sultanahmet über den Bosporus fährt.
Vor allem die Schwarz-Weiß-Fotos aus den 1950er und 1960er
Jahren haben es mir angetan. Lange bleibe ich vor einem Foto der
Galatabrücke stehen, das eine ganze Geschichte erzählt. Ein Paar
geht in der Abenddämmerung über die Brücke – er ein Offizier in
Uniform, sie, in Hut und Mantel, bei ihm untergehakt. Ein Wasserverkäufer spricht sie an, aber sie gehen fort aus dem alten Istanbul, sie lassen die Moscheen und Minarette hinter sich. Vielleicht
wollen sie nach Beyoglu, in ein Restaurant oder zu einem Konzert, bei dem eine Sängerin traurige Lieder singt, oder zu »Inci«,

einer Konditorei, wo man *Profitörs* bekommt, kleine Kugeln aus Brandteig mit Vanillefüllung und Schokoladensoße. Orhan Pamuk beschreibt dieses von Ara Güler verewigte Istanbul. Es ist das Istanbul der Vergangenheit. So wie es auch eines meiner Lieblingsgedichte von Orhan Veli festhält:

Ich höre Istanbul, meine Augen geschlossen.
Zuerst weht ein leichter Wind,
Leicht bewegen sich die Blätter in den Bäumen.
In der Ferne, weit in der Ferne
Pausenlos die Glocke der Wasserverkäufer.

Die Seelenverkäufer

»Natürlich ist Istanbul auch falsch«, schreibt der Schriftsteller und Theatermacher George Tabori, »wie jede Schönheit, aber diese Falschheit wurde in jahrhundertelanger Arbeit sorgfältig perfektioniert. Es ist der einzige geschichtsträchtige Ort, der mir echt vorkam.«[35] Wenn ich heute am Bosporus bin und einen Frachter oder Tanker, gar ein Kreuzfahrtschiff ins Schwarze Meer hinausfahren sehe, ist mein Blick nicht mehr unbefangen. Ein anderes Bild schiebt sich vor die reale Kulisse, ein Bild, das von einer der vielen schmerzlichen Geschichten des 20. Jahrhunderts erzählt. Eine Kriegsgeschichte, eine Geschichte von tödlichem Verrat, von dem erbärmlichen Verhalten türkischer wie britischer Politiker und Diplomaten und ein Lehrstück, wie die Humanität der Machtpolitik geopfert wird. Es ist das Bild der »SS Struma«, einem Schiff voller jüdischer Flüchtlinge, deren Schicksal 1942 auf meinem geliebten Bosporus entschieden wurde.

Ende 1941 befand sich die Welt auf dem Höhepunkt des Zweiten Weltkrieges. Halb Europa war von Nazideutschland besetzt. Die deutsche Wehrmacht marschierte nach Moskau. Die Japaner flogen ihren Angriff auf Pearl Harbor. Und der NS-Staat forcierte die systematische Verfolgung und Vernichtung der Juden im Reich und in den annektierten Gebieten.

Auch die Juden vom Balkan suchten verzweifelt nach Fluchtwegen, um den Nazis zu entkommen, die meisten von ihnen wollten zu Lande oder zu Wasser über die Türkei nach Palästina. Die türkische Regierung berief sich in humanitären Fragen auf ihre »Neutralität«, sie wollte das Land aus dem Krieg heraushalten. »Friede daheim, Friede in der Welt« hieß der Grundsatz des Staatsgründers Atatürk. Aber der war seit 1938 tot und hatte ein von inneren Konflikten zerrissenes Land hinterlassen, das zwischen die Fronten des großen Kriegs zu geraten drohte.

Noch war unentschieden, ob überhaupt und wenn, auf welcher Seite, die Türkei in den Krieg eintreten würde. Man wollte zu den Siegern gehören, aber noch war nicht klar, wer gewinnen würde. Es war keine Zeit für Heldenmut oder Mitleid mit anderen. Also zog man es vor, sich um die Klippen der Weltpolitik – wenn möglich geschmeidig – herumzulavieren.

Man wollte es sich mit keiner Macht verderben – mit den Italienern nicht, die Albanien besetzt hatten und den Grenzen der türkischen Republik damit gefährlich nahe kamen. Mit der Sowjetunion nicht, mit der es eine gemeinsame Grenze und einen Freundschaftsvertrag gab; mit England nicht, obwohl die Briten Palästina und den Irak besetzt hielten und zwanzig Jahre zuvor den Franzosen bei der Zerschlagung des Osmanischen Reiches geholfen hatten. Schon gar nicht wollte man es sich mit den Deutschen verderben, denen man sich als wichtiger Handelspartner freundschaftlich verbunden fühlte. Noch 1939, als die Türkei der »Friedensfront« beitrat, mit der England und Frankreich das faschistische Deutschland zu isolieren hofften, konnte Franz von Papen, Botschafter des Deutschen Reiches in Ankara, nach einer Beschwerde beim türkischen Staatspräsidenten Inönü stolz nach Berlin vermelden, dass Ismet Inönü – »wie ich glaube, aus vollster Überzeugung« – versichert habe, »dass es ein lebenswichtiges Interesse der Türkei sei, ein starkes, ungeschwächtes, mächtiges Deutschland in der Mitte Europas zu wissen«.[36]

Erst als die Niederlage Hitlerdeutschlands absehbar war und Stalin drohte, den türkisch-sowjetischen Freundschaftsvertrag nicht zu verlängern, brach die türkische Regierung 1944 die diplomatischen Beziehungen mit Berlin ab und erklärte am 23. Februar 1945 Deutschland den Krieg – ohnehin die notwendige Voraussetzung, sich der westlichen Hilfe zu versichern. Die Kriegserklärung kam spät, kurz vorher hatten die Alliierten Stalin in Jalta signalisiert, dass man über den Zugang zum Mittelmeer, also über sowjetische Militärbasen am Bosporus, reden könne. Mit ihrem Bekenntnis zum Westen rettete die Türkei nicht nur ihre Unabhängigkeit und territoriale Integrität, sondern auch die – ursprünglich armenischen – Gebiete um Kars und Ardahan, auf die Stalin in den Verhandlungen mit den Siegermächten ebenfalls Anspruch erhoben hatte.[37] So avancierte die Türkei mit ihrer Last-Minute-Kriegserklärung doch noch zur »Siegermacht« – später war das die Eintrittskarte in die Uno und in die Nato.

Keine Heimat für »Unerwünschte«

Bis dahin hatte Präsident Ismet Inönü alles getan, um es der deutschen Reichsregierung recht zu machen. Höhepunkt des gegenseitigen Wohlwollens war der Freundschaftsvertrag mit dem faschistischen Deutschland, den Botschafter Franz von Papen, Vizekanzler in Hitlers erstem Kabinett, 1940 aushandelte und ein Jahr später im Reichsgesetzblatt veröffentlichte: »Das Deutsche Reich und die Türkische Republik verpflichten sich, gegenseitig die Integrität und die Unverletzlichkeit ihres Staatsgebietes zu respektieren sowie keinerlei Maßnahmen zu ergreifen, die sich direkt oder indirekt gegen den anderen Vertragspartner richten.« Dazu gehörte auch die Verpflichtung, »künftig in allen ihre gemeinsamen Interessen berührenden Fragen freundschaftlich miteinander Fühlung zu nehmen, um eine Verständigung herbeizuführen«.[38] Was das für die europäischen Juden bedeutete, sollten diese bald zu spüren bekommen.

Atatürk hatte 1933 fast eintausend jüdische Akademiker, die als Erste aus dem Deutschen Reich flohen, mithilfe der Notgemeinschaft deutscher Wissenschaftler ins Land geholt. Diese intellektuelle Elite sollte helfen, die Republik aufzubauen. Nach seinem Tod 1938 änderte sich die Lage für die deutschen Migranten. Wer eine Aufenthaltsgenehmigung beantragte, musste einen Ariernachweis vorlegen; Staatenlosen – zu denen alle reichsdeutschen Juden zählten, nachdem ihnen mit dem Erlass vom 27. November 1941 die Staatsbürgerschaft entzogen worden war – wurde schon die Einreise untersagt. Die Türkei sei kein Asyl »für Menschen, die anderswo unerwünscht sind«, erklärte Präsident Inönü.[39] Damit schlug die türkische Republik den Juden in der größten Not die Tür vor der Nase zu und überließ sie ihrem tödlichen Schicksal. Die Geschichte der jüdischen Flüchtlinge auf dem Schiff »SS Struma« legt davon Zeugnis ab.

Die Vergessenen der »SS Struma«

Am 7. Dezember 1941 verließ die »SS Struma«, ein Dampfschiff unter bulgarischem Kommando, den Hafen von Konstanza in Rumänien, an Bord 770 rumänische Juden, darunter 269 Frauen und Kinder – Passagiere, die man mit Anzeigen für die Überfahrt nach Palästina angeworben hatte. Es war höchste Zeit für sie, das Land zu verlassen, denn die Judenverfolgung hatte inzwischen auch Rumänien erreicht. Sie hatten alles zurücklassen müssen, nicht mehr als zwanzig Kilogramm Gepäck durfte jeder Auswanderer auf den maroden, mehr als fünfzig Jahre alten vormaligen Viehtransporter mitnehmen, der für einen längeren Aufenthalt von Passagieren gar nicht gerüstet war. Trotz der Kollaboration der rumänischen Regierung mit dem Hitler-Regime war den Flüchtlingen die Ausreise gestattet worden, obwohl die Deutschen zu diesem Zeitpunkt schon alle Schiffstonnage im Schwarzen Meer beanspruchten, um im Krieg gegen die Sowjetunion die Versorgung ihrer Truppen auf der Krim gewährleisten zu können.

Das Ziel der Flüchtenden war das Gelobte Land, durch das Schwarze Meer, den Bosporus und die Dardanellen, die Ägäis und das östliche Mittelmeer wollten sie nach Haifa gelangen. Es war nicht das erste Schiff, dessen Passagiere die Reise nach Palästina voller Hoffnung antraten. Seit 1938 waren auf diesem Weg mehr als 21.000 Flüchtlinge mit Unterstützung jüdischer Organisationen den Deutschen entkommen.[40] Die britischen Besatzer Palästinas waren über diesen nicht nachlassenden Zustrom wenig begeistert. Mehr als 10.000 Juden pro Jahr wollten sie nicht ins Land lassen, um die Araber nicht zu verärgern. Es galt, die Gründung eines Judenstaates in Palästina zu verhindern.

Über die britische Botschaft setzten sie die türkische Regierung unter Druck, die Einreise von Flüchtlingen über den Landweg und die Durchreise durch den Bosporus zu stoppen.[41] 1936 hatte die Türkei in dem Abkommen von Montreux die Meerengen und den Bosporus als internationale Gewässer anerkannt – niemand durfte zivile Schiffe an der Durchfahrt hindern. Aber den Türken war es erlaubt, Gesundheits- und Sicherheitskontrollen auf den Schiffen im Bosporus durchzuführen und sie gegebenenfalls, bei fehlenden Dokumenten oder Gefahr von Krankheiten, wieder aufs offene Meer zurückzuschicken.

Die Briten forderten die türkische Regierung nun auf, die »SS Struma« unter einem solchen Vorwand wieder ins Schwarze Meer zurückzuordern. Sollten die Türken das ablehnen, so drohte die Admiralität, würde man das Schiff jenseits der Dardanellen aufbringen und zwingen, den nächsten türkischen Hafen anzulaufen. Aber solche Drohungen erübrigten sich eigentlich, denn die »Struma« war schon am Ende, bevor sie richtig losgefahren war.

Die Flucht mit dem völlig überladenen Dampfschiff stand von Beginn an unter einem schlechten Stern. Wenige Stunden nach dem Auslaufen aus dem Hafen von Konstanza war die Maschine ausgefallen und konnte von der Mannschaft nur notdürftig repariert werden. Vor der Einfahrt in den Bosporus explodierte der Kessel. Um den übrigen Schiffsverkehr nicht zu gefährden, nahm ein türkischer Schlepper den Havaristen auf den Haken, schleppte die »Struma« durch den Bosporus bis nach Istanbul und ließ sie direkt auf Reede vor Sultanahmet ankern.

Die türkische Hafenpolizei enterte das Schiff und ließ den Maschinenschaden untersuchen – vielleicht war die Havarie nur vorgetäuscht. Fünftausend Dollar, meinten die Ingenieure, würde die Reparatur wohl kosten und mindestens eine Woche dauern. Die Passagiere durften in dieser Zeit das Schiff nicht verlassen, denn aufnehmen wollten die Türken sie nicht.

Ein reger diplomatischer Austausch zwischen Ankara und London folgte. Die Türken drängten, die Flüchtlinge nach Haifa weiterziehen zu lassen. »Die Regierung Ihrer Majestät wünscht diese Leute nicht in Palästina«, ließ der britische Botschafter jedoch die türkische Regierung wissen. Längst kursierten, vermutlich gezielt lanciert, die wildesten Gerüchte: Die Gestapo habe als Juden getarnte Agenten auf die Flüchtlingsschiffe geschmuggelt, um in Palästina die Araber auf die Seite der Deutschen zu ziehen.[42] Die hygienischen Bedingungen auf dem Schiff waren katastrophal. Da keine Maschine funktionierte, gab es auch keinen Strom, keine Heizung, kein warmes Essen. Es war Dezember, und die Temperaturen sanken auf den Gefrierpunkt. Die meisten Passagiere litten inzwischen an Unterkühlung, die Kinder hungerten und hatten Fieber. Ende Februar hatte sich an dieser Situation noch immer nichts geändert. Die Zustände an Bord müssen unerträglich gewesen sein. Dort, wo sich vielleicht 150 Menschen notdürftig aufhalten konnten, drängten sich 800. Manche sprangen in ihrer Verzweiflung ins Wasser, wurden aber von den türkischen Behörden wieder herausgefischt und auf das Schiff zurückgebracht.

Einzig Simon Brod, ein jüdischer Textilkaufmann aus Istanbul, bemühte sich zu helfen. Er organisierte Essen, Kleidung und Medikamente. Aber fast 800 Menschen konnte auch er nicht einmal mit dem Nötigsten versorgen. Einige andere türkische Juden unterstützten ihn, aber nur heimlich, denn die Stimmung in der Stadt war angespannt. Als Jude war man wieder der Fremde, der Verdächtige, und als solcher ließ man besser die Finger von Angelegenheiten, an denen die Regierung beteiligt war.[43]

Die Istanbuler Öffentlichkeit nahm kaum Notiz von dem Schiff, das da vor der stolzen Kulisse der Stadt, nur 1000 Meter Luftlinie entfernt von dem alten Sultanspalast, dem Topkapi-Serail, auf Reede lag. Erst am 6. Januar 1942 meldete die türkische Zeitung »Tasvir i Efkar« in einer kurzen Notiz, dass die Juden aus Rumänien auf dem Schiff frieren würden, weil seine Maschine ausgefallen sei. Ein Grund zur Besorgnis sei das aber nicht, an Bord befänden sich viele Ärzte. Tatsächlich war zu diesem Zeitpunkt bereits die Ruhr unter den Passagieren ausgebrochen. Es gab weder hinreichende sanitäre Einrichtungen noch Medikamente, die den Kranken hätten helfen können. Nur vier Patienten durften an Land gebracht und in ein Krankenhaus eingeliefert werden. Auch die internationale Presse schwieg, obwohl dieser Skandal auch ihr kaum entgangen sein dürfte, dafür gab es viel zu viele Korrespondenten in der Stadt.

Tod im Schwarzen Meer

Wir kennen bis auf einige Briefe, die von den Flüchtlingen geschrieben wurden, keine Augenzeugenberichte von der Situation an Bord, denn alle Passagiere und Besatzungsmitglieder – bis auf einen – sind tot. Aber es gibt ein literarisches Dokument. George Tabori, der während seiner langen Flucht vor den Nazis von 1939 bis 1942 in Istanbul lebte, arbeitete dort zeitweise unter dem Decknamen Leutnant Turner für einen englischen Nachrichtendienst. In seinem Roman »Das Opfer« hat er das Elend auf der »Struma« literarisch verarbeitet, 1942 wurde der Roman in London veröffentlicht. »Das Erste, was wir sahen, waren etwa zweihundert Kinder, die in einer langen Reihe an Deck lagen. Sie waren, schätze ich, im Alter zwischen fünf und zehn. Anfangs glaubten wir, sie seien alle tot … Es gab keinen Platz, wo man hätte gehen können, keinen Platz zwischen den Beinen der Kinder oder den vier oder mehr Reihen der Frauen und Männer … Ach, was für ein seltsamer Kontrast: … Die Sonne ging unter und verströmte die Herrlichkeit der Welt. Die Stadt war klar und heiter, in Blau und Gold getaucht mit den dunklen Wasserläufen und dem Himmel, der die Abhänge einrahmte … Und vor all dieser verschwenderischen Schönheit stand dieses dreckige Schiff.«[44]

Im Januar 1942 war klar, dass das Schiff nicht mehr zu reparieren war und niemals mit eigener Kraft den Hafen von Istanbul verlassen könnte. Das diplomatische Geschacher zwischen London und Ankara aber ging weiter. Die Jewish Agency versuchte verzweifelt, wenigstens die Kinder zu retten und sie auf dem Landweg nach Palästina zu schaffen. Vergeblich. Die Seelenverkäufer in London und Ankara hatten ein kaltes Herz und waren bereit, das Leben der 800 Menschen aus machtpolitischem Kalkül aufs Spiel zu setzen. Im Januar 1942 änderte die türkische Regierung die Transitregelung: Transitvisa wurden nicht mehr für Personen ausgestellt, die wie die rumänischen Passagiere aus den von Deutschland besetzten Gebieten kamen – »selbst wenn sie ein gültiges Einreisezertifikat für Palästina besaßen«.[45]

Alle Beteiligten spielten auf Zeit und warteten ab, dass sich die andere Seite bewegte. Ob es dann letztlich die Regierung in Ankara war, die eine Entscheidung traf, oder das Militär oder der Hafenkapitän von Istanbul, wissen wir nicht. Am Morgen des 23. Februar 1942 stürmten Polizisten an Bord der »Struma«, besetzten die Brücke und drängten alle Passagiere unter Deck und in die provisorischen Holzverschläge an Deck. Die Ankerseile wurden gekappt, das Schiff auf den Haken eines großen Militärschleppers genommen und durch den engen Bosporus gezogen. Die Flüchtlinge gerieten in Panik. »SOS« schrieben sie auf ihre Hemden, ein Plakat mit dem Schriftzug »Wir sind jüdische Flüchtlinge« hielten sie aus den Bullaugen – aber niemand am Ufer achtete darauf.

Fünf Stunden dauerte die Passage durch den Bosporus hinaus aufs Schwarze Meer – welch unendlicher Weg in den Tod. Von Menschen und Kindern, »die sich an die Reling klammerten, die Fäuste schüttelten und etwas brüllten«, schreibt Tabori in seinem Roman. »Und als Debbs mir sein Fernglas gab, sah ich, wie drei Männer ein großes Schild unter dem Schornstein aufstellten: Wir werden alle sterben.« Der Kapitän ließ das alte Nebelhorn ertönen, und dann verschwand das Schiff zwischen den sanften Hängen des Bosporus. Zehn oder zwölf Meilen vor der Küste gingen die Türken von Bord, die Trosse wurde gelöst und die »SS Struma« ihrem Schicksal überlassen.

In der folgenden Nacht wurde das manövrierunfähige Schiff von einem Torpedo getroffen. Abgefeuert hatte ihn – wie sich Jahrzehnte später herausstellte – das sowjetische U-Boot SHCH-213. Die sowjetischen U-Boote sollten vor allem Öltransporte für die deutschen Truppen aus Rumänien nach Italien verhindern. Anhand von Funksprüchen ließ sich rekonstruieren, dass den Sowjets von ihren Agenten aus Istanbul zwei Tanker auf dem Weg ins Schwarze Meer gemeldet worden waren. Vielleicht galt der Angriff eigentlich diesen Schiffen, und die »Struma« wurde versehentlich getroffen.

Die »SS Struma« sank in der Nacht vom 24. Februar 1942, etwa 14 Seemeilen nordnordostwärts der Bosporus-Ausfahrt. 769 Kinder, Frauen und Männer ertranken, nur David Stoliar, ein junger rumänischer Jude, überlebte. Er klammerte sich an eine Planke, sein schwerer Mantel bewahrte ihn vor dem Kältetod. Am folgenden Tag wurde er von den Männern der Rettungsstation von Sile aus dem Wasser gefischt, ins Krankenhaus gebracht und dann von den türkischen Behörden wegen illegaler Einreise in die Türkei verhaftet. Später gestattete ihm die britische Regierung die Weiterreise nach Palästina.[46]

»Diese Menschen erlitten ein tragisches Schicksal«, gab der britische Hochkommissar für Palästina, Sir Harold MacMichael, zu, »aber man muss auch beachten, dass sie Bürger eines Landes waren, das mit Britannien im Krieg stand, und sie direkt aus Feindesland kamen. Palästina war ihnen zu nichts verpflichtet.« Jüdische Untergrundorganisationen sahen das anders. 1942 verteilten sie in Tel Aviv, Haifa und überall, wo die Briten stationiert waren, MacMichaels Steckbrief: »Gesucht wegen Mordes an 800 Flüchtlingen«.

Der türkische Ministerpräsident Rafik Saydam erklärte 24 Stunden nach dem Tod der Flüchtlinge unbeeindruckt: »Die Türkei kann keine Heimat für die Menschen sein, die von allen anderen nicht erwünscht sind.«[47] Bis heute hat es kein Bedauern, keine Beileidsbekundungen, keine Entschuldigung der Türkei für ihre wissentliche Beteiligung an diesem Verbrechen gegeben. Schlimmer noch: Die Toten der »SS Struma« sind vergessen. Nichts erinnert an sie, nicht einmal eine kleine Tafel am Leuchtturm von Sile.

Die türkischen Juden

Den Angaben von jüdischen Organisationen zufolge sollen sich in den Ländern Europas vor Beginn des Krieges fast 20.000 türkische Juden niedergelassen haben, die eigene Gemeinden bildeten – eine enorme Zahl angesichts der 82.000 türkischen Juden, die in der Türkei selbst (1927) registriert waren. In Berlin unterhielten sie sogar eine eigene Synagoge. Nach den Beschlüssen der Wannsee-Konferenz zur »Endlösung« der Judenfrage wurden die Regierungen von zehn europäischen Staaten, auch die der Türkei, vom Reichsaußenminister im Juli 1943 von der Möglichkeit informiert, »Juden ihrer Staatsangehörigkeit aus dem deutschen Machtbereich heimzuschaffen«.[48] Die türkische Regierung schien damit keine Eile gehabt zu haben, denn sie bat die deutsche Botschaft wiederholt um Fristverlängerung, stellte Rückfragen und meldete Zweifel an, ob es sich bei den genannten Personen in Berlin, Paris, Saloniki tatsächlich um Türken handele. Die deutsche Botschaft wiederum mahnte die Türkei mehrfach, doch endlich zu reagieren.

Als diese dennoch nichts unternahm, um ihre Leute zurückzuholen, übernahm die Sicherheitspolizei in Brüssel die Regie. Am 13. Januar 1944 teilte sie dem Auswärtigen Amt mit: »Inzwischen sind eine Reihe türkischer Juden in ein Konzentrationslager überstellt worden. Die Schlüssel der Wohnungen dieser türkischen Juden sind über die Botschaft Paris dem für Belgien zuständigen Türkischen Generalkonsulat zugestellt worden.« Allein aus Drancy, einem kleinen Ort in der Nähe von Paris, wurden 1400 türkische Juden deportiert.[49] Am 28. Oktober 1943 kabelte der deutsche Botschafter in Ankara nach Berlin, dass nach Angaben der türkischen Regierung in Deutschland nur ein (!), in Frankreich etwa 300 und in den übrigen Ländern kein türkischer Jude von dieser »Maßnahme« der Heimholung betroffen seien.[50]

Der türkische Botschafter in Paris, Behic Erkin, und der Generalkonsul in Marseille, Ismail Necdet Kent, gehören zu den wenigen türkischen Staatsbürgern, die vielen Juden zur Rettung verholfen haben. Bis 1944 wurden 414 jüdische Türken aus Frankreich in die Türkei in Sicherheit gebracht. Kent stoppte durch persönliches Eingreifen einen Zug, der nach Auschwitz rollen sollte.

Auf der griechischen Insel Rhodos erging im Juli 1944, wie überall im deutschen Machtbereich, an alle Juden der Befehl, sich im deutschen Hauptquartier zu melden. Der türkische Generalkonsul Selahattin Ülkümen erkannte die Gefahr und begann sofort, türkische Pässe für sie auszustellen – auch für ihre Ehepartner und Kinder. Selbst einige Nichttürken erhielten das Dokument. So konnte er 42 der insgesamt 1700 türkischen Juden aus Rhodos retten, die übrigen traten am 23. Juli 1944 den Transport nach Auschwitz-Birkenau an.

Sowohl Necdet Kent wie auch Selahattin Ülkümen[51] verlieh der Staat Israel den Titel »Gerechter der Völker«, für sie wurden im Ehrenhain von Yad Vashem zwei Bäume gepflanzt.

Auf dem Fluss des Lebens

Wie oft bin ich als Kind auf dem Bosporus mit einem Boot gefahren, hinaus nach Bebek oder Sariyer, um gegrillten lüfer, Blaubarsch, zu essen; oder zum Schwarzen Meer nach Sile, um dort zu baden. Oder unter der großen Brücke hindurch bis nach Kanlica, wo es den köstlichsten Joghurt gab. Der Bosporus gehört zum Land meiner Kindheit wie die Musik der Stadt. Und wenn die ersten Istanbul-Lieder ertönen, bin ich wehrlos: hüzün überfällt mich, die türkische Variante der Melancholie – ein traurig-glückliches Lebensgefühl, durchmischt von Schmerz über Verlorenes. Heimat ist auch in Musik aufgehoben.

Als die »Izzet Kaptan« den Pier von Mudanya verlässt, findet sich kein freier Platz mehr an Bord. Jeder Stuhl, jede Bank auf dem Hauptdeck und Oberdeck des weißen Ausflugsdampfers ist besetzt, die Menschen hocken an der Reling, auf den Aufgängen, einfach überall. Zugelassen ist das Schiff vielleicht für 200 Personen, aber an diesem Sommersonntag sind es sicher doppelt so viele, die »die Schönheiten des Bosporus« vom Schiff aus erleben wollen. Schon lange vor der Abfahrt hatten Familien mit Taschen und Körben das Schiff gestürmt, um einen guten Platz auf dem Sonnendeck zu ergattern. Auch Peter und ich erobern einen Platz in der Sonne, der wie alles im Leben auch seine Schattenseiten hat, wie wir kurz darauf merken. Kaum hat das Schiff die Anlegestelle verlassen, setzt Musik ein. Türkischer Pop in einer Lautstärke, die vermutlich auch die Bewohner an Land informieren möchte, dass hier ein Vergnügungsdampfer unterwegs ist.

Wir sitzen im Wind, in der Sonne und neben den Lautsprecherboxen.

Mudanya, an der südlichen Seite des Marmarameers gelegen, war einst ein eher kleiner, von etwa 30.000 Menschen bewohnter Luftkur- und Badeort mit einer Bahnverbindung nach Bursa. Die Luft soll hier besonders jodhaltig sein. Heute ist die Bahnlinie stillgelegt, der Bahnhof ist ein Hotel und Mudanya so etwas wie ein Vorort von Istanbul, mit der Schnellfähre ist man in neunzig Minuten dort. Direkt an der Küste, wo die üblichen Hochhaussiedlungen aus der Erde schießen, haben sich einige Unternehmen der Elektroindustrie angesiedelt.

Historisch spielte der Ort im türkischen Unabhängigkeitskampf gegen die Griechen eine Rolle. Hier landeten 1920 die Engländer, um die Griechen zu unterstützen. Hier wurde am 11. Oktober 1922 der Waffenstillstand mit den Alliierten unterschrieben, der den Rückzug der fremden Truppen aus Thrakien festlegte und die bis heute gültigen Grenzen der Türkei bestätigte. Bis dahin war Mudanya eine griechische Stadt gewesen, aber die dort lebenden Griechen wurden jetzt gegen »heimgeholte«, in Griechenland lebende türkischstämmige Muslime »ausgetauscht«. Die Vertriebenen aus Mudanya gründeten auf der nordgriechischen Halbinsel Chalkidiki die Stadt Nea Moudania. Von der griechischen Vergangenheit in Mudanya zeugen noch einige Villen am Ufer und das weiße Palais, in dem der Vertrag unterzeichnet wurde.

Wir schippern an Villen vorbei, dann dreht unser Boot Richtung Bosporus ab. Die Passagiere packen ihre Picknickkörbe aus, *börek*, Blätterteigpasteten, und *simit*, Sesamkringel, werden herumgereicht, Tomaten geviertelt, Cola-Flaschen geöffnet und Olivenkerne ins Meer gespuckt. Alle sind an Bord: die coolen Mädchen mit Sonnenbrille und knappem Top, die von Anfang an tanzen und erst damit aufhören werden, wenn das Boot zehn Stunden später wieder in Mudanya angelegt hat; die von Frauen und

Kindern getrennt sitzenden Familienväter, die, ein Teeglas in der Hand, aufs Wasser oder auf die Mädchen starren und die von ihren Frauen gebrachten Häppchen essen.

Plötzlich wechselt die Musik.

Der Schleiertanz

Orientalische Klänge von der *darbuka*, einer Trommel, und der Zither ertönen aus den Lautsprechern, und bei den ersten Lauten taucht in der Tür der Oberdeckkajüte ein von oben bis unten verschleiertes Wesen auf. Nur die Augen sind zu sehen, der Kopf und der schlanke Körper sind von einem paillettenbestickten Kleid aus lauter Schleiern verhüllt, die ein Geheimnis verbergen. Die verhüllte Gestalt lässt zur Musik langsam das Becken kreisen und tanzt geschmeidig durch die Reihen der Passagiere. Als der erste Schleier fällt und den Bauch freigibt, erkennt jeder: Es ist ein *köcek*, ein tanzender Mann in Frauenkleidern, der die immer schneller werdenden Bewegungen vollendet beherrscht.

Die Kunst beim Bauchtanz besteht darin, den Bauch, die Hüften, die Schultern, den Kopf unabhängig voneinander im Takt der Musik zu bewegen. Wenn die Schultern kreisen, bleiben Hüften und Kopf bewegungslos, wenn der Bauch rhythmisch vor- und zurückbewegt wird, sind die Schultern ruhiggestellt. Da ist Körperbeherrschung gefragt. Immer schneller rast die Trommel, immer wilder wird der *shimmi*, das rasante Schütteln, das sich in Wellen über Hüfte, Bauch, Oberkörper, Schultern ausbreitet und von den zur Seite oder nach oben gereckten Armen unterstrichen wird, bis der Tanz mit einem letzten Schlag auf die *darbuka* plötzlich endet und Stille herrscht. Die Zuschauer sind begeistert. Allerdings nicht alle.

Am größten Tisch des Oberdecks sitzen acht ältere Frauen, alle tragen das Kopftuch nach islamischer Art gebunden, einen langen Mantel oder die obligatorische Strickjacke über Kleid und Pluderhose; vor ihnen steht eine Tagesration an Speisen in Plastikdosen und Tüten. Mit unverhohlener Neugier, wenngleich mit strafenden Blicken, schauen sie dem Verschleierten zu. Von Zeit zu Zeit tuscheln sie miteinander.

Der *köcek* nimmt die Herausforderung an: Während einer seiner nächsten Darbietungen tanzt er auf die Frauen zu, rückt ihnen buchstäblich zu Leibe. Die Frauen finden das gar nicht lustig, beschimpfen ihn. Er steigt auf ihren Tisch und provoziert sie, wackelt mit der Brust vor ihrer Nase, spielt mit ihnen wie sonst mit den Männern, die ihm dafür Lirascheine auf die Stirn kleben oder ins Kostüm stecken. Nun werden die Frauen richtig wütend, eine von ihnen greift sogar zur Stricknadel und sticht nach seinen Beinen. Für einen kurzen Moment droht die Szene zu eskalieren, aber der Tänzer ist Profi, er scheint sich schon öfter in bedrohlichen Situationen befunden zu haben und tanzt zum Finale wieder zurück zu seiner kleinen Tanzfläche, nimmt das Mikrofon, bedankt sich für den Applaus und sagt: »Wir sind hier, um Spaß zu haben, um uns am Meer, an der Musik und am Tanz zu erfreuen. Einige unter uns scheinen dieses Vergnügen nicht zu teilen. Sie fühlen sich belästigt. Aber, meine Damen und Herren, wenn wir solchen Leuten nachgeben, wenn wir unsere Schleier nicht mehr fortwerfen können, dann wird auch unsere Freiheit eingeschnürt.« Es fehlt nur noch der Ausruf: Es lebe die Republik! Die Menschen klatschen, die Frauen am Tisch sind empört. Der Tänzer dreht die Musik wieder auf, und nun dröhnt wieder der türkische Pop über Deck, die coolen Mädchen können weitertanzen.

Ich spreche den jungen Tänzer an, nachdem er sich hinter seiner Decke umgezogen hat. Er erzählt, dass er Reaktionen wie die der älteren Frauen häufiger erlebe. Vor einigen Jahren sei das noch anders gewesen, da seien solche Frauen nicht auf einen Sonntagsausflug gegangen. »Jetzt wollen sie alles mitmachen – aber es soll nach *ihren* Vorstellungen ablaufen.« Wenn seinem Onkel nicht das Schiff gehörte, könnte er sich die Provokationen nicht leisten, dann müsste er vorsichtiger sein.

Er ist Mitte zwanzig und tanzt seit seinem neunten Lebensjahr. »Meine Eltern sind Roma, sie wohnen in Bursa. Ich habe noch drei Geschwister, aber ich lebe in Beyoglu«, erzählt er. Dort tanzt er im Winter in Clubs und jobbt. Die Auftritte auf dem Boot sind ein Zubrot. Ob es schwierig sei, so zu leben, frage ich. Es sei schwierig, antwortet er, seine Würde in einer Männergesellschaft zu behalten, die die Schwulen benutze und gleichzeitig verachte. Vor Kurzem sei in Beyoglu eine ganze Straße schwuler Lokale geräumt worden, weil die Stadtverwaltung daraus ein Viertel mit italienischen Restaurants und Bars machen wollte. Die Polizei sei gekommen, hätte die Menschen einkassiert und vor der Stadt ausgesetzt. Er sagt das nicht vorwurfsvoll, sondern wie jemand, der weiß, dass er daran nichts ändern wird, dem es aber auch egal ist, was andere über ihn denken.

Trotzkis Hummer

Die »Izzet Kaptan« steuert auf die Prinzeninseln zu. Wir passieren eine neu gebaute Ferienanlage. »Die ist für die Saudis, die hier Ferien machen«, erklärt der Tänzer. Die Hochhaussiedlung mit Moschee sei nach islamischen Grundsätzen errichtet worden: nach Geschlechtern getrennte Strandabschnitte und Restaurants, kein Alkohol, keine Musik, in jedem Gebäude Gebetsräume. Der saudische König sei mit einer riesigen Delegation im Land gewesen und hätte den Türken am liebsten die ganze Region um Bodrum abgekauft, um sie in *heramlik* und *seramlik*, in verbotene und offene Zonen, aufzuteilen, aber dazu habe nicht einmal die AKP-Regierung ihre Zustimmung geben wollen.

Die neun Prinzeninseln liegen vor Istanbul im Marmara-Meer, nur fünf davon sind bewohnt. Mancher byzantinische und osmanische Prinz wurde hierher verbannt, hier hatten die sephardischen Juden, die Armenier, die Griechen selbst noch nach Gründung der Republik und der ethnischen Säuberungen ihre Sommervillen. Türken durften nicht auf den Inseln wohnen. Es gab ein christliches Kloster und jahrhundertelang eine griechisch-orthodoxe Hochschule, die 1971 von der damaligen Militärregierung geschlossen wurde. Hier lebte auch ein anderer prominenter Mann, der aus seiner Heimat verbannt worden war, er fing Hummer aus dem Meer und verkaufte, was er und seine Gäste nicht verspeisten, an die benachbarten Restaurants. Gleichzeitig schrieb er viel und versuchte, von der Insel aus eine antistalinistische Internationale zu gründen: Leo Trotzki, einer der Anführer der russischen Revolution, lebte, nachdem er in der Sowjetunion den Machtkampf gegen Stalin verloren hatte, ab 1929 mit seiner Frau und seinen beiden Söhnen in einer der größten Villen von Büyükada, in der Cankaya Caddesi Nr. 55. 1933 suchte er Asyl in Frankreich, weil er nicht sicher war, ob die türkische Regierung dem Druck der Sowjets, ihn auszuliefern, standhalten würde.

Büyükada hat noch heute, sofern man nicht gerade, wie wir, an einem Sonntag im Sommer kommt, den Charme einer Sommerfrische. Die Eleganz der Fin-de-Siècle-Villen, die Pferdekutschen, die Restaurants, alles atmet eine leicht entrückte Gelassenheit, die viele Inseln überall auf der Welt auszeichnet. Die »Izzet Kaptan« ist nicht der einzige Ausflugsdampfer, der für zwei Stunden am Anleger festmacht. Regelmäßig kommen Fähren, Dampfer und Motorboote mit Ausflüglern vom Festland herüber. In den kleinen Straßen ist es voll wie am Samstag auf der Istiklal Caddesi in Beyoglu. Wenn man frittierte oder gefüllte Muscheln, eine Istanbuler Spezialität, essen will, muss man sich zügig und entschlossen einen Platz vor den Restaurants suchen. Die meisten unserer

Mitreisenden wollen aber erst einmal schwimmen und springen gleich vom Anleger aus ins Wasser. Wir ziehen es vor, in den Gassen bergauf zu gehen, um der drangvollen Enge zu entkommen. Oben haben wir einen eindrucksvollen Rundblick auf die anderen Inseln und die Boote im glitzernden Wasser.

Unser Boot ist noch nicht am Ziel, die Reise geht weiter, vorbei an Haydarpasa und der kleinen Insel mit dem Leanderturm, vorbei am prächtigen weißen Dolmabachce-Palast, unter der großen Brücke hindurch bis nach Kanlica. Als wir in den Bosporus einfahren, werden die Menschen schweigsamer, sie sind von der Kulisse der Stadt beeindruckt. Aus den Lautsprechern ertönen jetzt nur noch Istanbul-Lieder.

Trost und Tränen

Die Musik ist das, was mich am tiefsten mit der Stadt verbindet; kaum erklingt eine bestimmte Melodie, sind meine Erinnerungen an die Kindheit wieder da, an die von leichter klassischer Musik begleiteten Sonnenaufgänge, an die Tränen, die meine Mutter und ich bei den melancholischen Liedern vergießen konnten, die von herzzerreißender Sehnsucht nach Liebe oder vom Schmerz der Trennung erzählen. Es waren Lieder, die uns durch den Tag begleiteten. Und ich dachte dabei an die ständig wechselnden Liebschaften meines großen Bruders, für die ich immer ein passendes Lied parat hatte.

Im Sommer deckte meine Mutter bereits am frühen Abend den Tisch, das Essen hatte sie schon am Nachmittag vorbereitet. Dann saßen sie und meine Schwester mit einigen Frauen aus der Nachbarschaft bis zur Ankunft der Familienväter um das Radio und spielten ein Spiel, bei dem das Musikprogramm zum Tageshoroskop wurde: »Das nächste soll mein Lied sein, mal sehen, ob es zu mir passt; mal sehen, was mein Schicksal heute sagt.« Wurde das Passende gespielt, riefen alle freudig »aaaahhh!«, ertönte ein trauriges Stück, trösteten sie sich gegenseitig. Meine damals vierzehnjährige Schwester war süchtig nach Liebesliedern: »*Benim gönlüm sarhostur yildizlarin altinda, sevismek ah ne hostur yildizlarin altinda*«, »wie beschwingt ist mein Herz unter einem Sternenhimmel, wie schön muss es sein, unter den Sternen sich zu lieben ...«

Ein Lied, das keiner »haben« wollte, war *Makber*, das Grab. »*Her yer karanlik*«, alles ist so finster – so beginnt es. Es ist ein altes ägyptisches Lied, das eigentlich von Um Kalthoum auf Arabisch gesungen wurde; Safiye Ayla, die türkische Edith Piaf der 1940er Jahre, sang es auf Türkisch. Das Lied ist ein langer verzweifelter Schrei, ein *gazel*, mit anhaltendem Ton, der in einem Wimmern wie eine endlose Klage ausgestoßen wird. Bei einem *gazel* ist es entscheidend, wie lange der Sänger es schafft, den Ton anzuhalten. Erst bei der Pause wagt man als Zuhörer, selbst wieder zu atmen; und wenn der Ton gut getroffen wird, fangen die Zuhörer laut an zu schluchzen. Es gab nur wenige Sängerinnen und Sänger, die sich trauten, *gazels* zu singen.

Auf den billigen Plätzen

Der Höhepunkt des Sommers in Istanbul waren die Freiluftkonzerte in den *gazinos*, wie wir sie nannten, Gartenlokalen für etwa achtzig bis hundert Gäste, die eine eigene kleine Bühne hatten. Dort konnte man einen Tisch reservieren. Hauptattraktion des Abends war meist ein bekannter Sänger oder eine Sängerin, die mit eigenem Orchester und Chor kamen. Man aß *meze*, kalte wie warme Vorspeisen, zu Raki oder Wein, an den hinteren Tischen wurde eher Bier oder Limonade getrunken und Knabberzeug bestellt. Dort auf den billigen Plätzen saßen wir, weil meine Eltern sich mit ihren vier Kindern, die sie immer mitnahmen, anderes nicht leisten konnten. Mein Vater liebte diese Konzerte, und wir Kinder hatten so Gelegenheit, die großen Stars von damals kennenzulernen, wie Behiye Aksoy, Gönül Yazar oder den bekanntesten unter den *gazino*-Stars, Zeki Müren.

Unter leisen Klängen wurden die Besucher von Kellnern in weißen Westen an die teuren Meze-Tische geführt. Mein Vater, der mit uns meist als Erster da war, um ja nichts zu verpassen, mokierte sich gern über die Spätkommenden: »Ja, ja, Geld, aber keine Muse. Kultur zeigt sich eben nicht am Portemonnaie.« Darauf erwiderte meine Mutter oft schnippisch: »*Kedi uzanamayan ete, kokmuş dermiş*«, »Die Katze, die an das Fleisch nicht herankommt, sagt, es sei verdorben.« Während ich den Geigen, den Flöten und den Sängern lauschte, beobachtete ich die Tische, die ganz nah an der Bühne standen. Was dort alles aufgetragen wurde! *Haydari*, Käsecreme, *mücver*, Zucchinipuffer, *patlican*, Auberginenmus, *sigara böregi*, Blätterteigrollen, *pirzola*, Lammkoteletts, *karides*, Krabben, *tatlıs*, Melonen, und vieles mehr. Ich träumte davon, den Stars auch einmal so nah zu sein und dabei so viel von diesen Köstlichkeiten zu essen, bis ich keinen Bissen mehr hinunterkriegen könnte. Dabei war ich nie hungrig, wenn wir im *gazino* saßen. Meine Mutter war so schlau, uns an solchen Konzerttagen den ganzen Tag über diverse Böreks in den Mund zu schieben, sodass wir abends pappsatt waren. Aber ich beneidete die feinen Gäste, denen von Kellnern Speisen serviert und Wein nachgeschenkt wurde, während wir eine Limonade über den ganzen Abend strecken mussten.

Die Bühne ragte bis in die Mitte des Restaurants. Wenn eine Sängerin an das äußerste Ende der Bühne trat, meist dann, wenn sie gerade eine *gazel*-Stelle mit einer kleinen Pause beendete, dann sprangen wir von unseren Stühlen auf, klatschten frenetisch Beifall und mein Vater schrie: »Bravo, Bravo!«, was das vornehme

Publikum ein bisschen peinlich berührte. So ein Konzert dauerte bis Mitternacht. Zum Schluss trat, von allen mit Spannung erwartet, der *assolist*, der Star des Abends, auf. Vorher wurde meist eine längere Umbaupause eingelegt, der Vorhang geschlossen, das Geschirr und die letzten Moccatassen wurden von den Tischen geräumt.

Dann betrat der erste Geiger die Bühne, von stürmischem Beifall empfangen. Wenn alle Musiker Platz genommen hatten, ertönte ein Instrumentalstück, der Raum wurde verdunkelt, eine Showtreppe vom Scheinwerferlicht angestrahlt, und ganz oben öffnete sich an einer besonderen Stelle des Musikstücks eine glitzernde Tür. Heraus trat der *assolist* und ließ sich feiern. Die weiblichen Stars trugen meist atemberaubende enge Kleider mit einem riesigen Dekolleté und einer Schleppe. Singend stiegen sie dann die Treppe hinunter, wir hielten alle den Atem an in der Hoffnung, sie möge bis an die Spitze der Bühne vorkommen, damit wir den lautesten Beifall spenden konnten. Als Höhepunkt des Abends wurde oft das Lied »Makber« gesungen. Und wenn dabei der Ton überraschend lange angehalten wurde, sprangen alle von den Stühlen auf, Rosenknospen und Taschentücher wurden auf die Bühne geworfen, und alle schluchzten im Chor »Allahhh!«

Auch bei diesen Konzerten spielte meine Mutter das Horoskopspiel und reservierte sich das dritte, fünfte oder siebte Lied als Kismet. Ich durfte als kleines Mädchen, als »Sorgenfreie«, bei diesem Spiel nicht mitmachen, tat es aber heimlich doch. Am liebsten hatte ich die Lieder, die das Leben in Istanbuls Stadtteilen besangen. Ich glaube, das ist einzigartig: Fast jedes Viertel hat mindestens ein eigenes Lied, eine Liebeserklärung: »*Yok baska yerin lütfu ne yazdan, nede kischtan, bir tatli huzur almaya geldik Kalamista*«, »An keinem anderen Ort wirst du so viel Sommer, so viel Winter haben, an keinem anderen Ort wirst du eine so süße

Brise atmen können wie in Kalamisch.« Kalamisch ist ein Badeort auf der asiatischen Seite bei Kadiköy, wo wir Kinder schwimmen gelernt hatten und wohin wir sonntags zum Picknick gingen. Bis heute kann mich dieses Lied zu Tränen rühren. Aber auch die Lieder über Camlica oder Beyoglu, »Oh meine Liebe, warum machst du mir so viel Kummer, oh meine Kleine, warum musst du dich so zieren …«, begleiteten uns durch die Sonntage.

An allen diesen Orten schippern wir auf unserem Ausflug vorbei. Als der Dampfer bei Istinye wendet, ist es bereits dunkel. Unser Tänzer bereitet sich auf den letzten Teil seines Programms vor. Er sucht den besten Tänzer und die beste Tänzerin, die Bosporus-Queen. Und wieder wechselt die Musik: Jetzt hören wir die Lieder der *gecekondus*, ein Mix aus orientalischen Klängen und Poprhythmen. Die Lieder erzählen von den Verlierern und den Verlorenen, denen Allah zur Seite stehen möge: »*Bir tesselli ver, yarattin mecnuna, bir teselli ver*«, »Gib mir Trost, du Schöpfer, du hast mich erschaffen, gib mir Trost …« – mit diesem Lied von Orhan Gencebay auf den Lippen fahren wir auf die Küste von Mudanya zu, die Frauen mit den Kopftüchern singen besonders laut. Unser Tänzer hat sich abgeschminkt, seine Kostüme eingepackt und raucht eine Zigarette.

Süß essen, süß sprechen

In der Silhouette des Sultanspalastes in Istanbul, des Topkapi-Serail, sind die vielen Schornsteine des Küchentrakts besonders auffällig. Die Palastküche versorgte Tausende, und die osmanischen Tischsitten und Speisen prägen bis heute die türkische Esskultur, die einige Überraschungen für die Küchen der Welt bereithielt, zum Beispiel Joghurt und – man staune: Tiefkühlkost. Aber selbst in den Speiseplan greift die Religion maßgeblich ein und macht damit Politik.

Bevor meine Eltern meine Geschwister und mich 1966 nach Deutschland holten, wurden wir ein Jahr bei meiner Großmutter Emmana in Pinarbashe »geparkt«. Meine Großmutter war fast siebzig Jahre alt und führte ein strenges Regiment. Sie hatte ein Pferd, eine Peitsche und einen riesigen Schlüsselbund am Gürtel, mit dem sie über das Haus herrschte. Von morgens früh bis abends spät war sie auf den Beinen, kontrollierte, was in Haus und Hof geschah, überwachte, was Schwiegertöchter, Söhne und Bedienstete auf dem Feld und im Stall machten, und sorgte dafür, dass im eigenen Backhaus täglich für die mehr als zwanzig Personen des Hauses Brot gebacken wurde.

Das Haus war traditionell eingerichtet, es gab keine Tische oder Stühle, sondern man wohnte osmanisch. Nur meine Onkel, die Tankstellen führten, und die Beamten aus Ankara, die der Mode der Republik folgten, hatten »europäische« Möbel – Tisch, Stühle, Schränke – und wurden entsprechend bewundert. Der große Raum im Haus meiner Großmutter hingegen hatte an den Wänden und unterhalb der Fenster eine Empore, auf der Kelimkissen lagen. Darauf saßen oder lagen wir. In der Mitte des Raumes stand ein *mangal*, ein Kohlebecken aus Silber. An den Wänden hingen alte Gewehre, Säbel und Gewänder aus Erzurum, der Heimat der Familie. In diesem Raum wurde gegessen. Ein *sofra*, ein großes rundes Kupfertablett mit Gestell, wurde zum Essen auf den Teppich gerollt. Jedes Mitglied des Hauses bekam einen Holzlöffel und einen Zinnbecher für den *ayran*, ein Joghurtgetränk, das es zu jeder Mahlzeit gab. Das Essen wurde in einer großen Schüssel in die Mitte gestellt. Wir alle saßen um das *sofra* und die Schüssel herum. Das Essen bestand meistens aus *bulgur*, gekochtem und gewürztem Weizenschrot, über den flüssige Butter gegossen wurde. Dazu gab es Joghurt, Brot und Hammelkeule, an besonderen Tagen ein Hühnchen. Gemüse wurde kaum gegessen. Zum Nachtisch gab es je nach Jahreszeit Äpfel oder Aprikosen. Nach dem Essen wurden Kichererbsen und Körner verzehrt.

Osmanische Tischsitten

Erst als ich mich mit den Speise- und Essgewohnheiten der Osmanen beschäftigte und dabei alte Kochbücher durchsah, wurde mir klar, dass diese Tischsitten seit Jahrhunderten üblich waren. Die Miniaturen, die das Leben im Topkapi-Serail darstellen, zeigen die gleiche Situation wie bei meiner Großmutter. Der Sultan sitzt mit seinen Gästen auf dem Boden, in der Mitte ein Tablett mit einer Schüssel, aus der alle mit langstieligen Löffeln essen. Der Bericht eines spanischen Reisenden aus dem Jahr 1555 beschreibt eine Mahlzeit im Haushalt des Großadmirals Sinan Pascha: »Wie es Sitte ist, auf dem Boden zu sitzen, so essen sie auch auf dem Boden. Damit die Teppiche nicht verschmutzen, breiten sie das Tafeltuch, ein dickes und farbiges Stück *saffian* aus Pferdeleder oder einem ähnlichen Leder, aus. Um als Mundtuch zu dienen, breiten sie ein Stück Stoff, das groß genug ist, um an allen vier Seiten über die Knie gezogen zu werden, auf dem Leder aus, ähnlich wie bei der Heiligen Kommunion in der Kirche. Man sagt zu dem Leder auf dem Boden ›Tafel‹, sofra.«[52]

Es gab an diesen Tafeln weder Messer noch Gabel, weder Salz und Pfeffer noch Teller. Wenn Fleisch angeboten wurde, legte man es auf ein Stück *pide*, Fladenbrot, das jeder sich abbrach. Der Löffel war das einzige Besteck, jeder trug seinen eigenen in einem besonderen Beutel mit sich. Verschiedene Berichte aus der osmanischen Zeit zeigen, dass die Gerichte selbst nicht das Entscheidende waren – wichtiger war das Beisammensein, so wie der Prophet seine Gläubigen ermahnt: »Verzehrt euer Essen zusammen mit eurer Familie, denn im gemeinsamen Mahl liegt Segen.«[53]

Gastfreundschaft ist der türkischen Kultur heilig, auch ein unangemeldet erscheinender Besucher gilt als »Gottesgast« und wird niemals von der Tafel ausgeschlossen. Aber »der Gast isst nicht, was er will, sondern was es gibt«, lautet ein Sprichwort.

Die Palastkantine

Die Berichte von den Festen im Sultanspalast sprechen eher von den Mengen, die bei einer Hochzeit oder einem Beschneidungsfest verzehrt wurden, als von besonders feinen Zubereitungen. Die Küche im Topkapi-Serail war eine Art riesige Kantine, von der nicht nur Amtsträger, offizielle Gäste und Tausende von Serail-Bewohner versorgt wurden, sondern auch Teile der Leibgarde des Sultans, der Janitscharen. Auch gab es im ganzen Land Armenküchen, die von religiösen Stiftungen und Derwischkonventen betrieben wurden, um die Mittellosen zu verköstigen. Dadurch hat sich die heute noch übliche Art der Essenszubereitung durchgesetzt: »Das beste Essen ist das, was fertig ist«, umschreibt der Volksmund diese Tradition. Wer in eine der preiswerten *lokantas* der Türkei geht oder in einer Autoraststätte speist, wird dort genau die Art von Speisen finden, die vorgekocht sind und aus dem Büfett direkt auf den Teller kommen. In diese *lokantas* geht man für das schnelle Essen. Man wartet weder auf das Essen, noch hält man sich unnötig dort auf.

Türkisches Diner

Helmuth von Moltke, der von 1835 bis 1839 als Militärberater im Osmanischen Reich lebte, beschrieb in seinen Briefen die Lebensart der Osmanen und berichtete von einem Volksfest, das für die Diplomaten in Konstantinopel ausgerichtet wurde: »Da diese Feier echt türkisch ist, so gab man uns auch ein echt türkisches Diner, natürlich ohne Messer und Gabeln und ohne Wein. Den Anfang der Schüsseln machte ein gebratenes Lamm, inwendig mit Reis und Rosinen gefüllt. Jeder riss sich ein Stück ab und langte mit den Fingern hinein; dann folgte Halwa, eine süße Mehlspeise aus Honig, dann wieder Braten und wieder ein süßes Gericht, bald warm, bald kalt, bald sauer, bald süß. Jede einzelne Schüssel war vortrefflich, die ganze Kombination aber für einen europäischen Magen schwer begreiflich, und alles ohne Wein. Das Eis wurde in der Mitte der Mahlzeit gegeben; endlich forderten wir dringend den Pillaw, welcher stets den Beschluss der Mahlzeit macht. Dann wurde noch eine Schüssel Hoschaf (eine Kaltschale zum Beispiel aus Kirschen) oder Obst auf die große runde Scheibe gestellt, an der wir aßen, und mit Löffeln geleert.«[54]
Bei den großen Festmahlzeiten waren nur Männer anwesend, in den Häusern aßen Männer und Frauen getrennt oder nacheinander. So war es auch bei meiner Großmutter Emmana vor vierzig Jahren in Pinarbashe: Erst aßen die Männer mit ihr, dann alle anderen Frauen und wir Kinder. Beim Essen wurde nicht viel geredet, und der spanische Gast im Haus des Großadmirals

Sinan Pascha bemerkte erstaunt: »Wer satt ist, dankt mit einem ›el-hamdulillah‹ Gott, steht sofort auf, worauf ohne Verzug sein Platz von einem anderen eingenommen wird.«[55] So ist es heute noch in türkischen Restaurants: Man sitzt nicht lange nach dem Essen bei Tisch, sondern die flinken Kellner räumen meist, kaum hat man den letzten Bissen verspeist, die Tafel schon wieder ab. Der Volksmund sagt: »Wenn der Türke satt ist, denkt er an Aufbruch.«

Tatar und Gefrierfleisch

Es gibt eine Reihe von Speisen in der türkischen Geschichte, die wahrhaft identitätsstiftend gewesen sind. Mich kann man für türkisches Essen zu jeder Tages- und Nachtzeit wecken, ich werde der Speisen – trotz der eigentlich immer gleichen Zutaten, wie Fleisch, Tomaten, Teigwaren, Joghurt – auch nie überdrüssig, denn diese Zutaten werden in den ungewöhnlichsten Variationen zubereitet.

Die nachhaltigsten kulinarischen Innovationen verdanken wir den turkmenischen und tatarischen Nomadenstämmen. Auf ihren langen Eroberungszügen konnten sie kaum Gepäck mit sich schleppen und ernährten sich auf längeren Märschen, wie Marco Polo und andere berichteten, vom Blut ihrer Reittiere, indem sie eine Ader des Pferdes öffneten und das Blut tranken. Schwache Pferde wurden mehr oder weniger roh verspeist.

Heute kennen wir dieses Hackfleisch als »Tatar«. In der türkischen Küche hat es in leicht abgewandelter Form als *cigköfte* überlebt, das sich im Südosten der Türkei nach wie vor großer Beliebtheit erfreut. Das ist Beefsteakhack, gemischt mit feinem Bulgur, scharfem Paprikamark und fein gehackten Zwiebeln, das unter Zugabe von gemahlenem Eis oder kaltem Wasser lange geknetet wird und, in Salatblätter gewickelt, als Vorspeise dient.

Die Turkmenen vergruben Teile der Schlachttiere, eingeschlagen in Blätter und Gewürze, im gefrorenen Steppenboden und kreierten damit das erste Tiefkühlfleisch. Aus der Milch ihrer Stuten, Yaks und Rinder machten sie Butterfett, aber vor allem eingedickte Milch, den Joghurt, und Ayran. Sie erfanden das Milchpulver, indem sie Milch in breiten, flachen Schalen kochten, den Rahm abschöpften und die fettfreie Flüssigkeit in der Sonne zu Pulver trockneten. Später wurde dann dieses Pulver mit Wasser aufgegossen und als eine Art Ayran zum Frühstück getrunken. Aus fermentierter Stutenmilch gewann man *kimiz*, ein Getränk, das einen Alkoholgehalt von bis zu fünf Prozent hatte und manchen Reiter vom Pferd fallen ließ.

Essen als Politik

Der Einfluss der arabischen Küche ist vor allem im Süden und Osten der Türkei spürbar. Die *meze*, die große Variationsbreite aller erdenklichen Art von Vorspeisen und kleinen Appetithappen, der *pilaw*, der mit Rosinen, Pistazien, Granatäpfeln, Pinienkernen und Minze gewürzte Reis, sind aus der anatolischen Küche nicht wegzudenken und machen einen Teil ihrer Reize aus.

Mit dem Islam tauchten bestimmte Verbote für die Ess- und Trinksitten auf. Der Koran gebietet in der Sure 2, Vers 172–73: »Ihr Gläubigen! Esst von den guten Dingen, die wir euch beschert haben! Und danket Gott, wenn ihr ihm dienet! Verboten hat er euch nur Fleisch von verendeten Tieren, Blut, Schweinefleisch und Fleisch, worüber beim Schlachten ein anderes Wesen als Gott angerufen worden ist.«

Die Nomadentradition des Bluttrinkens war damit erledigt, was zu verschmerzen ist. Aber die Vorschriften im Koran haben bis heute nicht nur eine kulinarische, sondern auch eine kulturelle und politische Dimension. Essen und Trinken wurden von der

Religion in »rein« und »unrein«, *helal* und *haram*, unterteilt – wie bei den orthodoxen Juden, die nur Lebensmittel verarbeiten, die »koscher«, also nach jüdischer Vorstellung »rein«, sind. Mohammed, der sich auf Abraham und seinen Sohn Ismael als Urväter des Islam berief, übernahm eine Reihe von Geschichten und Regeln aus dem Alten Testament, so auch die Unterscheidung zwischen rein und unrein, als Orientierungsprinzip nicht nur für die Ernährung, sondern auch für soziale Abgrenzungen.

Miss Piggy auf der Fahndungsliste

Im staatlichen türkischen Fernsehen darf die Sendereihe »Pu der Bär« nicht gezeigt werden, weil Piglet, das Ferkel, mitspielt, das nach Auffassung der Islamwächter die Kinder verwirre und die Gefühle der Muslime beleidige. »Die drei kleinen Schweinchen und der böse Wolf« entgehen den muslimischen Kindern ebenso wie Miss Piggy aus der »Muppet-Show«, die in Pakistan auf der Fahndungsliste der Sittenwächter steht.

Das Schwein ist für die Muslime ein Untier, und alles, was mit dem Schwein zu tun hat, gilt als unrein. Das geht so weit, dass Gummibärchen für »unrein« erklärt wurden, weil bei ihrer Zubereitung Gelatine vom Schwein benutzt wird. Muslimische Frauen, mit denen ich zur Weihnachtszeit einer Einladung einer evangelischen Gemeinde folgen wollte, blieben dem Treffen fern, weil in der Küche womöglich vorher Schweinefleisch zubereitet worden sein könnte. Und muslimische Schüler weigern sich inzwischen, in der Schulkantine zu essen, wenn dort Brötchen mit Mettwurst zubereitet werden.

Landläufig wird argumentiert, dass der Ursprung dieser Vorschrift in der Erkenntnis gelegen habe, dass das Schwein ein schmutziges Tier sei und Trichinen, Fadenwürmer, übertragen würde. Der Parasit wurde allerdings erst 1835 entdeckt, und seine Erreger werden nur bei rohem oder schwach geräuchertem Fleisch vom Tier auf den Menschen übertragen. Rinder, Schafe, Ziegen, Pferde können ebenso Überträger der Trichonose sein. Wenn es sich um eine Hygienevorschrift gehandelt hätte, müsste auch die Hyäne von der historischen Speisekarte der ersten Muslime verbannt worden sein, denn die ernährt sich ausschließlich von verendetem Fleisch. Die Rechtsschulen halten Hyänen aber ebenso wie Eidechsen für *helal*, rein.[56]

Außerdem – und das sollte stutzig machen – ist das Schwein in der arabischen Wüste gar nicht heimisch. Schweine kamen im Nahen Osten nur bei den frühchristlichen Bauern in Mesopotamien vor und waren auf der arabischen Halbinsel unbekannt. Die Haut des Schweins hat keine Schweißdrüsen, das Tier muss sich, um vor Hitze oder Parasiten geschützt zu sein, gelegentlich im Schlamm wälzen und ist deshalb für ein Leben im Wüstensand gänzlich ungeeignet. Zudem waren Schweine für die Beduinen wirtschaftlich uninteressant, weil sie weder Milch, Fell oder Wolle, sondern nur Fleisch lieferten und weder als Zug- noch als Reittier infrage kamen. Nur sesshafte Bauern konnten Schweine halten, die Araber aber waren Nomaden.

Mohammed konnte das Schwein folgenlos zum »Gräuel« erklären, weil es den Arabern unbekannt und nur für die Ungläubigen im Norden von Bedeutung war. Als Symbol der Abgrenzung zu den Christen war es ihm höchst willkommen.

Auch bei den Juden gibt es Speisegesetze und den Unterschied zwischen koscherer und nichtkoscherer Nahrung. Im 3. Buch Mose heißt es: »Alles, was gespaltene Hufe, und zwar ganz gespaltene Hufe hat und wiederkäut unter den Tieren, das sollt ihr essen.« Das Schwein habe zwar gespaltene Hufe, »aber es wiederkäut nicht: Unrein soll es euch sein«. Es gibt eine ganze Reihe von Vermutungen darüber, warum das Schwein bei einigen jüdischen Stämmen zunächst als heiliges Tier galt, dann aber verdammt wurde. Als Träger von Krankheiten stand es allerdings nie in Verdacht.

Jeder kann aus religiösen oder anderen Gründen auf den Verzehr bestimmter Dinge verzichten – niemand verlangt von den Muslimen, sie sollten ein Eisbein oder Würstchen essen. Es gibt Vegetarier, gar Veganer auch bei uns. Deswegen wird hier aber niemand wegen seiner Nahrungsvorlieben zum schlechteren Menschen erklärt. Anders bei den muslimisch geprägten Gemeinschaften: Sie nutzen die Essgewohnheiten zur Diskreditierung der Ungläubigen, mit denen man keinen Kontakt pflegen soll, weil sie, da Schweinefleischesser, »unrein« sind. Mit Religion oder religiösen Gefühlen hat das nichts zu tun, eher dient es der religiös gerechtfertigten sozialen Apartheid. Aber vielleicht ist es schlicht eine Schweinephobie, die die Muslime kollektiv befallen hat. Das Schwein als Mittel der Politik gegen die Christen einzusetzen ist jedenfalls einer Religion unwürdig. Und der türkischen Küche ist dadurch manche Delikatesse entgangen.

Aber auch den Nichtmuslimen wird der Genuss von Schinken oder Würstchen in der Türkei vorenthalten. Es gibt keinen Supermarkt oder Delikatessenladen mehr, in dem man profane Würstchen oder exklusiven Parmaschinken kaufen kann. Im Sommer 2008 musste der letzte griechischstämmige Metzger in Istanbul seinen Laden schließen, weil es keine Schweinezüchter mehr in der Türkei gibt und er deshalb kein Fleisch beziehen kann. Die AKP-Regierung hat – unter Berufung auf EU-Recht – so restriktive Hygienevorschriften erlassen, dass die letzten beiden Züchter aufgeben mussten. Für Schaf- und Rinderfarmen gelten allerdings langjährige Übergangsfristen. Mit solchen Vorschriften will die AKP-Regierung »die Regeln des gottgefälligen Lebens« durchsetzen und jetzt auch im ganzen Land dem Alkoholkonsum zu Leibe rücken. Dabei ist auch in diesem Fall die Auslegung des Korans mehr als willkürlich.

Der Prophet lobt den Wein

»Und wir geben euch von den Früchten der Palmen und Weinstöcke zu trinken, woraus ihr euch einen Rauschtrunk macht und außerdem schönen Unterhalt. Darin liegt ein Zeichen für Leute, die Verstand haben.«

Was sich wie der Wandspruch einer Bodega liest, steht in der Sure 16, »Die Biene«, Vers 67, des Koran. Mohammed zollte mit diesem Lob dem Zeitgeist der frühen Offenbarungen in Mekka Tribut, wo Schulen der Wein- und Liebesdichtung entstanden, die sich mit dem Islam bis nach Bagdad und Sevilla ausbreiteten. Allerdings nahm der Alkoholkonsum der Muslime in der Umgebung des Propheten dann wohl überhand, sodass er sich zu mahnen veranlasst sah: »Ihr Gläubigen! Kommt nicht betrunken zum Gebet, ohne vorher wieder zu euch gekommen zu sein und zu wissen, was ihr sagt!« (Sure 4, »Die Frauen«, Vers 43). Aber seine Mahnungen scheinen nicht gefruchtet zu haben, zumal die ersten Gläubigen wohl keine Frömmler, sondern den amüsanten Seiten des Lebens zugetan waren. Da wurde der Prophet streng: »Ihr Gläubigen! Wein, das Spiel, Opfersteine und Lospfeile sind ein wahrer Gräuel und des Satans. Meidet es! Vielleicht wird es euch dann wohlergehen.« (Sure 5, »Der Tisch«, Vers 90).

Was gilt nun? Ist es ein Verbot? Oder ist es nur eine Empfehlung, eine Meinung? Der Koran selbst ist in dieser Frage widersprüchlich, das Heilige Buch empfiehlt den Rausch, verbietet dann aber den Wein. Erst durch die Sunna, die nach dem Tod Mohammeds entstandene »Tradition«, wurde Klarheit geschaffen, die Sure 5 als des Propheten Ratschluss angesehen und ein Verbot erlassen – an das sich aber selbst die frommen Derwische, die auch anderen Drogen wie Opium und Haschisch nicht abgeneigt waren, nicht immer gehalten haben. Trotzdem ging in Anatolien, einem der ältesten Weinanbaugebiete der Welt, mit der Islamisierung ein tausendjähriges Wissen um den Weinanbau verloren. Wenn Frauen in Mardin oder an anderen Orten der Türkei versuchen, diese Tradition wiederzubeleben, so hat das etwas von Konspiration, Widerstandsgeist und Eigensinn.

In Saudi-Arabien wird der Alkoholgenuss mit 80 Peitschenhieben bestraft. In den Ländern, in denen der Islam Staatsreligion ist, herrscht Alkoholverbot, in der Öffentlichkeit auch für die Ungläubigen. Im Osten der Türkei bekommt man heute weder in einem Restaurant noch in einem Hotel ein Bier. Und Freunde berichteten, dass es inzwischen selbst in Istanbul so ist – wer Türkisch spricht oder als Muslim identifiziert wird, bekommt keinen Alkohol. Da nützt der deutsche Pass gar nichts.

Kein Muslim muss Wein oder Whiskey trinken. Niemand verlangt es von ihm. Aber kann nicht jeder Gläubige selbst entscheiden, ob er der Empfehlung folgen will? Das Leben der Menschen nach seinen Regeln bestimmen zu wollen zeigt, dass der Islam kein Vertrauen in den Einzelnen setzt. Er will kontrollieren, er will bevormunden.

Die Speise des 10. Tages

Noch gibt es sie in Istanbul, die von Muslimen geführten Restaurants, in denen, zumindest noch im Herbst 2007, köstlicher türkischer Wein zu wunderbarem Essen serviert wird. Eines dieser Restaurants führt sogar einen Haci, einen Mekkapilger, im Namen; es ist das *Haci Ali II*, wo mein Onkel Enischte, meine Geschwister und ich damals zum letzten Mal gemeinsam tafelten. In diesem Familienrestaurant wird nach altosmanischer Art in einem *tandir*, einem Holz-Lehmofen, gekocht, und schon die Vorspeisen sind ein Traum. Der Kellner führt sie auf einem Tablett vor, und meine Augen möchten meist mehr, als mein Magen verträgt. Als Hauptgericht gibt es neben *göbeksalatasi*, Salatherzen mit frischen Kräuterblättern, alle möglichen Sorten Fleisch, die am Tisch gegrillt werden, darüber hinaus gibt es *Haci Ali II Kebab* oder geröstetes *patlican*, Auberginenpüree. Die *tatlis*, die Nachspeisen, sind umwerfend: gefüllte Feigen, süßer Kürbis oder Quitten mit *kaymak*, fester Sahne. Nach einem solchen Mahl habe ich noch nie bereut, den weiten Weg nach Kadiköy gemacht zu haben. Wenn ich mit einem der ständig hupenden und überfüllten Minibusse zum Fähranleger nach Haydarpasa zurückfahre, freue ich mich trotz meines vollen Bauches schon wieder auf die nächste Völlerei.

In der Nähe des Fähranlegers befindet sich die *Saray Pastane*, eine etwa hundert Jahre alte Konditorei mit dem Charme einer Eisdiele aus den 1950er Jahren. Dort habe ich als Kind die köstlichste *aschure* gegessen, auch »Noahs Pudding« oder »Zehnfruchtschale« genannt, nachdem meine Geschwister und ich am Anleger in Kadiköy Karussell fahren durften. *Aschure* ist eine Süßspeise aus Weizenkörnern, Bohnen, Kichererbsen, Milch, Rosinen, Nüssen und getrockneten Feigen, Aprikosen, Granatapfelkernen, Rosenwasser und anderem mehr. Der Legende nach stammen die bis zu vierzig Zutaten aus den letzten Lagervorräten der Arche Noah. Sie ist auch eine religiöse Speise, die »Speise des 10. Tages« der heiligen drei Monate, die mit dem Fastenmonat Ramadan beschlossen werden. Sie wird dann überall gekocht und mit Nachbarn und Armen geteilt. Heute gibt es sie das ganze Jahr lang, und man genießt sie am besten mit einem Glas eiskalter Zitronenlimonade.

Multikulti Baklava

Im Sommer 2007 empörte sich die türkische Presse über eine »Frechheit« der Griechen: Bei einer Umfrage unter den europäischen Ländern hatten die Griechen *baklava* als »typisch griechisch« angeführt. Das aus Blätterteig mit gehackten Walnüssen, Pistazien und Mandeln hergestellte Gebäck ist in der Türkei allgegenwärtig. »Süß essen, süß sprechen« geht ohne Baklava nicht. Man bringt es als Gastgeschenk mit, bei der Eheanbahnung, beim Krankenbesuch, eigentlich gibt es immer Baklava. Mit einem Sirup aus Honig, Zucker oder Rosenwasser übergossen, schmeckt Baklava am besten, wenn man dazu einen bitteren Mocca trinkt. Die Armenier, die Türken, die Griechen beanspruchen alle, die Erfinder dieser Leckerei zu sein, und jedes Volk stellt seine eigene Variante davon her, um diese selbstverständlich als die »wahre« zu erklären.

Baklava wurde schon im 8. Jahrhundert von den Assyrern genossen. Das Rezept kam mit griechischen Kaufleuten in den Mittelmeerraum und mit den Osmanen bis nach Wien. Dort wurde daraus nach jahrhundertelanger Fortentwicklung der Apfelstrudel – ein wunderbares Beispiel für Assimilation und interkulturellen Austausch, so wie die italienischen »Profiteroles«, die Kugeln aus Brandteig mit Schokoladenfüllung, zu »Profitör« wurden, die ich am liebsten in der kleinen Konditorei »Inci« esse auf der Istiklal Caddesi, Istanbuls Hauptflaniermeile im alten Genueser Viertel in Beyoglu.

4

Hinter hohen Mauern

»Woher kommst du?«, ist eine der klassischen Fragen, die jedem in der Türkei, nicht nur dem Fremden, gestellt wird. Zu welcher Familie, zu welchem Stamm, zu welchem Dorf man gehört, ist von entscheidender Bedeutung. »Sie ist keine von uns« ist eine klassische Formulierung und wird gebraucht, wenn sich jemand in den Augen anderer ungehörig benimmt. Man ist, was man ist, immer nur durch seine Zugehörigkeit zu einer Gemeinschaft. Wer die unsichtbaren Grenzen solcher Communitys überschreitet, wer, wie wir, in die »dunklen« Städte im Südosten Anatoliens reisen will, wo hauptsächlich Kurden und kleine christliche Minderheiten leben, bekommt die Frage zu hören: »Was hast du mit denen zu tun?« Es ist das mahalle-Prinzip, in dem Sicherheit nur durch Abgrenzung gegen andere und durch Kontrolle der eigenen Gemeinschaft gewährt zu sein scheint.

Ich wollte wissen, wie sich das Zusammenleben verschiedener Religionsgemeinschaften, besonders der christlichen Minderheiten inmitten einer erdrückenden muslimischen Mehrheit, dort gestaltet. Die Region um Urfa gilt als die Wiege der abrahamitischen Religionen, viele Spuren zeugen davon. Heute bezeichnet sich der Ort stolz als Stadt des Propheten. Für die Armenier hingegen ist Urfa unauslöschlich mit dem »Holocaust« an 3000 Armeniern im Jahre 1895 verbunden.

Zur Zeit des Osmanischen Reiches lebten die Menschen in eigenen millets, Religionsgemeinschaften, mit einem Vorsteher, der Ansprechpartner für die Behörden des Padischah, des Kalifen, war. Die türkische Republik hat mit dem Prinzip der millets gebrochen, das

Leben in eigenen mahalles, *in Stadtvierteln, aber, wo die Nachbarschaft misstrauisch beäugt, wer hier ein und aus geht, hat sich erhalten. Die christlichen Minderheiten aber, wie die Armenier oder die Süryanäer, sind inzwischen oft zu kleine Gemeinschaften, um eigene Viertel bewohnen zu können. Viele ihrer Angehörigen sind vertrieben worden. Wer geblieben ist, bemüht sich – unter dem Schutz der Europäischen Gemeinschaft – um den Dialog mit der muslimischen Gesellschaft, andere haben sich, wie in Diyarbakir, vor der Feindseligkeit ihrer Umwelt hinter hohe Mauern zurückgezogen.*

»Waffen hier abgeben«. Das Schild am Tresen neben dem Ausgang des kleinen Flughafens von Diyarbakir im Südosten der Türkei scheint seine Berechtigung zu haben: Zwei Männer warten, um dem Beamten hinter dem Schalter ihre Pistolen auszuhändigen. Denn der zivile Flughafen ist nur Anhängsel einer großen Militärbasis; dort steht auf der Startbahn eine Reihe von Kampfhubschraubern, und in den Hangars stehen die Düsenjets, die vielleicht schon morgen einen Einsatz im Nordirak fliegen. Am Ausgang wartet neben den Taxis ein Gefangenentransporter auf zwei Polizisten, die einen jungen Mann in Handschellen abführen, der mit uns im Flugzeug gesessen hat. Mir fällt ein, dass meine türkischen Freunde erschrocken reagierten, als ich erzählte, dass ich nach Diyarbakir fahre.

Der Taxifahrer hingegen freut sich sichtlich, endlich Touristen zu chauffieren. »Ich frage Sie, Schwester, wie soll ich denn sonst mein teures Auto abzahlen? Ich wäre Ihnen sehr verbunden, wenn Sie mir, Ihrem Bruder im Osten, die Möglichkeit geben könnten, Ihnen die Sehenswürdigkeiten der Stadt mit dem Taxi zu zeigen.« Außerdem, sagt er, sei er ein ehrenwerter Mann, und wir seien bei ihm sicher und geschützt, was längst nicht bei jedem so sei; im gleichen Atemzug schimpft er darüber, dass so schlecht über seine Stadt geredet werde und deshalb niemand hierherkomme.

Wir fahren an einem Zaun entlang, hinter dem die Militärgarnison liegt, die durch eine große Straße von der Stadt getrennt ist. Auffällig schwer bewaffnete Soldaten patrouillieren hier. Wie überall in der Türkei verfügt das Militär neben den Kasernen für die Soldaten auch über eigene Wohngebiete für die Familien der Offiziere, in denen auch alle möglichen anderen Einrichtungen – Läden, Sportplätze und Clubs – zu finden sind, die kostengünstig genutzt werden können; Nichtmilitärs haben dort keinen Zutritt. Auf den Stadtplänen sind diese Sperrgebiete als weiße Flecken ausgewiesen. Hier im Osten macht die Militärpräsenz eher den Eindruck einer Besatzungsmacht in Feindesland. Die Stadt gilt als heimliche Hauptstadt der Separatisten, der PKK. 98 Prozent der Bevölkerung sprechen Kurdisch oder Zaza, eine iranische Sprache, die von etwa zwei Millionen Kurden gesprochen wird. Auch der Bürgermeister Diyarbakirs ist Kurde.

In der Festung

Unser Hotel liegt an einer vierspurigen Straße vor dem Tor zur Altstadt, die von einer fünf Kilometer langen, zehn bis zwölf Meter hohen und bis zu fünf Meter dicken Stadtmauer aus Basalt umgeben ist. Das Hotel ist einfach, aber sauber und in einem der acht- bis zwölfstöckigen Betonkästen untergebracht, die man in vielen türkischen Städten antrifft und die in ihrer Gleichförmigkeit sehr an deutsche Plattenbauten erinnern. Die imposante, fast vollständig erhaltene Stadtmauer mit den vier Toren und 82 Türmen wurde im 4. Jahrhundert von den Byzantinern zur Verteidigung gegen die Sassaniden gebaut. Sassaniden, Turkmenen, Perser herrschten hier nacheinander, bevor die Stadt 1515 von den Osmanen erobert wurde. Im 17. Jahrhundert wurde Amida, wie die Christen den Ort nannten, oder Amed, wie die Kurden sagen, armenische Bischofsstadt mit einer mehrheitlich armenischchristlichen Bevölkerung. Im Zuge der ethnischen Säuberungen durch die jungtürkische Regierung wurden in der Provinz Diyarbakir vom März 1915 bis zum Oktober 1916 unter der Leitung des Nationalisten und Arztes Dr. Mehmed Reschid 12.000 Armenier vertrieben oder umgebracht, darunter auch der letzte armenische Bischof von Diyarbakir.[57] Inzwischen ist die Stadt nahezu »ethnisch rein«.

Die Altstadt liegt am Tigris. Das Gelände zwischen Fluss und Stadtmauer ist ein *gecekondu*, ein Slum der ärmlichsten Art: provisorische Hütten ohne fließendes Wasser, aber voller Menschen. Polizisten in kleinen Wachhäuschen beobachten misstrauisch die Szenerie, und es ist nicht zu empfehlen, auf der Stadtmauer oder gar dahinter spazieren zu gehen. Kaum haben wir nur einen Schritt durch einen der Durchlässe der Mauer getan, zischen uns verschleierte Frauen und junge Männer an und bedeuten uns, ja nicht weiterzugehen.

Die Mahalles

Die Altstadt innerhalb der Befestigung ist in verschiedene *mahalles*, Stadviertel, aufgeteilt. Am Kopf liegt die Zitadelle mit der größten Moschee und der Ruine der armenischen Georgskirche. Dann werden die Straßen eng und immer verwinkelter, bis sie oft in Sackgassen enden. Frauen im Tschador huschen durch die Gänge oder hocken in den Türen. Die ein-, zwei- oder dreistöckigen Häuser sind zur Straße hin verschlossen, sie sollen vor Einblicken von außen geschützt sein.[58] Nur im ersten Stock gibt es Fenster mit Holzgittern. Bei manchen Häusern ist der Beton schrill mit bunten Farben übermalt, so weit ein Eimer Farbe eben reichte, ansonsten überwiegt ein schmutziges Grau.

Fast überall in der Türkei sind die Altstädte inzwischen Wohnviertel für die arme Bevölkerung. Hier hat sich in den letzten Jahrzehnten am wenigsten geändert. Kein Haus wird renoviert, keines neu gebaut. Wer es sich leisten kann, zieht nach außerhalb, in einen der neuen Wohnblocks. Das ist in Ankara so wie in Diyarbakir.

Außer dem Basar, der hier auf den beiden großen Straßen seinen Platz hat, gibt es als öffentliche Orte nur Moscheen und Teehäuser. Wie in allen orientalischen Städten fehlen öffentliche Plätze, weil es keine gemeinsame Öffentlichkeit gibt. Die Öffentlichkeit, das sind die Männer, ihre Teehäuser, ihre Geschäfte, ihre Moscheen. Für Frauen ist nichts Derartiges vorgesehen.

Das Kurdenproblem

Wir sind hier fremd, das merken die Menschen sofort, und so fühlt man sich auch. Kaum sind wir um einige Ecken gebogen, heften sich kleine Jungen an unsere Fersen und rufen »money, money«. Andere Kinder hantieren mit Spielzeuggewehren, legen auf uns an und lachen. Manchmal fliegt wie zufällig ein kleiner Stein in unsere Richtung.

Vor uns geht eine Frau im Tschador mit drei Kindern in Schuluniformen die Straße entlang, die Mutter schimpft und schlägt mit einem Schulbuch auf eins der Mädchen ein, das jammert, es würde auch nie wieder einen Wunsch äußern, wenn die Mutter doch bloß aufhören wolle zu schlagen. Die beiden Jungen gehen mit gesenkten Köpfen vorneweg. Ich schreite schneller aus, überhole sie und sehe der Frau streng in die Augen. Sie ist irritiert und fürchtet wohl, dass ich mich einmische. Ich bin tatsächlich kurz davor loszupoltern, Peter verdreht schon die Augen und scheint zu prüfen, wie er mich gegebenenfalls aus einer unangenehmen Situation befreien kann. Die Frau zieht ein schmutziges Papiertaschentuch aus einer Tasche, putzt die Nase des schluchzenden Mädchens und zischt ihm zu: »Sei jetzt endlich still!«

Die Altstadt von Diyarbakir wurde ursprünglich von unterschiedlichen *millets*, Glaubensgemeinschaften, bewohnt. Es gab ein Armenier-Viertel, ein Viertel für die syrischen Christen, eines für die Griechen und für die Juden, daneben nur wenige Straßen, in denen Muslime wohnten. Nach der Vertreibung der nichtmuslimischen Ethnien Anfang des 20. Jahrhunderts versuchte man, Kurden in Diyarbakir sesshaft zu machen, auch um sie den ländlichen Stammesführern zu entfremden. Auch viele Syrer und Araber wurden in der Stadt und der Umgebung angesiedelt. Talaat Pascha, der Innenminister des jungtürkischen »Komitees für Einheit und Fortschritt«, schuf so eine rein muslimische, vor allem kurdisch geprägte Bevölkerungsstruktur, wie es sie in der Geschichte der Stadt zuvor nie gegeben hatte. Anatolien war vor und während der osmanischen Herrschaft ein multiethnisches und multireligiöses Land. Die auf Nationalstaat und das Türkentum setzenden Jungtürken und später die Kemalisten haben durch ihre Politik der ethnischen Homogenisierung ein Problem heraufbeschworen, das jetzt nicht mehr zu lösen zu sein scheint, das »Kurdenproblem«.

Solange die muslimischen Kurden, die Teile Ostanatoliens seit jeher beherrschten, gegen die christlichen Armenier vorgingen, war man von türkischer Seite einverstanden; man versuchte sogar, sie in die militärische Ordnung und die »panislamische« Idee des Reiches einzubinden. Als die Kurden sich als nicht beherrschbar erwiesen, reagierte man von türkischer Seite mit militärischen Maßnahmen. Eine »Assimilierung« allerdings, wie von Talaat Pascha, dann von Atatürk und allen folgenden Regierungen der Republik angestrebt, misslang – auch weil die tribalen Strukturen der Kurden und die alten Stammesbräuche von Blutrache, Verwandtenehe und Clandenken nicht aufgebrochen wurden. Vielmehr akzeptierte man den despotischen Umgang z.B. mit den Frauen und die Ausbeutung durch die Clanchefs und arrangierte sich mit den *agas*, den Stammesführern. Die Menschen und das Land blieben sich selbst und ihren archaischen Sitten und Bräuchen überlassen. Und so herrschen die feudalen Familienclans weiter – bis heute. Auch die aktuellen Bemühungen, die Kurden als Muslime für die »gemeinsame Sache« des Islam zu gewinnen, dürften kaum von Erfolg gekrönt sein – sie fühlen sich als Minderheit, die hier jetzt die Mehrheit ist, von den Türken unterdrückt. Und tatsächlich werden ihnen oft noch die einfachsten Dinge verwehrt, mit denen sie ihre Identität bewahren könnten.

Der Zuverlässige

An diesem Abend sind wir mit Herrn Z. verabredet. Eigentlich dürfte er über seinen Beruf gar nicht mit uns reden, denn er ist Polizist und war sein Berufsleben lang mit der »Kurdenfrage« beschäftigt. Das Gespräch mit ihm kam auch nicht auf offiziellem Wege zustande, sondern wurde von einem der vielen »Bekannten« vermittelt, die ich auf meiner Reise durch die Türkei traf. Er riet mir, mit Herrn Z. zu sprechen, denn der habe etwas zu erzählen. Sollten die Behörden etwas davon erfahren, bekäme Herr Z. Schwierigkeiten, ganz unabhängig davon, worüber er mit uns spräche. Es gibt eben Tätigkeiten und »Dienste« in diesem Land, über die keiner spricht. Sie sind ein öffentliches Tabu. Der Corpsgeist funktioniert in diesen Bereichen ebenso wie in den türkischen Familien – was innerhalb des Hauses geschieht, geht niemanden etwas an. Es wird ein Geheimnis daraus gemacht, wo Offenheit Vertrauen schaffen könnte.

Als Peter und ich den vereinbarten Treffpunkt aufsuchen, finden wir ihn in der Straße eines Geschäftsviertels, die grell von auffälliger Neonreklame erleuchtet ist – blinkende Herzen in den Fenstern, Bierreklamen –, und vor dem Hotel, in dem wir mit Herrn Z. verabredet sind, stehen Gruppen von Männern herum.

Ein ungewöhnlicher Ort, denn Werbung für Alkohol haben wir bisher im Osten der Türkei nicht entdecken können, schon gar nicht den Schimmer eines Rotlichtviertels.

Herr Z. wartet schon vor dem Hotel auf uns. Er begrüßt uns, bringt uns zur Rezeption und sagt dem Concierge: »Das sind meine Gäste, achten Sie auf sie.« Man hört es, dass Herr Z. gewohnt ist, Anweisungen zu erteilen. »Selbstverständlich«, antwortet der Empfangschef und verbeugt sich dabei. Wir lassen uns im Foyer nieder, das mit dicken Clubsesseln ausgestattet ist. Es herrscht ein reges Treiben, ständig fahren Wagen vor, Frauen in Paillettenkleidern rauschen herein, auffällig viele davon blondiert und groß, und verschwinden dann mit ihren männlichen Begleitern im »Club«, dem hinteren Teil des Hotels.

»Ich kenne dieses Hotel gut«, sagt Herr Z., »hier habe ich schon manche Nacht verbracht.« Er lacht und sieht plötzlich sehr müde aus. Seit einer Operation im letzten Jahr, an der er fast gestorben wäre, so erzählt er, habe er stark abgenommen und sei nicht mehr so »mobil«. Der Kellner serviert *cay*, Tee, und Herr Z. berichtet, wie er zu seiner Tätigkeit gekommen ist.

Er kam schon mit 13 Jahren zur Polizei, aber er war groß und stark, und das, so meint er, imponiere den Leuten. Die Familie war arm und hatte viele Kinder, aber Herr Z. hatte die Grundschule besuchen können. Bei der Polizei war er anfangs Teejunge, durfte Botengänge und Hilfsarbeiten erledigen, aber er hatte als Einziger in der Familie ein festes, wenn auch sehr geringes Einkommen. Mit 18 wurde er zum Militär eingezogen. Danach bekam er eine Festanstellung bei der Polizei und konnte später Beamter werden. Aufgrund seiner Körpergröße kam er zur Abteilung »Verbrechensbekämpfung«. Das war in den 1960er Jahren.

Leicht sei seine Arbeit nicht gewesen, meint Herr Z., die Verhöre waren anstrengend, erst recht, wenn es um eine Beweisaufnahme gegangen sei. Dann musste er zuweilen »etwas streng werden, damit die Leute den Mund aufmachten«. Aber er mochte seine Arbeit und fand sich schnell in die neuen Aufgaben ein.

»Dann wurde ich nach Ankara versetzt, und dort verbrachte ich die besten Jahre meines Lebens. Ich war für die öffentliche Ordnung der Parks und der vielen ›Casinos‹, Restaurants mit Musikdarbietungen, zuständig. Da ich für meine Korrektheit und Unbestechlichkeit bekannt war, war ich sehr beliebt, man nannte mich damals ›Onkelchen‹; wenn ich kam, standen alle stramm. Die 1970er Jahre waren die Zeit der öffentlichen Konzerte. Immer war irgendwo etwas los, und nie habe ich bezahlen müssen, im Gegenteil: Mir wurde der schönste Platz reserviert. Bis in den Morgen war ich oft dort und lernte sogar manch schöne Sängerin kennen! Das war eine tolle Zeit!«

Die Verhafteten »streicheln«

Nach dem Militärputsch 1980 wurde Herr Z. in den Osten zurückversetzt, dort wurden, wie er sagt, »zuverlässige Leute mit Erfahrung für die Verbrechensbekämpfung gebraucht«. Es ging hauptsächlich gegen die PKK, die Arbeiterpartei Kurdistans. »Dabei wurde ich mit kriminellen Machenschaften konfrontiert, die ich vorher nicht gekannt hatte – dem Schmuggel, den einige kurdische, arabische Großfamilien an der syrischen Grenze betrieben, beispielsweise. Aber auch hier lernte ich schnell.«

Als ich ihn frage, ob er auch mit Verbrechen innerhalb von Familien zu tun gehabt habe, schüttelt er den Kopf. Andere Aufgaben, die Bekämpfung von Bandenkriminalität, Schmuggel und Mafia, gingen vor. Dann fällt ihm aber doch noch ein besonderer Fall von »Familiensache« ein, die er selbst auf den Tisch bekam. Ein Mann war festgenommen worden, gegen den eine Anzeige vorlag. Herr Z. zögert einen Moment, holt tief Luft und sagt ganz verlegen: »Sie werden es mir nicht glauben, aber von so einer Geschichte hatte ich bis zu diesem Zeitpunkt noch nie gehört. Ich konnte es auch kaum glauben, dass es so etwas gibt.« Er beugt sich zu mir hinüber und sagt ganz leise, fast flüsternd: »Der Mann hatte seine eigene Tochter geschwängert! Können Sie sich eine solche Ungeheuerlichkeit vorstellen? Als er es schließlich auch zugab, habe ich ihn in unsere ›Spezialecke‹ gezogen und ihn verprügelt. Ich kann Ihnen sagen, ich habe viel geschlagen in meinem Leben, aber er bekam mehr als jeder andere Kurde, der mir je in die Hände fiel. Die ganze Nacht habe ich auf ihn eingedroschen, zwischendurch wurde ich müde und war erschöpft. Dann ruhte ich mich ein wenig aus, um danach wieder weiterzumachen. Ich weiß bis heute nicht, wie er diese Tortur überlebt hat.«

Leider müsse das manchmal sein, wie solle man denn sonst zu Geständnissen kommen? »Dass es jetzt richtige Polizeischulen gibt, wo nur aufgenommen wird, wer Abitur hat – da schüttele ich nur den Kopf. Die jungen Polizisten sind sich doch viel zu schade zum Schlagen. Wenn ich Kurse an einer solchen Schule gebe, rate ich ihnen, ›streichelt‹ die Verhafteten doch wenigstens, bevor ihr sie abführt. Wohin ist die Türkei bloß gekommen? Alles Weicheier! Beim Militär sieht es auch nicht besser aus, wie wollen diese Hosenscheißer unser Vaterland denn vor den Feinden retten?«

Herr Z. holt tief Luft, er ist jetzt richtig in Schwung gekommen: »Es war Mitte der 1980er, nach dem Putsch. In der Nacht hatten wir eine ›Operation‹, das heißt eine Razzia, gegen die Kurden durchgeführt. Ich hatte Nachtschicht, und meine Kollegen brachten ein paar kurdische Studenten auf die Wache, die Flugblätter verteilt hatten. Ich saß noch hinter meinem Schreibtisch, als der Polizeichef höchstpersönlich den Raum betrat, sich den erstbesten Jungen schnappte und anfing, auf ihn einzudreschen. Er geriet dabei total außer Kontrolle, der Junge lag schon längst wie ein nasser Sack am Boden, und er zerrte ihn immer wieder hoch und schlug seinen Kopf gegen die Wand. Als er überhaupt nicht damit aufhören wollte, konnte ich es nicht länger mit ansehen. Obwohl es mein Chef war, der da wie ein Berserker wütete, sprang ich dazwischen, packte meinen Vorgesetzten und schleuderte ihn gegen die Wand. In dem Moment war mir meine Zukunft und alles andere egal. Ich schrie die Kurden an, sie sollten ihren Kumpel nehmen und abhauen. Das taten sie auch. Der Chef verließ wortlos den Raum. Einige Stunden später, ich war noch nicht schlafen gegangen, hörte ich eine Explosion. Es war das Apartmenthaus, in dem mein Chef und einige Kollegen von mir wohnten. Es war in die Luft gesprengt worden, keiner hat überlebt. Mich haben sie verschont. Der misshandelte Junge war der Sohn eines großen Clanchefs der Stadt.

Einige Wochen später kam der Vater des Jungen zu mir und bot mir ein Auto an, wenn ich gegen seinen Sohn und andere seiner Clanmitglieder Anzeige erstattete. Denn mit einem solchen Dokument hätten sie dann in Deutschland leichter Asyl bekommen. Manche Kollegen sind mit solchen ›Gefälligkeiten‹ reich geworden. Wir bekamen und bekommen immer noch Hungerlöhne, und viele meiner Kollegen waren deshalb verführbar. Ich habe mich nie bestechen lassen. Tausende, darunter auch kriminelle Türken, sind so nach Deutschland gekommen – sie galten als politisch verfolgte Kurden.«

Es ist bereits Mitternacht, als Herr Z. uns verlässt. Er hätte am liebsten noch endlos von seinen Erlebnissen berichtet. Zweifel an seiner Tätigkeit waren ihm nicht anzumerken. Die türkische Polizei stand lange in dem Ruf, weniger als Hüter des Gesetzes aufzutreten, als vielmehr Vergeltung zu üben. Mit einem solchen Vorwurf hat Herr Z. auch keine Probleme; Folter sieht er als notwendigen Bestandteil seiner Tätigkeit – er nennt das nur anders: »streicheln«. Den Vater, der seine Tochter missbrauchte, hat er der in seinen Augen »angemessenen« Strafe zugeführt. Das rechtsstaatliche Prinzip der Gewaltenteilung dürfte ihm kaum einleuchten: Er war Polizist und Richter in einem. Ob mit ihm auch dieser Geist pensioniert wurde, daran lässt sich zweifeln; Polizeiaktionen, von denen manchmal berichtet wird, sprechen dagegen.

Vom Leben in der Diaspora

Der Übermacht der Muslime trotzen in Diyarbakir nur zwei kleine Kirchen, deren Aktivitäten von ihrer Umgebung sehr genau beobachtet werden. Die eine ist in einem ehemaligen Wohnhaus in einer Seitenstraße der Altstadt untergebracht. Es ist eine christliche Freikirche, und die Mitarbeiter, die wir dort antreffen, kommen aus Australien und Chile. Die beiden sind von ihren Gemeinden als »Entwicklungshelfer« für ein oder zwei Jahre in die Diaspora geschickt worden. Stolz zeigen sie uns ihren Andachtsraum, der weniger an eine Kirche als an einen modernen Konferenzraum erinnert. Die Gemeinde hat etwa 30 Mitglieder, meist Christen, die in die Millionenstadt zugezogen sind. Konvertiten vom Islam zum Christentum scheint es nicht zu geben, wenigstens mögen die Mitarbeiter uns darüber nichts erzählen. Missionsarbeit unter den hiesigen Bedingungen dürfte wohl auch sehr schwierig sein.

Die zweite Kirche, die Maryam Ana Kilisesi (Kirche zur Jungfrau Maria), in der syrische Christen, Süryani, wegen ihrer Liturgie auch Aramäer genannt, die Gemeinde bilden, liegt hinter einer zwei Stockwerke hohen Mauer verborgen. Erst nach verabredeten Klingelzeichen und gutem Zureden eines vor der Tür postierten Polizisten öffnet eine alte Frau das Tor und lässt uns hinein. Hinter der Mauer erstreckt sich ein überraschend großes Gelände, auf dem eine alte, an romanische Bauten erinnernde Kirche, ein Refektorium und zwei Wohnhäuser stehen. Alles ist nach Auskunft der Frau und ihres Sohnes Jakov, der mit seiner Familie auf dem

Gelände lebt, in den Ursprüngen fast achtzehnhundert Jahre alt. Die Gebäude sind in gutem Zustand, renoviert mit Mitteln der Europäischen Union und reicher Spender aus den USA.

Nach Auffassung der Süryanäer geht der Name der Stadt auf den aramäischen Begriff »Dayr Bekir«, erste Kirche, zurück, während er heute von türkischer Seite als »Gebiet des Kupfers« gedeutet wird. Die Süryanäer oder Süramäer, auch als Jakobiten oder Assyrer bezeichnet, ein Volk aus Mesopotamien, das heute in Syrien und der Türkei lebt, sind eine der ältesten christlichen Gemeinschaften aus dem ersten Jahrhundert nach Christi und seit der ersten Kirchengründung durch Apostel Paulus im Jahr 37 n. Chr. in Antakya in der Gegend heimisch. Dort, an der syrischen Grenze, soll die älteste Kirche der Christenheit stehen.

Das Konzil von Nicäa

Der Bischof von Antakya nahm wie seine Kollegen aus Alexandria, Rom und Konstantinopel im Jahre 325 n. Chr. auf dem Konzil von Nicäa, heute Iznik, an einer theologischen Debatte teil, in der Jesus als Gottessohn infrage gestellt wurde. Der römische Kaiser Konstantin hatte zu dem Konzil geladen, zu dem 2000 Würdenträger aufmarschierten, darunter über 300 Bischöfe. Man einigte sich zwar noch einmal auf das Glaubensbekenntnis von Nicäa, aber in der Folge war die Abspaltung der orthodoxen Kirche nicht mehr aufzuhalten, die sich 431 n. Chr. infolge des Konzils von Ephesus endgültig vollzog. Schon die ersten Christen in Mesopotamien waren in mehreren theologischen Disputen aneinandergeraten und hatten sich in diverse Richtungen gespalten.

Mitte des 6. Jahrhunderts löste sich der Mönch Jakob Baradai von der byzantinischen Staatskirche und schuf eine eigene Religionsgemeinschaft, die syrisch-orthodoxe Kirche.

Das Siedlungsgebiet der Süryanäer, die sich als »Assyrer« eth-

nisch von den auch in der Gegend siedelnden Kurden abgrenz-
ten, reichte von der südtürkischen Landschaft um das Tur-Ab-
din-Gebirge bis weit hinüber nach Bagdad und bis in den heutigen Iran.

Pater Gabriel in Mardin

Auf dem Gelände der »Kirche zur Jungfrau Maria« in Diyarbakir ist das Haus des Geistlichen längst verwaist. Zu besonderen
Anlässen kommt der Bischof aus der nahen Stadt Mardin, Pater
Gabriel, und zelebriert den Gottesdienst. Wir haben Pater Gabriel, einen freundlich-bedächtigen Mann voller Geschichten, einige Tage zuvor in Mardin getroffen. 2003 hat ihn der Patriarch der
syrisch-orthodoxen Kirche in Antakya ins Amt des Hori Episko-
pos, des Bischofs, berufen. Pater Gabriel spricht sechs Sprachen
– Süryanäisch, eine Sprache, deren frühere Form die Mutterspra-
che Jesu gewesen sein soll, Türkisch, Arabisch, Englisch, Osmanisch und Kurdisch. Seine geistige Heimat aber ist die süryanäische Kultur, ihren Glauben und ihre Traditionen möchte er bewahren helfen. Dafür sucht er den Dialog, seine Aufgabe sieht er
darin, Brücken der Verständigung zur türkisch-muslimischen Gesellschaft zu schlagen.

Bei ihm sitzt, als wir ihn besuchen, Jakob, ein junger Hitzkopf
von 22 Jahren, der mit seinen Eltern aus dem quirligen Istanbul
nach Mardin gezogen war. Sein Vater hat die alte Handwerkskunst
der Silberschmiedearbeit zurück in die Stadt gebracht, für die die
Süryanäer jahrhundertelang berühmt waren. Erst durch den hoch-
gebildeten Pater hat Jakob von der Geschichte des Volkes erfahren, dem er selbst angehört: »In Istanbul wusste ich nicht mal,
wer unser Volk ist, hier habe ich zum ersten Mal gehört, dass wir
zu den ältesten Christen der Welt gehören. Das gibt mir die Kraft,
an einem Ort wie diesem, der jungen Menschen nichts zu bieten

hat, mein Leben zu gestalten. Ich möchte mit der neuen süryanä-ischen Jugend unsere alte Kultur und das, was die Türken davon übrig gelassen haben, retten.« Und dafür ist Jakob auch bereit, sich mit der muslimischen Umgebung anzulegen.

Am Tag vor unserem Besuch war er in einem nahe gelegenen Dorf in der Ruine eines alten Klosters auf eine uralte Holztür – vermutlich christlichen Ursprungs – mit schönen Schnitzereien gestoßen. Die Dorfbewohner waren gerade dabei, aus den Ruinen alles fortzuschleppen, was sich als Brennholz nutzen ließ. Als Jakob die Tür retten wollte, stellte sich ihm der Bürgermeister in den Weg und jagte ihn davon. Die riesige Tür wurde achtlos einen Abhang hinuntergestoßen. Jakob will die Tür nun unbedingt bergen und nach Mardin holen, Pater Gabriel soll ihm dabei behilflich sein, eine entsprechende amtliche Genehmigung zu erwirken. Aber der Pater, der den fragilen Dialog mit den Muslimen nicht gefährden möchte, will sich auf solche Auseinandersetzungen nicht einlassen, er hofft auf die Bestimmungen der EU, die solche Fragen künftig regeln wird. Er ist dankbar, dass er seine Kirche in den letzten Jahren auch mithilfe der EU restaurieren konnte und inzwischen ohne Angst um seine Gemeinde sonntags seinen Gottesdienst halten kann. Jakob ist verärgert über die Ablehnung, er ist ungeduldig, fühlt sich oft »ausgebremst« von den Älteren, aber der ruhigen Autorität des Paters muss er sich in dieser Frage beugen.

Pater Gabriel ist Vater von zwölf Kindern, seine Töchter sind alle im nahen Syrien verheiratet, seine Söhne betreiben in Mardin Schmuckgeschäfte. Auf die Frage, ob es auch in seiner Gemeinde Zwangsverheiratungen gibt, lacht er und sagt ausweichend: »Wir legen großen Wert auf die Bildung unserer Kinder, gleich ob Junge oder Mädchen. Meine Töchter haben die Oberschule beendet und dann erst Glaubensbrüder in Syrien geheiratet.«

Die süryanäische Gemeinde in Mardin ist um weniges größer

als die in der Millionenstadt Diyarbakir, wo sich nur noch sechs Familien zur Gemeinde bekennen. Und von dieser Handvoll Menschen hängt es ab, ob ein großes christliches Kulturerbe bewahrt wird.

Die alte Frau, die uns das Tor zur »Kirche zur Jungfrau Maria« geöffnet hat, lebt seit fünfzig Jahren auf dem Gelände und verlässt es kaum noch. Ihr etwa vierzigjähriger Sohn Jakov, der Hüter der Kirche, ist sehr zurückhaltend mit Auskünften, als wir nach seinem Alltag fragen; er möchte nichts Schlechtes über seine muslimischen Nachbarn sagen. Aber wir erfahren doch, dass die anderen in der *mahalle* lebenden Bewohner ihnen eher feindlich begegnen. Die Mitglieder von Jakovs Familie trauen sich kaum, das Gelände zu verlassen. Dass ausländische Spender den »Ungläubigen« helfen, erregt den Unmut der kurdischen Nachbarn. Diese Familie in der »Kirche zur Jungfrau Maria« in Diyarbakir lebt – mitten in einer Großstadt – in erzwungener Isolation, weil die umgebende Bevölkerung ihre Religion nicht akzeptiert.

Die syrischen Christen, ob im Irak, im Iran oder in der Türkei, sind nicht nur in ihrer Religionsfreiheit bedroht. Gab es 1915 noch etwa eine halbe Million Menschen dieses Glaubens, sind es heute nur noch wenige Tausend. Und auch die »stören« in der Auseinandersetzung zwischen Kurden und Türken, sie wurden 1915 von den Jungtürken vertrieben, wie sie heute von den Kurden aus dem Nordirak vertrieben werden. Für die Süryanäer ist überall Diaspora.

Beklommen verlassen wir die Kirche. Jakov führt uns noch durch einige Gassen in das ehemalige Viertel der Armenier. Er zeigt uns ein versteckt liegendes altes armenisches Bürgerhaus, das eine ungewöhnliche Architektur besitzt. Jedes der drei Stockwerke ist von Arkaden aus verzierten Sandsteinrundbögen umgeben, feinen Steinmetzarbeiten, wie wir sie später weiter an der syrischen Grenze häufiger sehen werden. Das Haus ist eine Ruine und soll abgerissen werden. Jakov hofft, die Stadtverwaltung überzeugen zu können, dass das Baudenkmal unbedingt erhalten werden muss. Wir verabschieden uns von ihm, er kehrt in sein Klosterleben zurück, und wir machen uns zur Basarstraße auf.

Der Aga

Schon die ganze Zeit werden wir von drei Jugendlichen »begleitet«. Einer der jungen Männer hat eine große Rohrzange in der Hand, die er hinter uns an den Hauswänden entlangklappern lässt. Wenn wir stehen bleiben, bleiben auch die jungen Männer stehen. Ein kleiner Junge greift mich am Arm und verlangt aggressiv »money«. Wir schreiten schneller aus und schaffen es, wieder in die »Öffentlichkeit« des Basars zu kommen.

Ich spreche, weil wir uns immer noch verfolgt fühlen, den nächstbesten Mann an. Es ist ein alter Herr mit weißem, kurdischem Kopftuch, feinem kragenlosem Hemd und einem breiten um die Hüften gebundenen Schal, weiten schwarzen Pluderhosen und hellbraunen, blank geputzten Halbschuhen. Ich frage ihn nach dem Weg. Er ist überrascht, dass ihn eine fremde Frau anspricht, und lacht verunsichert. Seine goldenen Zähne blitzen inmitten eines schneeweißen Bartes. Er sagt etwas auf Kurdisch, was ich nicht verstehe, und geht dann weiter. Das ist mir aber auch gleich. Meine Nähe zu dem *Aga*, dem Herrn, hat unsere »Begleiter« in die nächste Gasse abbiegen lassen.

Am nächsten Tag brechen wir nach Urfa auf, dem Geburtsort des PKK-Führers Abdullah Öcalan. Die in diesen Wochen stattfindende »Operation«, wie die türkische Armee die Militäraktion gegen die PKK an der Grenze zum Irak nennt, macht unsere Reise entlang der türkisch-syrischen Grenze mit den vielen Militärkontrollen zwar etwas umständlich, beschert uns aber in Urfa ein preiswertes Zimmer in einem schönen Hotel. Denn seit Beginn der »TV-Werbung« für den Krieg (immer gleiche Bilder aufmarschierender Soldaten) sind viele der Zimmer, die sonst von muslimischen Pilgern oder Kulturreisenden aus aller Welt belegt sind, storniert worden.

Die Stadt des Propheten

Unser im altosmanischen Stil gehaltenes Hotel in Urfa hat eine besondere Attraktion zu bieten: Foyer und Restaurant sind direkt an den Felsen des dahinterliegenden Berges gebaut worden. Ein Wasserbecken fängt das aus dem Fels sprudelnde Quellwasser auf, und es ist angenehm, in den kühlen Räumen zu sitzen. Auf keinen Fall sollten wir ein *siragecesi*, ein Konzert mit klassischer türkischer Musik, versäumen, sagt man uns, für diese Konzerte sei die Stadt berühmt. Sie werden von Familien organisiert, die in alten *avlu*, Hofhäusern, wohnen. Der Portier verspricht, uns Plätze für einen solchen Abend reservieren zu lassen.

Das Land um eine der ältesten Städte der Welt gilt als Wiege der abrahamitischen Religionen, des Judentums, der Christenheit und des Islam. Abraham, den die Muslime Ibrahim nennen, soll hier in einer Grotte geboren sein.

Direkt gegenüber unserem Hotel erhebt sich die berühmte *Yesil Kilise*, die Grüne Kirche, die im 13. Jahrhundert in eine Moschee umgewandelt wurde. Heute befindet sich eine große *medrese*, eine Koranschule, in dem Gebäude. Davor erstreckt sich das berühmte Abrahamsbecken, *Halil Rahman Gölü*, das mit den Teichen im anschließenden Park verbunden ist und von der sogenannten Roha-Quelle am Fuße des Burgberges gespeist wird. In dem von Säulenarkaden eingefassten Becken schwimmen »heilige Karpfen«. Wie die Legende besagt, befand sich Abraham auf dem Weg von Ur nach Kanaan, auf der Flucht vor König Nimrod, dem sagenumwobenen Gründer Urfas und Herrn des Turmbaus zu Babel, der ihn strafen wollte. Denn Abraham hatte es gewagt, die Standbilder der Götzen zu zerschlagen – so der Koran in der Sure 21, »Die Propheten«, Vers 51 bis 70. Als Abraham sich weigerte, Reue zu zeigen, ließ Nimrod ihn ins Feuer werfen. Doch Gott rettete ihn und ließ einen kräftigen Sturm aufziehen. Abraham wurde davongetragen und flog mitsamt Asche in den Teich; aus der Asche wurden heilige Fische.

In Abrahams Höhle

Ein junger Mann humpelt auf uns zu und fragt, ob er uns die Stadt zeigen dürfe. Wir bedanken uns, wollen uns aber lieber allein umschauen. Als wir etwas später am Beckenrand die fetten Karpfen bewundern, steht er plötzlich wieder neben uns und erzählt, dass die Karpfen oft von Besuchern gefüttert werden, die sich dabei etwas wünschen oder Allah um Vergebung bitten. Das hätten viele auch nötig, sagt er lachend. Er begleitet uns unaufgefordert weiter durch den Park, bis wir zur »heiligen Höhle« Abrahams kommen. Sie hat zwei Eingänge, einen für Frauen, einen für Männer. Peter ist heute der einzige Mann, der die heilige Stätte besuchen will, bei den Frauen hingegen gibt es eine lange Schlange. In der kleinen Höhle kann man durch eine große Scheibe aus Plexiglas ein effektvoll beleuchtetes türkisfarbenes Wasserbecken anschauen, das den »Ort der Verehrung« darstellt. Die Frauen neben mir sind verschleiert, knien auf dem Boden, küssen die Scheibe, beten und sprechen dabei Wünsche aus. Eine Frau beginnt zu schluchzen und schlägt immer wieder mit ihrem Kopf gegen das Glas. Dann zerrt sie auch noch ihre kleine Tochter herbei und drückt deren Hand an die Scheibe. Mich bedrücken die Enge, die Feuchtigkeit und die hysterischen Schreie der weinenden Frauen, ich atme auf, als ich diesen Ort wieder verlassen kann.

Der Basar

Wir machen uns auf den Weg in die Altstadt. Unser Begleiter stellt sich vor, er heiße Ismail, es sei ratsam, ihn zur Seite zu haben, sagt er, die Leute seien nicht besonders freundlich zu Ungläubigen. Wir fügen uns in unser Schicksal.

Der überdachte Basar in der Altstadt von Urfa ist sehr orientalisch. Die einzelnen Gassen sind nach Handwerken organisiert, in der einen Gasse gibt es nur Schuhe, in anderen Stoffe, Silberwaren, Holz oder Goldschmuck. Die Männer sitzen vor ihren kleinen Läden und warten auf Kunden. Kaum eine Frau ist in den engen Gassen zu sehen. In der Mitte des Marktes befindet sich ein großer Hof in einer alten Karawanserei, dort bekomme man den besten Mocca der Stadt, behauptet Ismail. Männer sitzen an den Tischen, trinken Tee. Einer repariert an einem Tisch Uhren, ein anderer, vielleicht ein Versicherungsvertreter, hat Papiere vor sich, ein dritter ist Losverkäufer. Geschäft und Zeitvertreib scheinen hier eins zu sein.

Im alten arabischen Viertel ziehen sich die zur Straße fensterlosen Häuser wie eine lange Festungsmauer entlang. Außer einigen Jungen, die mit einer Coladose herumkicken, ist hier niemand zu sehen. Bald wird die ganze Altstadt restauriert sein, sagt unser Stadtführer. Es gebe auch alte christliche Bürgerhäuser, die jetzt zu Boutiquen oder Galerien für die Touristen umgebaut werden. Ismail erzählt, dass er in diesem Viertel geboren wurde und ein Straßenkind war. Als Gehbehinderter hatte er kaum eine Chance, einen Beruf zu erlernen oder zur Schule zu gehen. Irgendwann tauchte im Viertel ein Beamter vom Tourismusministerium auf und sprach die Kinder und deren Eltern an, wer eine Ausbildung als Fremdenführer machen wolle. Er sagte sofort Ja, und so lebt er seit einigen Jahren davon, Touristen die Stadt zu zeigen. Er bekommt keinen geregelten Monatslohn, hat aber einen Ausweis, dass er in den Hotels Gäste wie uns ansprechen darf.

Er möchte uns gern noch einige Läden zeigen, geführt von »guten Freunden« von ihm. Er schleppt uns zu einem Geschäft, wo es den »besten Granatapfelsirup der Stadt« gibt. Auch dazu lassen wir uns überreden. Aber als wir dann nur zwei Literflaschen Sirup und ausschließlich die kleinsten Packungen der Gewürze kaufen, ist der Ladenbesitzer unzufrieden. Ob ich denn nur eine kleine Familie hätte, fragt er mich.

Hochbetrieb im Ramadan

Es ist Zeit für das Konzert. Wir warten neben der Quelle im Foyer auf unseren Taxifahrer. Die Kellner sind in traditionelle Trachten gekleidet, und das Restaurant tischt klassische Urfa-Küche auf. Wir würden gern ein Bier trinken, aber der Kellner bedauert: »Urfa ist die Stadt des Propheten, deshalb sind wir besonders darauf bedacht, die religiösen Gebote einzuhalten.« Also wieder: »Zwei Wasser, bitte!« Neben uns sitzt eine junge Frau in engen Hosen und einem knappen, ärmellosen Top, die mit ihren Verwandten in Ankara telefoniert. »Ich bin hier in der Wüste, du kannst keinen Schritt vor die Tür gehen, die glotzen dich an, als kämest du vom Mond!«

Der Portier holt uns ab und mahnt: »Fahren Sie bitte nur mit diesem Taxi, wir kennen den Fahrer. Er holt Sie auch wieder ab. Sie müssen ihm nur sagen, wann.«

Das große Haus, in dem das Konzert stattfinden soll, ist in maurischem Stil aus Sandstein gebaut und mindestens zweihundert Jahre alt. Es liegt in einem Labyrinth von unbeleuchteten Straßen und Gassen. Der weite Innenhof ist zur Straße hin durch eine Mauer und ein Tor geschützt. In der Mitte steht ein Zitronenbaum vor einem alten Brunnen, im ersten Stock gibt es eine umlaufende breite Galerie, von der Türen zu den Zimmern abgehen. Wir nehmen an einem Tisch im Hof Platz, bekommen einen Tee und warten, bis wir in den Speisesalon geführt werden.

Heute würden nicht viele Gäste kommen, sagt uns der Chef. Ramadan, der Fastenmonat, sei gerade zu Ende gegangen. Da herrsche hier Hochbetrieb. Fast jeden Abend werde *iftar*, das Fastenbrechen, ab Sonnenuntergang gefeiert, Musik gemacht, gegessen und bis in den Morgen, bis zum *savur*, der Zeit vor Sonnenaufgang, gesungen. Überhaupt sei die Stadt im Ramadan nicht wiederzuerkennen. Tausende von Muslimen würden im heiligen Monat in die Stadt kommen, um den Wallfahrtsort zu besuchen. Die ganze Nacht hätten die Geschäfte auf und dafür tagsüber geschlossen. Essen, religiöse Musik hören, *tavla*, Backgammon, spielen, einkaufen – die Stadt sei geradezu im Ausnahmezustand gewesen, so viele Gäste wie in diesem Jahr seien noch nie da gewesen, schwärmt der Herr des Hauses. Die religiösen Feste hätten wieder ihre richtige Bedeutung gewonnen, sagt er und fügt stolz hinzu: »Daran sieht man doch, nicht nur die Araber sind richtige Muslime!«

Mit uns sind es schließlich zehn Gäste, die alle in den eigens für *siragecesi* eingerichteten Raum geführt werden und auf dem Boden Platz nehmen. Der Raum mit seinem Kreuzgewölbe, in dem früher wohl Waren gelagert wurden, ist mit Kelimkissen und Teppichen ausgelegt, an den Wänden stehen Sitzkissen, daneben kleine silberne Tabletts für das Essen. Uns gegenüber nimmt eine kleine Familie ihren Platz ein. Der Mann ist ungefähr sechzig Jahre alt, neben ihm seine Frau, vielleicht achtzehn, höchstens zwanzig, die ihre kleine Tochter auf dem Arm hält. Sie wohne mit ihrem Mann in Nablus, Palästina, erzählt sie schüchtern auf Türkisch. Der Südosten der Türkei sei ein beliebtes Urlaubsziel in den arabischen Ländern. Sie selbst stamme aus Urfa; zum Ramadan hätten sie ihre Eltern besucht. Es macht den Eindruck, als halte sie sich an ihrer Tochter fest. Ihr Mann sieht die beiden die ganze Zeit mit unverhohlenem Besitzerstolz an und freut sich, wie das Kind versucht, sich nach der Musik zu bewegen.

Urfa-Lieder

Die Kapelle war offensichtlich auf eine größere Gesellschaft eingestellt. Trommel, Flöte, Leier und Saz, verstärkt von einer leistungsfähigen Lautsprecheranlage, lassen die Urfa-Lieder erklingen, die alle von Kummer und Sehnsucht handeln. Die Musiker spielen, als ginge es um ihr Leben. Ich versuche, inmitten des Höllenlärms mit anderen Gästen ins Gespräch zu kommen. Vier elegant gekleidete Männer zwischen vierzig und fünfzig Jahren sitzen in Begleitung von auffällig blonden, auffällig jungen Frauen neben uns, die sich ununterbrochen gegenseitig fotografieren und die Musik mit ihren Handys aufnehmen. Sie kommen aus Antakya und wollen sich »amüsieren«, wie einer mir mit einem Augenzwinkern verrät.

Nach dem Mocca müssen auch wir mit den Gästen und dem Küchenpersonal einige Runden *halay*, den Rundtanz, drehen. Die Fremden aus Antakya wollen sich, so kündigen sie an, noch die Zimmer auf der Galerie »ansehen«. Als die Blondies das hören, kreischen sie vor Vergnügen. Wir werden tanzend bis zum großen Hoftor begleitet, wo der Taxifahrer bereits auf uns wartet.

Das dunkle Urfa

Diese Stadt kannte viele Herrscher. Die Aramäer nannten sie Urhoy, die Seleukiden Antiochia, die Römer mal Aurelia Antonia, dann Opellia Macriana oder Alexandria, die Christen Edessa, dann hieß sie Urfa, bis die türkische Regierung sie 1983 Sanliurfa, »ruhmreiches Urfa«, taufte, um ihren Widerstand gegen die französische Besatzung von 1920 bis 1922 zu würdigen. Für die Armenier und andere Christen, die den von den Türken angerichteten Massakern und Deportationen von 1895 und 1915 zum Opfer fielen, ist der Name ein Hohn – für sie ist Urfa unauflöslich mit dem Begriff »Holocaust« verbunden.

Bereits im zweiten Jahrhundert lebten in Urfa die ersten Christen. Bis zum sechsten Jahrhundert war das damalige Edessa christlich. Der Kreuzfahrer Balduin von Boulogne, vom Papst aufgerufen, in einem Kreuzzug den von Muslimen bedrängten Christen zu Hilfe zu eilen, beherrschte sie ab 1098 für zwei Jahre. 1144 wurde die Stadt von den Arabern erobert und völlig zerstört. 1637 wurde Edessa in das Osmanische Reich eingegliedert und in Urfa umbenannt.

Bis Ende des 19. Jahrhunderts stellten die Assyrer, Aramäer und Armenier die größten Gruppen in der Bevölkerung der Stadt. Ende Dezember 1895 erreichten die gegen die Armenier gerichteten Pogrome, die von Istanbul ausgingen und ein Vorläufer der ethnischen Säuberungen durch die Jungtürken waren, auch Urfa. Einheimische kurdische Stammesführer plünderten, zusammen mit den Truppen des Sultans Abdul Hamid II. und seiner Spezialeinheit »Hamidiye«, innerhalb weniger Tage 2400 Häuser und brachten über zehntausend Armenier und andere Christen um. Entsetzlicher Höhepunkt war die Brandschatzung der armenischen Kathedrale, in die sich 3000 Armenier mit ihren Frauen und Kindern geflüchtet hatten. Man verbarrikadierte alle Eingänge und steckte die Kirche in Brand. Leider schickte Gott nicht, wie einst bei Abraham, einen Sturm, um die Armenier aus dem Feuer zu retten. Wer nicht verbrannte, erstickte qualvoll am Qualm von dem frischen grünen Pfeffer, den man körbeweise in die Flammen warf.[59] Die in Urfa anwesende amerikanische Missionarin Corinna Shattuck gebrauchte für die Tat erstmals den Begriff »Holocaust«, der dem Griechischen *holokaotuma* entlehnt ist und in einer englischen Bibelübersetzung für »Brandopfer« steht. Tagelang beherrschte der Mob die Stadt; kein einziger der Mörder wurde bis heute zur Rechenschaft gezogen.

Wie aus Nicäa Iznik wurde

Heute sind die fast 400.000 Bewohner Urfas mehrheitlich Kurden, Türken und Araber. Die Stadt ist durch und durch muslimisch, vom abrahamitischen Gründungsmythos der drei Weltreligionen, von der großen aramäischen, armenischen, christlichen Tradition ist außer ein paar stummen Zeugen aus Stein nichts mehr geblieben. Erst kürzlich fanden Archäologen in der Nähe von Urfa einen der ältesten Tempel der Menschheit aus der Zeit von vor 11.000 Jahren. Solche steinernen Überreste erfüllen uns heute noch mit Bewunderung. Selbst in den kleinsten Orten der Türkei bin ich noch auf Spuren dieser alten Kulturen gestoßen. Wo man auf touristisches Interesse setzt, kümmert man sich, meist mit internationaler Hilfe, um die Bergung und den Erhalt dieses Vermächtnisses; dort finden Ausgrabungen unter den wachsamen Augen des Kulturministeriums statt. Überall jedoch, wo diese Zeugen alter Kultur wirtschaftlichen Entwicklungen im Wege sind, wie zum Beispiel bei den Staudammprojekten an Euphrat und Tigris oder in der Nähe von Pergamon, scheinen die »alten Steine« eher lästig zu sein. Wenn man mit den Menschen in Anatolien spricht, stellt man fest, dass sie mit diesen Zeugen der vorislamischen oder christlichen Zeit, auf deren geistigem Erbe Europa aufbaut, nichts anfangen können – sie sind bedeutungslos für sie.

Die Ruinen des klassischen Erbes der Antike sind heute bestenfalls Kulisse, aber keine Bausteine einer eigenen kulturellen Identität geworden. Auch seine geistigen Werte sind verkümmert, wenn nicht gar erloschen, getilgt. Die muslimischen Eroberer haben in der Zeit ihrer fast fünfhundert Jahre währenden Herrschaft alles dafür getan, dass dieses Erbe in Vergessenheit geriet. Sie ließen die Köpfe der Skulpturen verschwinden, weil sie kein von Menschen gemachtes Bildnis ertrugen. Auch die Bilder der Vergangenheit ließen sie übermalen.

Vielen Orten ist es so ergangen, wie der etwa 15.000 Einwohner zählenden Stadt Iznik, die in der Nähe des Marmara-Meers und der Stadt Bursa an einem See liegt. Früher trug Iznik den Namen Nicäa und war vor Konstantinopel die erste Hauptstadt des oströmischen Kaiserreichs. Hier wurden seit dem Jahr 325 christliche Konzile abgehalten. Später wurde die Stadt durch die vom Sultan Selim I. angesiedelten Handwerker aus Täbris bekannt, die die schönsten Fayence-Kacheln für die Paläste und Moscheen der Sultane fertigten. Nicäa wurde 1331 von den Osmanen unter Orhan I., dem Sohn von Osman I., erobert.

Helmuth von Moltke, Mitglied des Generalstabs der preußischen Armee, reiste ab 1835, zunächst als Privatier, dann als Instrukteur der türkischen Streitkräfte, durch die Türkei und notierte im Juni 1836 nach einem Besuch in Iznik: »Mit Sonnenuntergang erreichten wir einen großen ausgedehnten See. Die riesenhaften Mauern und Türme am entgegengesetzten Ende schützten einst eine mächtige Stadt, um die man sich in den Kreuzzügen gestritten hatte. Heute umschließen sie nur ein paar elende Hütten und Schutthaufen, die vor Jahrhunderten Nicäa waren. Dort war es, wo eine Versammlung von hundert gelehrten Bischöfen das Mysterium der Dreieinigkeit erklärte und beschloss, diejenigen zu verbrennen, die ihrer Meinung nicht waren. Was würden die stolzen Prälaten dazu gesagt haben, hätte man ihnen prophezeit, dass ihre reiche, mächtige Stadt ein Trümmerhaufen, ihre Kathedrale die Ruine einer türkischen Moschee werden sollte, dass das Reich der griechischen Kaiser erlöschen, dass nicht nur ihre Auslegung, sondern selbst ihr Glaube in diesen Ländern verschwinden … würde!«

Die Muslime, schreibt Moltke weiter, »haben all die Malerei der griechischen Kirche weiß übertüncht. In der Kathedrale, wo das berühmte Concilium gehalten wurde, schimmert an der Stelle des Hochaltars noch heute durch den weißen Anstrich die stolze Verheißung I. H. S., in hoc signo [in diesem Zeichen], aber quer darüber steht die Grundlehre des Islam geschrieben: ›Es ist kein Gott als Gott‹«.[60]

Männer des Schwertes

Die Osmanen waren Krieger, »Männer des Schwertes«, die im Namen ihres Gottes unterwegs waren. Sie sahen sich als religiöse Nachfolger Mohammeds, der von Mekka und Medina aus seine neue Weltordnung mit dem Schwert verbreitet hatte. An der großen Geschichte, die vor ihrer Zeit lag, in der Armenier, Juden, Römer und Griechen, neben vielen anderen Völkern, das Land kultiviert und uns geistige Erbschaften wie Homers Dichtungen hinterlassen hatten, waren sie nicht interessiert.

Die von ihnen eroberten Gebiete gingen in den Besitz der muslimischen Umma über, der Gemeinschaft der Gläubigen, und wurden unter die Steuerverwaltung von Gouverneuren gestellt, die Bauern zu Tribut verpflichtet. Konvertierten sie zum Islam, konnten sie gegen geringere Abgaben als die Ungläubigen, die *dhimmis*, auf dem Land wirtschaften oder sich als Krieger dem Djihad anschließen. Wer das Bekenntnis nicht ableistete, hatte Kopfsteuern zu entrichten. Die Bauern flüchteten vor den muslimischen Steuereintreibern in die Städte oder in die Höhlen Kappadokiens, andere folgten ihren Herden von den Bergen in die Täler. Die ehemals kultivierte Agrarlandschaft verödete im Laufe der Jahrhunderte zunehmend, weil immer nur abgeholzt, das Land aber nicht wieder aufgeforstet wurde. Da die Osmanen sich auf Krieg und Handel und nicht auf Landwirtschaft und Handwerk verstanden, der Reichtum also nicht aus Arbeit, sondern aus Aneignung entstand, waren sie darauf angewiesen, ständig weitere Beute zu machen. So war ihr Drang, neue Territorien zu erobern, nicht nur ein Auftrag des Glaubens, sondern eine ökonomische Notwendigkeit.

Die Erfindung des Türkentums

Durch Gebietsverluste, Vertreibungen und Flüchtlingsströme hatte sich die Zusammensetzung der Bevölkerung im Osmanischen Reich verändert. Die Christen waren in der Minderheit. Das »Türkentum« war die Fahne, unter der die Jungtürken und später Atatürk den Widerstand gegen den osmanischen Sultan organisierten, eine ideologische Klammer, um ihren Herrschaftsanspruch auf das multiethnische Anatolien nach innen und außen begründen zu können. Anatolien war der Köder für die Muslime, die Beute, die in Aussicht gestellt wurde, wenn alle Nichtmuslime aus dem Land vertrieben waren. Nach der Machtübernahme 1912/13 beschloss das Triumvirat, Anatolien ethnisch zu säubern. In keiner Provinz sollten fortan mehr als zehn Prozent Nichttürken ansässig sein. Unter Berufung auf das Türkentum wurden auch unter Atatürk Griechen und Armenier aus der Region verjagt, in der sie jahrhundertelang gelebt und eine bedeutende Kultur geschaffen hatten. Die Brandschatzung der griechischen Stadt Smyrna, die umbenannt wurde in Izmir, und der Genozid an den Armeniern 1915 – bis heute in der Türkei ein tabuisiertes Trauma – waren die tödlichen Konsequenzen des unbedingten Willens, eine Nation zu erfinden, die es so bisher nicht gegeben hatte.

Das Osmanische Reich reichte von Ungarn bis zum Jemen, von Nordafrika bis zum Irak, und vereinigte über lange Jahrhunderte viele unterschiedliche Völker, Stämme, Religionen und Sprachen. Zusammengehalten wurde es durch Tribut und Gehorsam; solange die militärische Überlegenheit der Sultane gewährleistet war und wirtschaftlich keine größeren Probleme entstanden, blieb das System stabil. In der zweiten Hälfte des 19. Jahrhunderts aber geriet das Reich auch durch seine enorme Überschuldung immer stärker in die Krise. Die Jungtürken versuchten, politische und militärische Reformen durchzusetzen, scheiterten aber zunächst an den Interessen der herrschenden osmanischen Clique und an den ständigen militärischen Auseinandersetzungen mit den nach Unabhängigkeit strebenden Gebieten auf dem Balkan, auf Kreta und in Tripolis, dem heutigen Libyen. Die osmanischen Herrscher fürchteten den Zerfall des Reiches, der zuerst an den Rändern einsetzte, und wollten ihn mit allen Mitteln aufhalten.[61]

Volk ohne Wurzeln

Der Krieg auf dem Balkan 1877, der Verlust der Provinzen Montenegro, Serbien, Rumänien und Bulgarien, das 1908 unabhängig wurde, die Abtretung Zyperns, die Konvention über Kreta, die Gründung der ersten jüdischen Kolonien in Palästina, die Besetzung von Tripolis durch Italien, der Krieg gegen Russland und die Auseinandersetzungen im Inneren des Reiches, wie der niedergeschlagene Armenier-Aufstand in Van 1896, brachten so große Flüchtlingsströme und Vertreibungen mit sich, dass man fast von einer Völkerwanderung sprechen kann.

Die Armenier flohen aus Istanbul Richtung Osten. Allein in Van wuchs die armenische Bevölkerung von 1885 bis 1914 von 59.000 auf 179.000 Einwohner, während Juden aus Russland in Edirne, Istanbul und Ankara und ebenfalls im Osten Aufnahme fanden. Ein halbes Jahrhundert zuvor hatten etwa eine halbe Million Kaukasusflüchtlinge, vor allem Tscherkessen, die verlassenen Gebiete Anatoliens um Kayseri und an der Schwarzmeerküste besiedelt, die Türken aus dem Osten waren weiter westlich gezogen, in die verlassenen Regionen waren Kurden nachgerückt. 1913 hatten im Osmanischen Reich auf dem Gebiet der heutigen Türkei noch 1.834.900 Armenier gelebt, zur Zeit der Türkischen Republik 1923 waren es noch 300.000, heute sind es nur noch etwa 60.000. In den vorwiegend von Armeniern bewohnten Städten wie Van, Urfa oder Malatya sind heute überwiegend Kurden beheimatet.

Über eine Million Muslime verließen den Balkan Richtung Anatolien, während Hunderttausende Griechen ihre angestammten Wohnorte an der Schwarzmeerküste, wo sie seit der Antike gesiedelt hatten, verloren. Zwischen 1913 und 1922 kam es aufgrund des zwischen den Türken und Griechen vereinbarten »Bevölkerungsaustauschs« zum Exodus von 1,5 Millionen Griechen aus der Ägäis-Region, während 500.000 Muslime aus Griechenland in die Türkei flüchteten; etwa zwei Millionen Menschen kamen im Ersten Weltkrieg und im nachfolgenden Kampf um die Unabhängigkeit um. In den entvölkerten Gebieten wurden wiederum die zum Teil noch als Halbnomaden in Anatolien lebenden Türken, Kurden und Sinti und die aus Griechenland geflohenen Türken angesiedelt.

In fremden Betten

»Mein Vater flüchtete mit einem Schiff aus Saloniki nach Istanbul. Von dort kam er nach Bursa und wurde in einer *medrese*, einer Koranschule, untergebracht. Der Onkel meiner Mutter war ein Kadi, ein Richter aus der Nähe von Saloniki. Die Familie war wohlhabend, dennoch wurden die meisten Verwandten von marodierenden Christen umgebracht. So floh er zusammen mit meiner Mutter auf dem gleichen Weg wie mein Vater. Meine Mutter erzählte mir oft von ihrer Flucht, wie sie auf dem überfüllten Schiff sich drängen mussten. Die Bauern wollten ihre Tiere mitnehmen, aber viele der Ziegen und Schafe rissen sich von den

Stricken los oder fielen beim Verladen ins Wasser und schwammen an Land, wo sie von den Griechen einkassiert wurden.« Seine Familie – so erzählt mir der Herr von mehr als achtzig Jahren, der in Deutschland lebt – bekam in Bursa ein von Griechen verlassenes Haus mit Garten zugewiesen. »So wie die Pontos-Griechen in Saloniki vielleicht in unseren Betten schliefen, in unserem Garten saßen, kochten meine Eltern nun in ihrer Küche.«

Auch aus meiner eigenen Familie lebt eigentlich niemand mehr dort, wo er geboren wurde. Meine Eltern gingen 1946 von Anatolien nach Istanbul, dann nach Deutschland, meine Geschwister lebten erst in der Türkei, dann in Deutschland und jetzt wieder in der Türkei, wenngleich an anderen Orten als früher. Die Onkel und Tanten zogen von Pinarbashe entweder nach Kayseri, Ankara oder Antalya, die Militärs und die Polizisten in der Familie werden berufsbedingt alle drei Jahre versetzt, selbst die Bauern blieben nicht auf ihrem Land, sondern zogen in die Stadt. Schon deren Eltern waren an anderen Orten als sie geboren. Der eine Teil der Familie wanderte von Erzurum nach Kayseri, der andere Teil kam aus dem Kaukasus, machte für eine Zeit im »Weiten Tal« um Pinarbashe Station, um dann weiterzuziehen. Dieses aus der nomadischen Tradition erwachsene Unstete, nicht mit der Erde Verwurzelte, besitzt eine lange Tradition in der Geschichte des Landes und hat sich tief in die Mentalität der Menschen eingegraben.

Die Gesamtbevölkerung der heutigen Türkei betrug Anfang des 20. Jahrhunderts etwa 12 Millionen (heute sind es 70 Millionen). Etwa ein Sechstel der Bevölkerung, vorwiegend Nichtmuslime wie Griechen und Armenier, wurden durch Krieg und ethnische Säuberungen vertrieben oder getötet. Viele Muslime zogen vom Balkan in das Gebiet um das Marmarameer. Gleichzeitig kam es innerhalb der Türkei zu großen Bewegungen vom Osten in Richtung Westen. Ein großer Teil der türkischen Bevölkerung hat innerhalb der letzten hundert Jahre den ursprüngli-

chen Wohnort verlassen und sich woanders angesiedelt. Die Neuankömmlinge mussten erst einmal Fuß fassen, sich an veränderte
Gegebenheiten, oft an neue Tätigkeiten, Sitten und Gebräuche gewöhnen. Auch gab es sicherlich so etwas wie ein kollektives »Ver-
lusttrauma« durch den Zusammenbruch des Osmanischen Reiches. Gerade in Zeiten der Verunsicherung und der Angst neigen
Menschen dazu, sich an die ihnen bekannten Sozialstrukturen
zu klammern, auf die »Binnenwelt« zu orientieren und Halt in
den überkommenen Clan- und Stammesstrukturen zu suchen.
Damit behielten die an Religion und Tradition ausgerichteten
Normen ihre Macht über die entwurzelten Massen der neu ent-
standenen Türkei.

Anatolien soll türkisch werden

Für die Herrschaftsausübung der Osmanen spielten ethnische
und religiöse Kriterien nicht die entscheidende Rolle. Türken
waren als Muslime zwar bessergestellt als Nichtmuslime, gehörten aber nicht per se zur Elite. Ein türkisches Volk als kulturelle,
sprachliche, ethnische Gemeinschaft gab es nicht. Die Türkei als
Nationalstaat, wie wir sie heute kennen, war eine »Erfindung« der
Jungtürken zum Ende des 19. Jahrhunderts.

Begonnen hatten die Jungtürken des konspirativen »Komitees für Freiheit und Fortschritt« als liberale Bewegung der bürgerlichen Aufsteiger im 19. Jahrhundert, zu denen Militärs und
Vertreter der alten Elite stießen. Ihr Ziel war es, das Osmanische
Reich nach westlichem Vorbild zu modernisieren. Die Reform-
politik, die zunächst Sympathien sowohl bei den nach Unabhängigkeit strebenden armenischen Intellektuellen als auch in Europa weckte, wurde spätestens mit dem Militärputsch des »Triumvirats« 1913 unter Enver Pascha, Talaat Pascha und Cemal Pascha

einer Diktatur mit stark nationalistischen Zügen geopfert. Während Mustafa Kemal (seit 1934 »Atatürk«, »Vater der Türken«, genannt) im Ersten Weltkrieg bei der Abwehr der Alliierten an den Dardanellen militärische Meriten erwarb, befasste sich das »Komitee für Freiheit und Fortschritt« im Inneren mit den Balkanflüchtlingen und nahm die angesichts des Kriegsgeschehens als »unzuverlässig« geltenden Armenier ins Visier.

Die Zusammensetzung der Bevölkerung hatte sich in wenigen Jahren durch Gebietsverluste des Osmanischen Reiches und Wanderungsbewegungen dramatisch verändert. Plötzlich waren Christen eine Minderheit in Anatolien geworden, die Mehrheit stellten die anatolischen Muslime. Wenn die »neue« Türkei vor den europäischen Alliierten gerettet werden sollte, mussten, so die Propaganda des Triumvirats, die loyalen von den feindlichen Bevölkerungsteilen getrennt werden, um dem »Türkentum« zum Durchbruch zu verhelfen.

Assimilierung und Vertreibung

Der türkische Historiker Taner Akcam kam nach Durchsicht der osmanischen Dokumente aus dem Archiv des damaligen Ministerpräsidenten zu dem Ergebnis, dass die türkische Bevölkerungspolitik ab 1913 vor allem zwei Ziele hatte: zum einen die Durchmischung der türkischen Bevölkerung mit den muslimischen Flüchtlingen aus Griechenland, mit den Kurden und Arabern, um diese Neuankömmlinge besser assimilieren zu können; zum anderen, die christliche Bevölkerung, hauptsächlich Griechen, Armenier, Assyrer, aus Anatolien zu entfernen.[62]

Nichttürkische und nichtmuslimische Siedlungen sollten, besonders an strategischen Punkten, beseitigt werden, um der Gefahr der Kollaboration mit den alliierten Invasionstruppen vorzubeugen. Weiter verfügte Enver Pascha 1913 in einem Telegramm, dass »alle Namen von Landkreisen, Städten, Dörfern, Bergen, Flüssen …, die nicht-islamischen Ursprungs sind, ins Türkische« zu übertragen seien.[63] Die Umsetzung dieser Pläne begann bereits ab 1913, noch vor dem Ausbruch des Ersten Weltkrieges. Griechische und armenische Soldaten in der Armee wurden entwaffnet, in Arbeitsbataillone gesteckt und auf »Todesmärschen« durch Hunger und Kälte systematisch dezimiert.

Die Umsiedlungen erfolgten in rabiater Hast, in manchen Landkreisen dauerten sie nicht länger als eine Woche. Zur Vorbereitung wurden 1914 von jeder Provinz Karten erstellt, auf denen die ethnische Zugehörigkeit der Bevölkerung verzeichnet war. Dabei wurde nicht nur die Volkszugehörigkeit erfragt, sondern auch die Vermögenssituation, der Bildungsstand und die Beziehungen zu anderen Volksgruppen. Wo diese Daten nicht vorlagen, wurden die Hodschas, Rabbis und Priester ultimativ aufgefordert, sie zu beschaffen. Ziel der auf dieser Basis verfügten Umsiedlungen sollte es sein, in keiner Provinz mehr als fünf bis zehn Prozent Nichttürken ansässig werden zu lassen. Noch 1916 wurden in den – damals noch zum Osmanischen Reich gehörenden – Lagern in Syrien und im Irak die deportierten Armenier umgebracht: Ihre Zahl überstieg die Höchstgrenze von zehn Prozent der ansässigen Bevölkerung. Selbst die osmanischen Dokumente verzeichnen über eine Million Opfer. Die immer wieder von türkischen Politikern wiederholte Behauptung, der Tod der Armenier sei im Wesentlichen den kriegsmäßig bedingten Umsiedlungen geschuldet, steht auf tönernen Füßen. In gleicher Zahl, wie Armenier aus ihren Häusern, Dörfern und Städten vertrieben wurden, hat man Araber, Kurden, Türken in Anatolien umgesiedelt – von Opfern unter diesen Volksgruppen ist nichts bekannt.

Auch eine weitere, bis heute in der Türkei besonders in den Schul- und Geschichtsbüchern kolportierte Legende kann auf Grundlage der Dokumente aus dem Archiv des Ministerpräsidenten widerlegt werden – nämlich dass die Armenier für den Verlust ihres Vermögens und ihrer Habe entschädigt wurden. Es gibt nicht eine Quittung über verkauftes Eigentum, nicht einen Beleg, dass ein Armenier an dem Ort, wohin er deportiert wurde, ein Stück Land erhalten hätte, wohl aber jede Menge Belege für die Übertragung von Häusern und Grundstücken an Muslime. Das Militär und die Verwaltung requirierten das gesamte Besitztum der Armenier und verschenkten oder verkauften es zu Schleuderpreisen – die Armenier hingegen mussten selbst noch für ihre Deportation zahlen.

Die Dokumente in den Archiven des Ministerpräsidenten belegen, dass es bei dieser Aktion um die systematische Auslöschung des armenischen Volkes ging. Mehrere Telegramme von Talaat Pascha enthalten die unmissverständliche Anweisung, armenische Kinder von ihren Familien zu trennen, in Waisenhäuser oder zu muslimischen Familien zu geben und junge Frauen möglichst mit muslimischen Männern zu verheiraten. Die Rache der Überlebenden bekam später auch mein Onkel Enischte zu spüren, als man versuchte, ihn als kleinen Jungen in Istanbul »einzukassieren«.

Zeitgleich mit der Vernichtung der christlichen Armenier versuchte man, die Stammesstrukturen der Kurden zu zerschlagen, indem man über 20.000 Kurden in den Westen umsiedelte, die Mitglieder eines Clans oder einer Großfamilie an unterschiedliche Orte brachte – was aber, wie wir heute wissen, gründlich misslang. Die Kurden kehrten zurück und hatten das Land für sich, bis sie wieder vertrieben wurden, zuletzt zwischen 1994 und 2000, als über 2500 Dörfer zwangsgeräumt wurden und über drei Millionen Kurden flüchteten, nicht zuletzt nach Istanbul. Das Militär wiederholte an den Kurden, was schon den Armeniern zum Verhängnis wurde: die Politik der ethnischen Vertreibung.

Während ich mich mit diesen schrecklichen Ereignissen beschäftige, kommen mir die Erzählungen meiner Großmutter Emmana wieder in den Sinn, die als junge Frau beobachtete, wie Soldaten armenische Nachbarn auf der Straße erstachen und Kinder in Säcke stopften, um sie im Fluss zu ertränken. Mir wird jetzt auch klar, wie ein Teil meiner Familie, die aus dem Kaukasus oder Erzurum stammte und Pferdezucht betrieb, so schnell zu Wohlstand gekommen ist. Ihnen waren, wie anderen in die entvölkerten Orte des »Weiten Tales« Umgesiedelten, das Land und die Häuser der vormaligen Besitzer übergeben worden. Und wenn eine meiner Cousinen erzählt, dass vor einigen Jahren bei Arbeiten auf einem Feld im »Weiten Tal« ein Hügel entdeckt wurde, unter dem viele Menschen begraben worden waren, dann sind das buchstäblich die Leichen in der türkischen Geschichte, von denen man im offiziellen Selbstbild nichts wissen möchte.

»Wer redet heute noch von der Vernichtung der Armenier?«, fragte Hitler am 22. August 1939, als er vor Wehrmachtsoffizieren erklärte, dass der kommende Krieg die gnadenlose Entvölkerung Polens bedeute: »Polen wird entvölkert und mit Deutschen besiedelt.«[64] Er setzte auf das Vergessen und darauf, dass die Sieger die Geschichte schreiben.

»Wir sind mit der Geschichte im Reinen«

Am 13. April 2005 diskutierte das türkische Parlament eine Frage von nationaler Bedeutung: Es ging darum, eine »aktivere türkische Politik gegen die ungerechtfertigten Völkermordvorwürfe« zu formulieren. Damit war die Deportation und Ermordung von mehr als einer Million armenischer Bürger 1915 gemeint. Eine kritische Auseinandersetzung mit den historischen Umständen, die zu dem Völkermord geführt hatten, war vom Parlament leider nicht zu erwarten. Der regierenden AKP ebenso wie der oppositionellen CHP ging es einzig darum, Stellung zu beziehen – denn internationaler Druck vor allem aus Europa, die schlechten Beziehungen zum armenischen Nachbarn, die nicht unter dem Deckel zu haltende Diskussion unter Wissenschaftlern hatten die Gefahr heraufbeschworen, dass die Türken ihr »Ansehen«, ihr »Gesicht« verlieren könnten.

Hauptredner der Debatte war seinerzeit der damalige Außenminister und inzwischen zum Präsidenten gewählte AKP-Politiker Abdullah Gül, der beschönigend von »armenischen Umsiedlungen« und von dem »Leid« sprach, das von jenen »benutzt« werde, die an »Rachegefühle« appellieren und »gegenüber unserem Land Vorurteile und Hass« wecken wollten.[65] Kein Satz des Bedauerns für die armenischen Opfer des Genozids – ein Wort, das einem türkischen Politiker ohnehin nicht über die Lippen kommen würde; Güls ganzes Mitgefühl galt dem Schicksal der osmanischen Muslime, die in dieser Zeit bei militärischen Aktionen der Besatzungsmächte ums Leben kamen. Ihnen sei viel zu wenig Beachtung geschenkt worden, monierte er und spielte so die Opfer gegeneinander aus. Aber, bekräftigte er – darin völlig einig mit der Opposition wie auch mit der rechts-nationalistischen MHP –, die türkische Nation werde aus diesen Auseinandersetzungen »in Einigkeit und Geschlossenheit« hervorgehen, »davon bin ich fest überzeugt«.[66] Ministerpräsident Tayyip Erdogan bestätigte das. Im Oktober 2005 behauptete er in seinem Vortrag an der London School of Economics, die Geschichte der Türkei sei »niemals eine Geschichte des Völkermords« gewesen.[67] Gül formulierte in seiner Rede vor den Abgeordneten apodiktisch: »Die Türkei ist mit ihrer Geschichte im Reinen.«[68] Ein Satz, der die selbstherrliche Geschichtsvergessenheit türkischer Politik auf den Punkt bringt.

Nur der Sieg zählt

Ganz unvertraut ist diese Verweigerung einer Auseinandersetzung mit der Vergangenheit auch in Deutschland nicht. Erst spät hat die Bundesrepublik gelernt, sich mit der Judenvernichtung auseinanderzusetzen. Ich erinnere mich an die 1960er Jahre, als ich mit meinen Geschwistern hierherkam. Das Land war international anerkannt, war Fußballweltmeister geworden und sah sich selbst als erfolgreiche und wirtschaftlich potente Nation. 1967 erschien ein Buch, das heftige politische Reaktionen hervorrief und zeigte, wie brüchig diese auf einer »Bewusstseinszensur«[69] basierende Selbstgewissheit war: »Die Unfähigkeit zu trauern« von den beiden Psychoanalytikern Alexander und Margarete Mitscherlich. Ein Buch, das von der Weigerung der Kriegsgeneration handelte, sich der Verantwortung für die im »Dritten Reich« begangenen Verbrechen zu stellen – in den Augen der beiden Autoren eine notwendige Voraussetzung, um sich von der autoritären Fixierung auf den Diktator Adolf Hitler lösen und »Trauerarbeit« leisten zu können. In der Geschichte der Bundesrepublik steht diese »Erinnerungsarbeit« bis heute immer wieder auf der Tagesordnung – noch 1997 führte die »Wehrmachtsausstellung« des Hamburger Instituts für Sozialforschung zu einem erneuten Aufflammen erregter Reaktionen, weil sie die Mitschuld der deutschen Wehrmacht an den deutschen Kriegsverbrechen dokumentierte. Solche unter großer öffentlicher Beteiligung geführten Debatten verliefen äußerst kontrovers, für viele aus der älteren Generation, die als Soldaten oder Offiziere dem »Dritten Reich« gedient hatten, waren sie vermutlich schmerzhaft; aber sie haben durch die kollektive Befassung mit der deutschen Schuld eine Art Reifeprozess ermöglicht und damit entscheidend dazu beigetragen, den demokratisch-zivilen Charakter dieser Republik zu festigen. Sie waren »Arbeit«, mit der die verdrängte Vergangenheit ins Bewusstsein gehoben wurde. »Verliere ich meine Vergangenheit«, schreibt der ungarische Schriftsteller György Konrád, »verliere ich mich selbst. Dann sehe ich nicht, was mich an das Leben bindet. Erinnerungen, das sind die Beine von Tausendfüßlern. Jede Erinnerung bindet mich an das Leben. Ob Zukunft Erinnerung braucht? Wer weiß das schon? Wir brauchen sie. Sie ist nötig wie für die Füße das Gehen. Ansonsten verkümmern sie.«[70]

In der Türkei fehlt ein solcher öffentlicher Diskurs – nicht nur über die Verbrechen, die an den Armeniern begangen wurden. Es fehlt grundsätzlich an einer Auseinandersetzung mit der Geschichte, mit dem eigenen Gewordensein. Der von Atatürk überlieferte Ruf »Ille'lebet, ileri. Hic bir zaman geri – Immer vorwärts, niemals zurück« folgt der Logik eines Militärs, der nie zurückschaut und für den nur der Sieg zählt. So konnte man Schlachten gewinnen, aber nicht die Zukunft eines Landes.

Bei meinen Recherchen bin ich häufig auf ein Verhalten gestoßen, das ich, in Anlehnung an die Mitscherlichs, »die Unfähigkeit, sich zu erinnern« nennen möchte. Begründet ist diese nicht nur im kollektiven Unwissen, sondern auch in einem generellen Abwehrreflex. Geschichte erscheint als unbedeutend, wenn sie nicht die eigene Größe dokumentiert. Man versucht nicht, aus ihr zu lernen, sondern sie – je nachdem, auf welcher Seite man steht – als Ausweis der nationalen Größe oder als Beleg zu deuten, dass alles gottgewollt ist. Beiden, den Nationalisten wie den Religiösen, ist der Zweifel, die Neugier auf alles, was sich nicht in das Korsett des »Türkentums« zwängen lässt, fremd. Der Zweifel, die Neugier, die Frage aber stehen am Anfang jeder Erkenntnis – individuell wie kollektiv –, sie sind die bedeutendsten Werkzeuge der europäischen Aufklärung.

In der türkischen Gesellschaft herrscht ein großes Misstrauen gegen das offene Wort und die kritische Nachfrage. Schnell wird unterstellt, Kritik gelte nicht dem besonderen Gegenstand, dem spezifischen Ereignis, der einzelnen Person, stelle vielmehr die Nation, die Türken oder den Glauben unter Generalverdacht.

Lähmungserscheinungen

Eine Gesellschaft, die es nötig hat, sich gegen das freie Wort mit staatlicher Macht abzusichern, kann mit sich selbst nicht im Reinen sein. Sie bleibt lernunfähig, infantil, in einer Art Bewusstseinsgefängnis stecken – unfähig, Probleme mit den ethnischen Minderheiten und den religiösen Verschiedenheiten anzupacken und den Anforderungen der Zukunft zu begegnen. Was Alexander und Margarete Mitscherlich mit Blick auf die Verdrängung der während des »Dritten Reiches« begangenen Verbrechen schrieben, gilt auch für die türkische Gesellschaft von heute: »Die Getöteten können wir nicht zum Leben erwecken. Solange es uns aber nicht gelingen mag, uns den Lebenden gegenüber aus den Vorurteilsstereotypen unserer Geschichte zu lösen, ... werden wir an unserem psychosozialen Immobilismus wie an eine Krankheit mit schweren Lähmungserscheinungen gekettet bleiben.«[71]

Für mich liegt in diesem »psychosozialen Immobilismus« eine der Wurzeln für die vielen Widersprüche, denen ich in meiner türkischen Heimat begegne. Ein Land voller geschichtsträchtiger antiker griechischer wie römischer Spuren, aber unfähig, seine großartigen historischen Ressourcen als Kapital begreifen und nutzen zu können; Landschaften von einer so überwältigenden Schönheit und majestätischen Erhabenheit, dass sich ihnen kaum ein Fremder entziehen kann, während jene, denen diese Schätze gehören, ihnen eher mit Gleichgültigkeit, wenn nicht Geringschätzung gegenüberzustehen scheinen. Da gibt es die Erben Atatürks, die aus der Türkei ein säkulares Land nach westlichem Vorbild formen wollten, daneben breitet sich längst eine neue Macht aus, das Amt für Religion, eine milliardenschwere »Missionsbehörde«, die das Land wie eine Krake in den Griff nimmt. »Unsere Religion ist ohne Fehler«, sagt Ministerpräsident Erdogan, aber bis heute müssen sich Christen hinter Mauern verbergen, um ihren Glauben leben zu können. Da wirbt die türkische Wirtschaft auf einem Plakat mit »starken Frauen«, die das Land vorzuweisen habe, aber Tausende bleiben, ohne dass der Gesetzgeber eingreift, der archaischen Gewalt von Männern ausgeliefert, die sich anmaßen, Frauen »im Namen der Ehre« zum Tode verurteilen zu dürfen. Weit ist dieses Land noch von dem entfernt, was das aufgeklärte Europa ausmacht: die Säkularisierung, die das Glaubensbekenntnis zu einer privaten Angelegenheit macht; die Toleranz, die allen Glaubensrichtungen freie Entfaltung zugesteht; und die Gleichberechtigung von Männern und Frauen, die darauf beruht, dass jedem Menschen, unabhängig von seinem Geschlecht, gleiche unveräußerliche Rechte zustehen.

Was ist die Türkei? Was macht das »Türkentum« aus? Türkische Gerichte scheinen die Antwort auf diese Frage zu wissen: Der Strafsenat, der am 11. Juli 2006 den armenischen Journalisten Hrant Dink nach Paragraf 301 wegen »Verunglimpfung des Türkentums« zu sechs Monaten Haft verurteilte, stellte klar: »Türkentum bedeutet die Gesamtheit der nationalen und ideellen Werte, die aus den humanitären, religiösen und historischen Werten, die die türkische Nation bilden, und aus der nationalen Sprache, den nationalen Gefühlen und nationalen Traditionen resultieren.« Damit wird wieder eine Grenze gezogen, als habe es vor der Herausbildung der türkischen Nation keine Geschichte gegeben; als lebten in dem Land nicht zahlreiche ethnische Minderheiten, die nur mit Gewalt, in einer Zwangstürkisierung, auf diesen nationalen Rahmen verpflichtet wurden; und als dürfe ein Staat, der sich selbst als »säkular« bezeichnet, Anspruch darauf erheben, auch die »Gefühle« seiner Bürger auf das nationale Bekenntnis einzuschwören. Auch die Deutschen glaubten dereinst, mit der »Stunde null« die schuldbeladene Vergangenheit einfach abschneiden und nur noch nach vorn schauen zu können, aber sie holte sie wieder ein: Die Auseinandersetzung mit der Frage »Wer sind wir, woher kommen wir, was haben wir getan und warum?«, blieb auch ihnen nicht erspart.

Die vergessenen Deutschen

Auch hier in Deutschland wissen wenige von den Vorgängen, die zum »Holocaust« an den Armeniern geführt haben – obwohl Deutsche dabei involviert waren. Auf beiden Seiten. Den Armeniern stand der evangelische Theologe Johannes Lepsius, Leiter eines Spitals und eines Waisenhauses, zur Seite, der schon 1896/1897 damit begann, in Deutschland Gelder für den Aufbau seines Armenischen Hilfswerks einzutreiben. Er dokumentierte den »Todesgang des armenischen Volkes« und organisierte konkrete Hilfe für die Drangsalierten. Die jungtürkischen Regierungstruppen wiederum wurden von dem deutschen Major Eberhard Graf Wolffskeel von Reichenberg unterstützt,[72] der den Widerstand mit Artillerie niederschießen ließ; Oberstleutnant Böttrich unterschrieb Deportationsbefehle.[73]

»Das war ein Vorspiel nur«, diese Worte Heinrich Heines gehen mir durch den Kopf, wenn ich an die Beteiligung deutscher Militärs an den grausamen Vernichtungsaktionen denke. Man kann sich des Gedankens kaum erwehren, in dem SS-General Jürgen Stroop, der die Truppen bei der Auslöschung des Warschauer Gettos befehligte, und in Adolf Eichmann, der die Deportation der Juden organisierte, gelehrige Schüler der preußischen Offiziere Wolffskeel und Böttrich zu sehen.

Auch in Deutschland gibt es Widerstände, sich der Aufarbeitung dieser Geschehnisse anzunehmen. Vielleicht aus Furcht vor den möglichen Folgen? Einem wie Johannes Lepsius ist kein Denkmal gesetzt worden. Auch nicht dem Wuppertaler Schriftsteller Armin T. Wegner, der als Sanitätsoffizier Augenzeuge der Vertreibung und Ausrottung der Armenier wurde und die Öffentlichkeit mit seinen aus dem Land geschmuggelten Dokumenten und Fotos über die Verbrechen vergeblich zu informieren versuchte. Niemand wollte von den Gräueln wissen. Er sei zu dieser Zeit einer der einsamsten Menschen gewesen, schrieb Wegner später. Nach dem Ende des Krieges forderte er in einem Offenen Brief den amerikanischen Präsidenten Wilson auf, gegen den Genozid zu protestieren. Drastisch schilderte er, wie die Armenier sterben mussten: »Erschlagen, erschossen, erhängt, vergiftet, erdolcht, erdrosselt, von Seuchen verzehrt, ertränkt, erfroren, verdurstet, verhungert, verfault, von Schakalen angefressen. Kinder weinten sich in den Tod. Männer zerschmetterten sich an den Felsen. Schwangere stürzten sich, die Hände aneinandergebunden, mit Gesang in den Euphrat.« Doch seine Appelle verhallten ungehört. Die Weltöffentlichkeit blieb ungerührt.

1929 reiste der Schriftsteller Franz Werfel in dieses Gebiet und war von seinen Begegnungen mit den wenigen überlebenden Armeniern tief erschüttert. 1933 erschien sein großartiger Roman »Die vierzig Tage des Musa Dagh«, der von dem Widerstand von 5000 Armeniern gegen die jungtürkischen Todesboten handelt. Mit diesem Buch wollte Werfel den Europäern das Verbrechen der Türken ins Bewusstsein schreiben. Der Roman wurde von den Nationalsozialisten sofort verboten.

Falsche Rücksichtnahme

Warum hat es bisher niemand gewagt, Franz Werfels grandiosen Roman zu verfilmen? Vielleicht, weil Hollywood einen Boykott auf dem türkischen Markt fürchtet? Warum bedurfte es erst einer Entschließung des deutschen Bundestages, damit die Dokumente von Johannes Lepsius über den Genozid in den nächsten Jahren endlich im Lepsiushaus in Potsdam ausgestellt werden können?

Fürchtet man in Deutschland die türkischen Nationalisten? Auf Intervention des türkischen Botschafters sollten vor einigen Jahren die Schulgeschichtsbücher für Brandenburg »bereinigt« werden – von dem Völkermord sollte keine Rede mehr sein; erst auf öffentlichen Druck hin wurde die Entscheidung zurückgenommen.

Gerade uns in Deutschland muss daran gelegen sein, dass das geschichtsklitternde Reinheitsgebot türkischer Politiker vom Schlage Abdullah Güls nicht unwidersprochen bleibt; dass die Beziehung zwischen Türken und Armeniern, aber auch zwischen den Türken und der übrigen Welt nicht länger auf einer Lüge aufgebaut ist. Deutsche und Türken haben eine lange gemeinsame Geschichte, und zu manchen Zeiten waren die Interessen der deutschen und türkischen Politik eng miteinander verwoben – vor allem die militärischen. Helmuth von Moltke, Mitglied des Generalstabs der Preußischen Armee, wurde 1836 Instrukteur der türkischen Streitkräfte. Deutsche Offiziere reorganisierten die türkische Armee Ende des 19. Jahrhunderts und blieben über Jahrzehnte deren Berater. Der deutsche Oberst Liman von Sanders stand 1915 an der Seite Atatürks im Kampf um die Dardanellen. Türken und Deutsche kämpften oft Seite an Seite, und gemeinsam gingen das deutsche Kaiserreich und das Osmanische Reich infolge des Ersten Weltkrieges unter. Von dem Völkermord an den Armeniern durch die Türken 1915 wusste die deutsche Heeresleitung, sie schwieg dazu aus Bündnisopportunitäten. So war es damals. Und heute?

2007 war zunächst in Istanbul, dann in anderen türkischen Städten unter dem Titel »Haymatloz« eine vom Goethe-Institut organisierte Ausstellung über das deutsche Exil in der Türkei zu sehen. Aus Interesse kaufte ich mir beide Kataloge, die deutsche wie die türkische Ausgabe, und stieß dabei auf erstaunliche Unterschiede.

Haymatloz

Atatürk profitierte, wie schon 1492 Sultan Bayezid II., bei seinem Programm der Erneuerung der Türkei vom Unglück der Juden. Die von der Inquisition aus Spanien vertriebenen sephardischen Juden, die im 15. Jahrhundert das Wissen von Al Andaluz ins fünfzig Jahre zuvor von den Osmanen eroberte Konstantinopel brachten, waren meist Gelehrte, Ärzte und Kaufleute. So kamen medizinische Kenntnisse, aufklärerische Ideen, der Buchdruck und die Feuerwaffen ins osmanische Reich.[74] Auch 1933, als Juden und Andersdenkende aus Nazideutschland vertrieben wurden, fanden viele in der Türkei Zuflucht. Das »Gesetz zur Wiederherstellung des Berufsbeamtentums« vom 7. April in Deutschland führte zur Entlassung von Wissenschaftlern und Künstlern aus rassischen und politischen Gründen und beförderte den Exodus vor allem der jüdischen Intelligenz und politischen Opposition.

Die türkische Regierung reagierte schnell. Am 6. Juli 1933 lud sie Vertreter der »Notgemeinschaft deutscher Wissenschaftler im Ausland«, die im März von Emigranten in Zürich gegründet worden war, nach Ankara ein. Man vereinbarte die Berufung von dreißig deutschen Professoren, die auf drei bis fünf Jahre befristete Arbeitsverträge erhielten. Mit ihnen wollte Atatürk das Fundament für die revolutionäre Erneuerung der Türkei legen. Am 31. Juli wurde die islamische Universität Dar-ül-Funun (Haus der Wissenschaften) geschlossen, 157 Hochschullehrer wurden entlassen. Einen Tag später öffnete die »Istanbul Universitesi« mit 27 türkischen und 38 ausländischen Ordinarien ihre Pforten.

200 deutsche Wissenschaftler wurden in die Türkei berufen, die meisten waren rassisch Verfolgte. Sie übernahmen in der Medizin, den Natur- und Rechtswissenschaften, in der Philosophie und Ökonomie die Ausbildung der türkischen Elite und gaben so der Gesellschaft die von Atatürk gewünschten europäischen Impulse. Insgesamt kamen von 1933 bis 1945 etwa eintausend Personen auf diesem Weg in die Türkei, darunter viele in der Weimarer Republik berühmte und anerkannte Persönlichkeiten, wie Ernst Reuter, der ehemalige Bürgermeister von Magdeburg, später Regierender Bürgermeister von Berlin, der das türkische Verkehrsministerium beriet; Margarete Schütte-Lihotzky, Erfinderin der Einbauküche, die in der Türkei die ersten Mädchenschulen und Frauenberufsschulen baute; der Architekt Bruno Taut, der zahlreiche Gebäude, u. a. den Hauptbau der Literaturfakultät in Ankara und den Katafalk zum Begräbnis von Atatürk, entwarf.

Der Tod von Atatürk 1938 markierte einen Wendepunkt in dieser glücklichen Beziehung. Danach geriet die Türkei seitens der deutschen Reichsregierung zunehmend unter Druck. Nazideutschland war der größte Handelspartner, über 40 Prozent des Im- und Exports wurden mit Deutschland abgewickelt. Auf Veranlassung der deutschen Regierung verlangte die Türkei ab 1938 »Ariernachweise« von den im Land ansässigen Reichsdeutschen. Neue Flüchtlinge wurden nicht mehr ins Land gelassen. Da lange Zeit nicht klar war, auf welcher Seite die Türkei in den Krieg eintreten würde, wuchs die Unsicherheit unter den Emigranten. Wer konnte, verließ das Land, meist in Richtung USA. Ende 1944 wurde die Lage ganz bitter: Wer nicht über einflussreiche Fürsprecher verfügte, wurde im anatolischen Hinterland interniert.

Berufsverbot

Nach dem Krieg stellten sage und schreibe zehn der eintausend Migranten einen Einbürgerungsantrag. Denn dabei kam ein Gesetz von 1937 zur Anwendung, das Ausländern fast jede qualifizierte Arbeit – als Ingenieur, Rechtsanwalt oder Arzt –, aber auch einfache Tätigkeiten, wie die eines Pförtners oder Kellners, und künstlerische Berufe als Schriftsteller, Fotograf oder Schauspieler verbot.[75] Diese waren und blieben türkischen Staatsbürgern vorbehalten. Damit hoffte man, die im Osmanischen Reich ungebildet gehaltene muslimische Bevölkerung vor dem Wettbewerb mit anderen, wie den Armeniern, Griechen, Juden oder ins Land geholten Ausländern, zu schützen. Gleichzeitig sollte das Türkentum gestärkt werden, denn nur wer sich, auch wenn er zu einer anderen Volksgruppe gehörte, als Türke bekannte, durfte die genannten Berufe ausüben. Erst im Rahmen der Verhandlungen über einen EU-Beitritt sollen diese Regelungen heute gelockert werden.

Nur 28 deutsche Wissenschaftler blieben nach 1945 in der Türkei. Das Land hatte kein Interesse mehr an den einst Umworbenen, ihre Aufgabe, eine neue Generation von türkischen Experten heranzubilden, wurde als erledigt betrachtet. »Alle, soweit sie noch kriechen können, möchten weg, keiner kann. Pässe haben wir keine, wie seit alters her«, schreibt der Migrant Friedrich Breusch 1947 aus Istanbul an Ernst Reuter in Berlin.

Frau »Ku« gibt es nicht

Die »Haymatloz«-Ausstellung, die 2007 in Istanbul und anderen türkischen Städten gezeigt wurde, informiere, teilte das Goethe-Institut mit, über »die Immigration deutscher Intellektueller in die Türkei und deren Beteiligung am Reformprozess der jungen Republik. Durch die Aufarbeitung des Themas in den vergangenen Jahren wurde ein bedeutendes Kapitel deutsch-türkischer Beziehungen erschlossen«.[76] Begleitend zur Ausstellung, die auf Aktivitäten und Materialien des Vereins »Aktives Museum«, des Goethe-Instituts und der Akademie der Künste in Berlin aus dem Jahr 2000 zurückgeht, erschien sowohl ein deutscher wie ein türkischer Katalog.[77]

Legt man die Bände nebeneinander, muss man allerdings – trotz ähnlicher Gestaltung – erhebliche Unterschiede feststellen. Die deutsche Ausgabe ist mit 235 Seiten mehr als dreimal so umfangreich wie die türkische mit 72 Seiten. In Letzterer fehlen alle 13 wissenschaftlichen Beiträge, zum Beispiel der Aufsatz über »Türkinnen und Türken im Holocaust« von Mirjam Schmidt, in dem das Desinteresse der türkischen Regierung an der Rettung der eigenen jüdischen Landsleute vor der nazistischen Verfolgung dokumentiert wird, ebenso der aufschlussreiche Aufsatz von Sabine Hillebrecht »Vertürken? – Die deutschen Emigranten zwischen heimisch werden und fremd bleiben«. Ferner fehlen von den 24 dokumentierten Lebenswegen in der türkischen Ausgabe und Ausstellung drei.[78] Neben dem Theatermann Alfred Braun hat es zwei Frauenporträts getroffen, darunter eine der interessantesten Frauen der Migrantenszene, die österreichische Kommunistin und Romanistin Rosemarie Heyd-Burkart. Der deutsche Katalog zeigt sie 1934 beim Skifahren im Badeanzug auf dem Ulu Dag, einem Berg in der Marmara-Region, und zitiert sie mit sehr direkten Aussagen: »Ein Bleiben in der Türkei kam für uns auf Dauer nicht in Betracht.« So viel weibliches wie politisches Selbstbewusstsein mag den Redakteuren der türkischen Ausgabe missfallen haben. Die nächste Streichung gilt dem Artikel über die Schuljahre von Silvia Rohde, in dem geschildert wird, wie die Kinder der deutschen Emigranten in Ankara von der Privatlehrerin Frau Kudret, von den Kindern »Ku« genannt, unterrichtet wurden. Wollte man verschweigen, dass die deutschen Migranten die türkischen Schulen mieden? Einmal aufmerksam geworden, stelle ich fest, dass Leyla Kudret (Frau »Ku«) auch aus den Lebensläufen ihrer Schüler Edzard Reuter und Gerhard und Wolfgang Ruben gestrichen wurde. Frau »Ku« gibt es in der türkischen Ausgabe nicht.

Gekürzt wurden auch, und zwar durchgängig, Aussagen und Dokumente, die sich kritisch mit dem Verhältnis der Intellektuellen zur Türkei auseinandersetzen. So fehlt bei dem Lebenslauf von Hans und Martha Bodlaender das Zitat: »1948: Entscheidung, die Türkei zu verlassen wegen Ausbildung der Söhne: Unsere Söhne waren Bürger 2. Klasse, da sie keine Moslems waren.« Und manchmal wird auch der Text »redigiert«, beispielsweise bei der Familie Ruben. Deutscher Katalog: »1935 im November Berufung und Übersiedlung der Familie in die Türkei aus politischen Gründen.« In der türkischen Ausgabe heißt es: »Rubens Familie bekommt eine Einladung in die Türkei zur Übersiedlung.«

Zu George Tabori, der sich 1941/42 in der Türkei als Korrespondent und Mitarbeiter des britischen Geheimdienstes aufhielt, fehlt der Hinweis auf seinen Roman »Das Opfer«. Ich suche in der Zeittafel »Deutschland und die Türkei« nach Informationen über den Untergang der »SS Struma«, von der Tabori in seinem Werk erzählt. Tatsächlich steht da: »1942 am 24. Februar Untergang des Schiffes *Struma* mit 769 visalosen jüdischen Flüchtlingen aus der Bukowina auf dem Weg nach Palästina.« Im deutschen Katalog ist erklärend hinzugefügt: »Landung oder Durchfahrt war ihnen von der Türkei verweigert worden.« Und in der türkischen Ausgabe? Fehlanzeige.

Hinter diesen vielen Puzzlesteinen an redaktionellen Eingriffen verbergen sich aber noch weitaus größere Manipulationen am Katalog. Diese betreffen zentrale Fragen, die auch in der heutigen Türkei noch ein Politikum sind: das Verhältnis der Türken zum

Holocaust und die Haltung zu den eigenen religiösen und ethnischen Minderheiten.

Der Autor des Prologs zur türkischen Ausgabe, Dr. Murat Katoglu, zu dem leider keine biografischen Angaben gemacht werden, behauptet, dass die Anwerbung deutscher Professoren nichts, aber auch gar nichts mit der Situation der Juden in Deutschland von 1933 zu tun hatte. Die deutschen Gelehrten seien nicht als Flüchtlinge vor Nazideutschland in die Türkei gekommen, sondern der Wille der türkischen Regierung, Wissenschaften und Universitätsausbildung auf internationalen Standard zu bringen, habe sie ins Land geholt. Dramatisierende Begriffe wie »Asylsuchender« oder »Immigrant« seien deshalb unangebracht und träfen auf diese Wissenschaftler gar nicht zu. Zunächst erscheint es unverständlich, warum Katoglu so auf diesem Argument insistiert, verständlicher wird es erst vor dem Hintergrund des Ausspruchs von Staatspräsident Inönü: »Die Türkei ist kein Asyl für Menschen, die anderswo unerwünscht sind«, sagte er 1942. Katoglu bedient sich dieser Linie der Argumentation – das enthebt ihn der Auseinandersetzung mit der Politik, die die türkische Regierung in den 1940er Jahren sowohl gegenüber den landeseigenen Juden wie auch gegenüber anderen jüdischen Flüchtlingen und Migranten betrieb.

Die Vorsitzende des Vereins »Aktives Museum«, Christine Fischer-Defoy, weist in ihrem Beitrag darauf hin, dass sich die Situation vor allem der deutschen Juden in der Türkei nach dem Tod Atatürks dramatisch verschlechterte. Kaum einer der Wissenschaftler blieb nach Ende des Weltkriegs länger als nötig. Auch dieser für das Verständnis eines Projekts, mit dem – ich zitiere noch einmal das Goethe-Institut – ein »bedeutendes Kapitel deutsch-türkischer Beziehungen erschlossen« werden soll, unersetzliche Beitrag wurde nicht ins Türkische übersetzt. Die auf deutscher Seite für die Ausstellung Verantwortlichen haben sich entweder dem politischen Druck der Türkei gebeugt oder, was genauso schlimm wäre, Selbstzensur betrieben.

Im deutschen Katalog werden unter der Überschrift »Religiöse Minderheiten im Osmanischen Reich und in der Türkei« auch der Völkermord an den Armeniern von 1915, die mangelnde Hilfsbereitschaft gegenüber türkischen Juden im Ausland, die Katastrophe der »SS Struma« und die Emigration der jüdischen Türken 1948 nach Israel dokumentiert.

Zur Eröffnung der Ausstellung im Januar 2000 wollte der türkische Botschafter in der Bundesrepublik, Turgay Ulucevic, eine Rede halten. Als er den Katalog in die Hände bekam, sagte er ab. Zur Begründung seiner Absage zitierte er folgende – für ihn nicht akzeptable – Aussagen aus dem Katalog: »1915: Mit Wissen der Obersten Deutschen Heeresleitung, der deutschen Regierung und insbesondere des deutschen Auswärtigen Amtes und mit aktiver deutscher Beteiligung wurden auf Befehl der regierenden Jungtürken bis 1917 durch Militär und paramilitärische Milizen 1,2 bis 2 Millionen Armenierinnen und Armenier deportiert und ermordet. Der Krieg, vor allem der mit Russland, diente zur Begründung der Deportationen und erleichterte den Völkermord. 1918, am 30. Oktober, endete für die Türkei mit dem Waffenstillstandsabkommen von Mudros der Weltkrieg, die Kriege im Inneren dauerten bis 1923 an. Am 8. Oktober trat die jungtürkische Regierung zurück. Am 4. November begannen in Istanbul – von armenischen und griechischen Parlamentariern initiiert – parlamentarische Debatten über den Genozid an den Armenier/innen und die Vertreibung osmanischer Staatsbürger griechischer Herkunft. Am 14. Dezember wurden auf Druck der britischen Besatzer Sonderkriegsgerichtshöfe zur Untersuchung des Genozids an den Armenier/inne/n gegründet. 1919: Am 10. April wurde das erste Todesurteil wegen Beteiligung am Völkermord vollstreckt. Demonstrationen gegen die Hinrichtung dauerten tagelang an.«

Diese historischen Tatsachen zitiert der Botschafter aus dem Katalog, um dann zu folgern: »Es ist mehr als bedauerlich, dass eine Ausstellung, der eine so positive Intention unterliegt, von einigen Kreisen für deren schlechte Absichten missbraucht werden kann. (…) Ich möchte noch einmal mein Bedauern darüber zum Ausdruck bringen, dass Ihre Vorwürfe gegen die Türkei Eingang sowohl in den Katalog der Ausstellung als auch in die Ausstellung selbst gefunden haben. Wegen dieser Verleumdung meines Landes werde ich, entgegen meiner obigen Zusage, nicht zu der Ausstellungseröffnung erscheinen.«[79]

Geschichtsklitterung

Wir kennen diese Haltung der türkischen Regierung und der türkischen Öffentlichkeit bis heute. Sie hat letztlich zu dem Mord an dem armenischen Journalisten Hrant Dink geführt und die Anklagen nach § 301 gegen den Schriftsteller Orhan Pamuk und etliche andere begründet. Aber wenn sich eine bundesdeutsche Institution wie das Goethe-Institut die Tabuisierung des Völkermordes an den Armeniern und der Vertreibung der Griechen aus der Türkei gleichsam zu eigen macht und entweder selbst veranlasst oder aber zulässt, dass aus der türkischen Fassung der Ausstellung und des Katalogs Aussagen dazu entfernt werden, dann ist das ein Missbrauch ihres kulturpolitischen Auftrags, der eindeutig gegen die Erklärungen des Deutschen Bundestages verstößt, der in seiner Armenienerklärung feststellt: »Er ist aber fest davon überzeugt, dass eine ehrliche Aufarbeitung der Geschichte notwendig ist und die wichtigste Grundlage für Versöhnung darstellt.«[80] Und es ist ein Verrat an allen, die sich in der Türkei mutig dieser Leugnung des Genozids entgegenstellen.

In der türkischen Ausgabe des »Haymatloz«-Katalogs wird eine zensierte und damit falsche Darstellung des Exils in der Türkei präsentiert. Eine deutsche Institution darf die historische Wahrheit nicht aus Gründen politischer Opportunität verschweigen – im Gegenteil: Sie hat ihre Spielräume zu nutzen, um der türkischen Öffentlichkeit bei der Aufklärung zu helfen. Die Türkei stellt sich gern als Teil Europas dar. Aber dass Selbstkritik und Wahrhaftigkeit zu den europäischen Werten der Aufklärung gehören, wird nicht anerkannt.

Edzard Reuter, in Ankara aufgewachsener Sohn Ernst Reuters, fand milde Worte für die Ausstellung: Sie beweise, schrieb er für die türkische Ausgabe, »wie eng und nah unsere beiden Kulturen und Traditionen sich sind. Wir haben die gleiche Grundlage, und sie ist bis heute lebendig.«[81] Vergleicht man die Kataloge, hat der ehemalige Daimler-Benz-Vorstand wohl nicht so genau hingesehen. Frau »Ku« hätte ihrem Schüler Edzard solche Liederlichkeit vermutlich nicht durchgehen lassen.

5

Der lange Weg nach Europa

Ursprünglich war Anatolien eine von Armeniern, Juden, Griechen und vielen anderen Völkern besiedelte Kulturlandschaft, in der Handwerk und Künste der Menschheit ein großes Erbe hinterlassen haben. Als die turkmenischen Stämme im 10. Jahrhundert große Teile Anatoliens eroberten und später die Jahrhunderte während Herrschaft des Osmanischen Reiches begründeten, zählte die »Urbevölkerung«, die hier seit Jahrtausenden gelebt hatte, nicht mehr. Als »Ungläubige« unterlagen sie zahlreichen Diskriminierungen, unter den Jungtürken und Atatürk wurden sie endgültig vertrieben, aus Anatolien wurde die Türkei. Das Land wurde seiner produktiven Schicht beraubt – die Folgen sind bis heute spürbar.

Das Wirtschaftssystem der Osmanen beruhte auf Raub und Ausbeutung; am Aufbau einer Infrastruktur, an der Emanzipation, der Bildung und Ausbildung ihrer muslimischen Untertanen waren sie nicht interessiert. Für sie war Anatolien Durchgangsstation auf ihrem Weg weiter nach Norden und Westen, wo reichere Beute winkte. Als Europa dem im 19. Jahrhundert widerstand, brach das 500 Jahre während Osmanische Reich in sich zusammen.

Was haben die Osmanen den Türken in 500 Jahren Herrschaft hinterlassen? Ein schweres Erbe, das die wirtschaftliche und gesellschaftliche Entwicklung des Landes lähmt und den Gang nach Europa, die Integration in die Europäische Union erschwert.

Vielleicht haben Muslime ja einfach nur die ausbeuterische Klassengesellschaft schon überwunden. Zumindest die Männer: Wenn man sie tagsüber in den Teehäusern sitzen oder auf ihren *sedirs,*

Matratzen, liegen sieht, wie sie *sisa*, Wasserpfeife, rauchen, dann könnten sie »Vorschein«, nach dem von Ernst Bloch geprägten Begriff, einer von Arbeit befreiten klassenlosen Gesellschaft sein, in der endlich das »Recht auf Faulheit« (Paul Lafargue), »die Nichtarbeit als ›Freiheit und Glück‹« (Karl Marx) gilt. Man darf nur nicht auf die Felder oder in die Häuser schauen, denn dann trübt sich dieser Traum der sozialistischen Väter doch ganz prosaisch ein: Dort schuften nämlich die Frauen.

Die amerikanische Anthropologin Carol Delaney hat in den 1980er Jahren zwei Jahre lang das Leben in einem zentralanatolischen Dorf studiert. Ihr Ergebnis: Die männlichen Dorfbewohner erachten nur das Zeugen von Söhnen als sinnstiftende Tätigkeit, Arbeit hingegen als »Vorahnung der Hölle«: »Die Dorfbewohner müssen arbeiten, sie mögen es jedoch nicht; auf Arbeit in jeder Form wird abschätzig herabgesehen. Sie gilt nicht als Möglichkeit, etwas über das Leben zu lernen, oder als Bestätigung des Selbst. Der Sinn des Lebens wird nicht mit Begriffen für Arbeit erfasst. Zu sitzen gilt vielmehr als mustergültige menschliche Tätigkeit.«[82] Sitzen heißt auf Türkisch *oturmak*, und damit ist sowohl »sitzen, genießen«, wie auch »leben, wohnen« gemeint. Dieses Sitzen, Karten- oder Dominospielen – auf jeden Fall Nichtarbeit – scheint der Fixpunkt allen Strebens, das Ziel des Lebens zu sein.[83]

Ja, ich weiß: Selbstverständlich, wer wollte das bestreiten, gibt es jede Menge fleißiger, hart arbeitender Männer unter den Muslimen. So wie es auch in anderen Kulturen jede Menge Paschas gibt, die sich – sei es als Spekulanten oder als Schmarotzer – nur die Ergebnisse der Arbeit anderer aneignen. Es geht mir bei dieser Beschreibung um die bestimmenden Paradigmen, die »Ethik«, das sittliche Verständnis, die Tradition, die jede Gesellschaft reproduziert, die sie aber auch infrage stellen und verändern kann.

Das Ideal der Nichtarbeit hat sein großes Vorbild in dem auf dem Harems-Diwan liegenden Pascha, ein Bild, das nicht mit dem Osmanischen Reich untergegangen ist, sondern in den Dörfern, den Hochhäusern der Vorstädte und selbst in der Migration fröhliche Urständ feiert – besonders dort, wo sich die Strukturen von Großfamilien erhalten haben. Alles ist darauf gerichtet, die Familie durch Verheiratung und Kindersegen so zu vergrößern, dass dem Haushaltsvorstand, dem männlichen Oberhaupt, irgendwann von seinen Schwiegertöchtern, Söhnen und Enkeln alle Tätigkeiten abgenommen werden.

Die solidarische Zwangsgemeinschaft

Viele türkische Familien, sowohl in der Migration wie in der Türkei, sind »gemeinwirtschaftlich« organisiert. Ihre Mitglieder wohnen in einem Haus oder nahe beieinander und wirtschaften gemeinsam. Das Familienoberhaupt, meist der Älteste, eignet sich alle Löhne an und verteilt sie nach Gutdünken. Er entscheidet darüber, ob der Sohn ein Auto bekommt oder die Tochter zur Schule geht, kurz, über alle finanziellen Angelegenheiten. Das hört sich solidarisch an, weil die »Gemeinschaft« für alle, auch für die Großeltern und die Enkel, aufkommt; der Einzelne allerdings bleibt in diesem System der Bevormundung mit seinen eigenen Lebensplänen auf der Strecke.

Turgay, ein junger Mann aus Ankara, erzählte mir, wie er nach seinem Elektronikstudium eine Anstellung in einer Fabrik gefunden hatte und relativ gut verdiente. Er wohnte zu Hause und gab von seinem Gehalt den größten Teil in die Familienkasse. Den Rest sparte er, um sich seinen größten Wunsch zu erfüllen: eine Reise ins Ausland. Als er das Geld beisammenhatte, wurde aber von seinen Eltern beschlossen, dass sein Abi, sein älterer Bruder, heiraten sollte. Zur Hochzeit und der neuen Wohnungseinrichtung des Bräutigams mussten alle Familienmitglieder ihren Beitrag leisten. Aus Turgays geplanter Reise wurde eine Einbauküche für die Braut des Bruders. Turgay wird sich wohl auch weiterhin die fernen Orte seiner Träume nur im Fernsehen ansehen können, denn wie der Ingenieur sarkastisch bemerkte: »Ich spare nicht mehr, sondern gebe jetzt alles aus. Ich habe nämlich noch zwei Schwestern.«

»Der Mensch macht, um zu sein«

Die türkische Wirtschaft hat nicht nur ein technisches und organisatorisches Modernitätsdefizit, sondern sie hat auch mit vormodernen Arbeitsauffassungen zu kämpfen. Weil man den Menschen in erster Linie als Sozialwesen sieht, das der Gemeinschaft zu dienen hat, ist es schwer, Individuen hervorzubringen, die nach Max Weber den Beruf als Verpflichtung sehen – für den Soziologen die ethische Voraussetzung für die Entwicklung einer modernen Gesellschaft.[84] In einer solchen Gesellschaft muss den Arbeitenden fremd vorkommen, was die französische Philosophin Simone de Beauvoir über das »Tun« schrieb – dass es selbst Teil von Freiheit und Glück sein kann: »Das menschliche Sein existiert in der Gestalt von Entwürfen, die nicht Entwürfe auf den Tod hin sind, sondern Entwürfe auf bestimmte Ziele hin. Der Mensch jagt, er fischt, er schafft sich Instrumente, er schreibt Bücher; die sind keine Zerstreuungen, keine Flucht, sondern Bewegung auf das Sein: Der Mensch macht, um zu sein.«[85] Es fehlt auch der Stolz auf das »Handwerk«, das der amerikanische Soziologe Richard Sennett als gekonntes Zusammenspiel von Kopf und Hand beschrieben hat, in dem »sein Handwerk verstehen« bedeutet, eine Arbeit um ihrer selbst willen gut zu machen. »Der Stolz auf die eigene Arbeit«, schreibt er, »bildet den Kern handwerklichen Könnens und Tuns, da er den Lohn für sein Geschick und sein Engagement bildet.«[86]

Die Tradition des Handwerks aber war in der Geschichte Anatoliens immer bei denen aufgehoben, die in der Zeit der osmanischen Herrschaft als Ungläubige diskriminiert und später von den Jungtürken vertrieben oder vernichtet wurden.

Das schwere Erbe der Osmanen

Bis ins 19. Jahrhundert hinein beherrschten die osmanischen Sultane fast 90 Prozent des bebaubaren Bodens Anatoliens. Die an Eroberungen interessierten Gotteskrieger verstanden sich auf Feldzüge und Handel, nicht aber auf Landwirtschaft und Handwerk. Nicht der Besitz an Land war ihnen wichtig, sondern nur die dingliche und menschliche Beute, die daraus zu gewinnen war. Ihr Reichtum entstand aus Aneignung, nicht aus Arbeit. Was sie auf ihren »Razzien« erbeuteten, wurde unter den Gläubigen verteilt. Die eroberten Gebiete gingen in den Besitz der muslimischen Umma über, der Gemeinschaft der Gläubigen, und wurden unter die Steuerverwaltung von Gouverneuren gestellt.

Begünstigte Soldaten, *sipahis*, erhielten, wenn sie lange erfolgreich gedient hatten, statt eines Solds ein *timar*, ein Lehen. Eine solche Pfründe brachte ein auskömmliches Einkommen von drei- bis zwanzigtausend *akces*, der im Osmanischen Reich üblichen Silberwährung. Dafür musste der *sipahi* Wehrdienst in der Armee des Sultans leisten. Offiziere bekamen größere Pfründen, *zeamets*, und privilegierte Beamte, wie Wesire, erhielten ein Vielfaches dessen, was ein *timar* einbrachte. Für dieses Privileg musste dann pro 5000 *akces* Einkommen ein Soldat gestellt werden. Verwaltungstechnisch war dies höchst effizient, hatte man so doch immer genügend Soldaten und musste nur den Überschuss verwalten – solange es etwas zu verteilen gab.

Die Lehen wurden aus Konstantinopel per *ferman*, Schreiben

des Padischahs, gewährt und konnten ebenso wieder entzogen werden, erblich waren sie nicht. Und wenn die Kasse des Padischahs leer war, wurden Pfründen und Ämter an die Meistbietenden verkauft. »Der Verkauf der Ämter bleibt die große Hauptquelle der Staatseinnahme«, schreibt Helmuth von Moltke. »Der Kandidat borgt den Kaufschilling bei einem armenischen Handelshause, und die Regierung überlässt diesen Generalpächtern, ihre Provinzen zu explorieren, wie sie wollen (…) Dabei haben sie jedoch einen mehr bietenden Bewerber zu fürchten, der ihnen nicht Zeit lässt, reich zu werden, andererseits den Fiskus, wenn sie reich geworden sind.«[87]

Langfristig wirkte sich dieses System extrem hemmend auf die Entwicklung des Landes aus. Der *timariot*, der sein Land wiederum an Bauern verpachtete, hatte kein Interesse an dem, was angebaut wurde, sondern nur daran, wie viel Profit er daraus ziehen konnte. Korn war am besten zu vermarkten, war es doch im Gegensatz zu Gemüse transportabel und lagerfähig. Aber da die Lehnsherren nicht wussten, ob sie langfristig das Lehen behalten konnten, investierten sie nicht in die Entwicklung der Höfe, Mühlen oder Speicher. Vererben durften sie ohnehin nur Bares und hatten dementsprechend auch kein Interesse am Aufbau einer nachhaltigen Infrastruktur. So war in Anatolien selbst das Brot kein Grundnahrungsmittel, denn dafür brauchte man Mühlen. Man schrotete den Weizen lieber zu Bulgur. Die Bauern mussten ihre Ernte an zentralen Abgabestellen, den *kapan eminleri*, abliefern. Der Kaufpreis für das Korn wurde zentral bestimmt, und wenn die Bauern mit dem Erlös nicht über den Winter kamen, sank die Produktion dramatisch. Anfang des 19. Jahrhunderts, nachdem die zunehmend rebellischer werdende Janitscharenarmee, die Elitetruppe des Sultans, nach einem blutig niedergeschlagenen Aufstand vom Sultan aufgelöst wurde, hatte das auch Folgen für die *timars*. Ohne den Druck der *sipahis* wollte niemand mehr das Land beackern und Getreide anbauen. So musste die Regierung Korn in der Ukraine kaufen, während vor den Toren Istanbuls fruchtbares Ackerland unbestellt blieb.

Das *timar*-System funktionierte nur so lange, wie das Reich expandierte und die Feldzüge regelmäßig Land und Beute einbrachten, die verteilt werden konnten. Es scheiterte letztlich daran, dass es keine besitzende Schicht entstehen ließ, die ein Interesse an der Zukunft ihres Besitzes hatte und bereit gewesen wäre, sich auf neue veränderte Bedingungen einzustellen.

Reichtum bemaß sich im Selbstverständnis dieser Gesellschaft nicht am Besitz an Grund und Boden oder eines Hauses, sondern reich war, wer Bares besaß. »In der Türkei ist die Münze das Gut selbst«, schrieb Moltke vor mehr als 150 Jahren. »Der Rajah [Untertan] wird lieber ein Geschmeide für 100.000 Piaster kaufen, als eine Fabrik, eine Mühle oder ein Vorwerk anlegen. Nirgends gibt es mehr Vorliebe für Schmuck als hier, und die Juwelen, welche in reichen Familien selbst Kinder von wenigen Jahren tragen, sind ein glänzender Beweis für die Armut des Landes.«[88]

Diese Beziehung zum Schmuck und zum Gold hat sich bis heute erhalten. Gold wird zur Geburt, zur Beschneidung, zur Hochzeit verschenkt. Gold ist die Währung, mit der die Braut gekauft wird. Den *gelin*, den Bräuten, werden von den Gästen Armreife, Colliers, Diademe oder Medaillen angesteckt. Gold ist das Gut mit der höchsten Reputation, die Währung mit der höchsten Wertschätzung. Es gibt keinen Ort in der Türkei, an dem man nicht Gold kaufen könnte – die breiteste Straße im Großen Basar von Istanbul, die Kapakcilar Caddesi, ist die Straße der Gold- und Juwelenhändler.

Der Mangel an Investitionen führte schließlich zur Krise am Bosporus. Ohne eine entsprechende Infrastruktur musste die ständige Zunahme an erobertem Land und an Soldaten die Organisationskapazitäten des Hauses Osman überfordern, vor allem, da nicht in die Produktion von Nahrungsmitteln investiert wurde. Das System der feudalen Ausbeutung und das Beharren auf einer starren Gehorsamskultur verhinderten jeden technischen Fortschritt. Entscheidende Schritte der Modernisierung und Industrialisierung, die das übrige Europa in dieser Zeit tat, wurden im Osmanischen Reich nicht gemacht. Im 19. Jahrhundert geriet es in Folge kostspieliger Kriege in eine immense Verschuldung bis hin zum Staatsbankrott im Jahr 1875.

Atatürks staatlicher Dirigismus

Der »Etatismus«, einer der unter Atatürk errichteten »Pfeiler des Kemalismus«, bedeutete, dass der Staat überall dort unternehmerisch tätig wurde, wo privatwirtschaftliches Engagement fehlte. Das schien geboten, weil die türkische Wirtschaft weder über die nötige Infrastruktur noch über das nötige Kapital noch über eine ausgebildete Unternehmerschaft verfügte, die die Versorgung des Landes mit den nötigsten Dingen hätte sicherstellen können. Zum Ende des Osmanischen Reiches musste nicht nur Getreide aus der Ukraine, sondern auch der Filz für die Fese, die traditionelle Kopfbedeckung der Osmanen, aus dem Ausland eingeführt werden. Die sogenannten »Kapitulationen« – Zoll- und Handelsprivilegien, die der Sultan europäischen Staaten eingeräumt hatte, damit günstig Waren importiert werden konnten – richteten auch die noch vorhandenen türkischen Manufakturen und Kleinindustrien zugrunde, die dem Preisdruck der westlichen Industrieprodukte nicht gewachsen waren. Atatürk schaffte die Kapitulationen ab, aber Landwirtschaft und andere Industrieproduktionen wollten geplant sein.

Atatürk war ein Militär, der in Kategorien von Unabhängigkeit, Nachschub und Versorgung dachte. Für ihn zählten die Nation, die Einheit des Landes und die Armee; alle kämpften an einer Front, und es mussten Siege erzielt werden. In seinen Äußerungen zu Wirtschaftsfragen klingt ein Begriff wie »Ökonomie« eher wie »Artillerie«, »Industrie« wie »Infanterie«. Das freie Spiel der Kräfte, die Dynamik von Märkten, der auszutarierende Wechsel von Angebot und Nachfrage – das alles war nicht seine Welt, auch wenn er sich als Militärstratege durchaus mit unübersichtlichen Frontverläufen auskannte.

Am sichersten erschien es ihm, die wichtigsten Bereiche unter staatlicher Aufsicht mit staatlichen Bediensteten zu führen und gleichzeitig die Märkte zu regulieren. So wurden – wie im Osmanischen Reich – Ankaufspreise für Rohstoffe ebenso wie die Preise von Grundnahrungsmitteln wie Brot oder Zucker staatlich festgelegt, wenn nötig subventioniert. Das vorrangige Ziel war Importsubstitution, das heißt Produkte herzustellen, die die Türkei unabhängig von Einfuhren machten und die Bevölkerung mit dem Nötigsten versorgten. Es war eine Art Kriegswirtschaft, wie sie auch in der Sowjetunion, zuerst aus Not, dann aus Prinzip, praktiziert wurde.

Der staatliche Dirigismus hatte Folgen, mit denen die türkische Wirtschaft bis heute zu kämpfen hat. Die Subventionen führten zu einer enormen Staatsverschuldung und Hyperinflation, die das Land mehrfach, zuletzt im Jahr 2000, an den Rand des Staatsbankrotts führten. Die Staatsbetriebe waren meist ineffektiv, beschäftigten eine unverhältnismäßig große Zahl an Arbeitern und produzierten auf Dauer an den Bedürfnissen der Menschen vorbei. Die private Konkurrenz war zwar besser und flexibler, konnte sich aber aufgrund mangelnder Kaufkraft der Menschen nur schwer entfalten.

Außerdem führte der Dirigismus zum Erstarken einer kemalistischen Elite, die sowohl die staatlichen Unternehmen und Banken wie auch Behörden und Universitäten leitete. Sie war, Seite an Seite mit dem Militär und dem Justizapparat, der wahre Gewinner der Republik und bildete so eine Art kemalistisches Bürgertum, das den Geist der Republik prägte. Dass ein Großteil der Bevölkerung – vor allem die vielen, die weder in Ankara noch in Istanbul lebten – von den Segnungen des Kemalismus ausgeschlossen waren, fiel jahrzehntelang nicht auf und interessierte auch niemanden. Aber bereits in den 1950er Jahren wurde deutlich, dass der »Etatismus« das Land auf die Dauer nicht modernisieren konnte.

Taqlid – der Fluch der Imitation

Wie ein roter Faden zieht sich ein Begriff durch die osmanisch-türkische Geschichte, der eigentlich aus dem islamischen Recht stammt: das Prinzip des *taqlid*, der Imitation oder Nachahmung, des Akzeptierens der Worte einer Person ohne jede Prüfung. In der Scharia ist damit gemeint, dass die Regeln der jeweiligen Rechtsschule befolgt werden müssen. Praktische Konsequenz hat das zunächst für den Umgang mit dem Koran. In den Koranschulen wird den Schülern nicht ein *Verständnis* ihres Glaubens nähergebracht, sondern der Koran wird »gelesen« oder rezitiert, das heißt das heilige – auf Arabisch verfasste – Buch wird auswendig gelernt, das gilt auch für die daraus resultierenden Lebensregeln.

Auch das türkische Schulsystem gehorcht dem *taqlid*-Prinzip. Für jedes Fach und jedes Schuljahr gibt es landesweit nur *ein* Schulbuch. Wer dessen Inhalt memoriert, wird jede Prüfung bestehen. In den Schulstunden werden die einzelnen Kapitel erläutert und abgefragt. Und weil staatliche Schulen nicht einmal mehr das gewährleisten, sprießen überall *dershanes*, private Nachhilfeschulen, aus dem Boden, in denen der Stoff abends noch einmal wiederholt wird. Oft verdienen sich die Lehrer der staatlichen Schulen damit ein Zubrot.

Eine Ausbildung zum Handwerker wie in Deutschland gibt es nicht. Man geht als »Lehrling« zu einem Meister und arbeitet mit ihm einige Jahre, bis man seine Fähigkeiten nachahmen kann. Eine Ausbildung kann man nur auf der Universität erwerben. Selbst die Universitäten sind meist keine Orte der Forschung und Lehre, sondern akademische Durchlauferhitzer. Auch hier heißt »lernen«: auswendig lernen. Die Zahlenrelationen zwischen Lehrenden und Lernenden spiegeln die geringe Bedeutung wider, die man der Lehre, die mehr ein »Vorbeten« ist, beimisst: In der Türkei schließen im Jahr etwa gleich viele Studenten ihr Studium ab wie in Deutschland – 2005 waren es 224.000, an deutschen Hochschulen 252.000. Etwa 1,6 Millionen Studenten sind an 53 staatlichen und 23 privaten Hochschulen in der Türkei eingeschrieben,[89] in Deutschland gibt es, neben etwa 1,5 Millionen Jugendlichen in der Berufsausbildung, über 1,9 Millionen Studenten in 391 universitären Bildungsstätten. In Deutschland werden die Studierenden von 500.000 akademischen Mitarbeitern und Universitätsangestellten betreut, in der Türkei gelten 80.000 als »akademisches Personal«, das entspricht einem Verhältnis in Deutschland von etwa 1 zu 4, in der Türkei von 1 zu 20. Wer nicht in einen kritischen Dialog mit seinen Schülern eintritt, kann im Unterricht oder Studium Massenabfertigung betreiben.

Der Zweifel, das Infragestellen von Autoritäten und Gewissheiten, wird so nicht gelernt, und das hat Folgen: Ganz praktisch bedeutet es, dass weder aus der Türkei noch aus den arabischen Ländern in den letzten Jahrhunderten irgendwelche technischen oder sonstigen Innovationen auf den Markt gekommen sind, dass es in hundert Jahren nur einen muslimischen Nobelpreisträger der Naturwissenschaften gegeben hat – und der forschte in den USA. Schon das Osmanische Reich musste alle technischen Neuerungen – von den Feuerwaffen über den Buchdruck bis hin zu Werkzeugmaschinen – einführen. Das geschah durch den »Import« ausländischer Wissenschaftler, Handwerker und Fachleute. Angefangen von den sephardischen Juden, die gut ausgebildet, kenntnisreich und hoch motiviert aus Andalusien kommend dem Reich im 15. Jahrhundert einen Entwicklungsschub gaben, bis hin zu den vor den Nazis geflüchteten deutschen Wissenschaftlern, die nach 1933 an türkischen Universitäten lehrten.

Mangelnde Innovationen waren mitschuldig an der für lange Zeit schwachen Außenhandelsbilanz der Türkei. Auch hier regiert *taqlid*: Ein großer Teil der türkischen Textilindustrie ist mit der Produktion von Plagiaten befasst. Auf jedem Basar werden Taschen, Jacken, Jeans von Prada, Gucci oder Versace zu unglaublich niedrigen Preisen verkauft. Ich war in Istanbul in kleinen Studios und großen Nähereien, wo die Angestellten die allerneuesten Modelle aus Paris kopieren. Die Schneider und Schnittmeister dort sind wahre Imitationskünstler, die ihr Geschick darauf verwenden, aus Zeitschriftenfotos und Katalogen Schnittmuster abzuleiten, um die neuesten Kreationen zu kopieren.

Das Kopieren ist im gesamten asiatischen Raum ein Verfahren, das allgemein akzeptiert ist und von keinerlei Skrupel begleitet wird. Auch in der klassischen chinesischen Malerei gilt derjenige als Meister, der die perfekteste Kopie erstellt. Es geht mir hier nicht um den rechtlichen oder moralischen Aspekt, sondern um die mentale Wirkung, die die Nachahmung auf Dauer verursacht. Sennett spricht davon, dass Handwerk eine Entwicklung, eine Reifung bedeutet, in der die Arbeit im Sinne des Wortes körperlich und geistig »begriffen« werden kann. Nachahmung verweigert dies, weil das Ergebnis vorgegeben ist und nur die Abweichung bemerkt wird. Man kann immer nur so gut »wie« jemand anders werden.

Anatolischer Tiger

Dass es auch anders geht, zeigen einige Beispiele aus der Region Kayseri, die von der ESI, der European Stability Initiative, einem gemeinnützigen Beratungs- und Forschungsinstitut, untersucht worden sind.[90] In dem Aufschwung, den diese zentralanatolische Region erlebte, machten die Experten einen »neuen Geist« aus, einen »islamischen Calvinismus«, in dem sich Arbeit und Leistung, Islam und Moderne ganz neu verbinden. Einige der Unternehmer Kayseris berufen sich dabei ausdrücklich auf Prinzipien, wie Max Weber sie in »Die protestantische Ethik und der Geist des Kapitalismus« beschrieben hat, zum Beispiel Celal Hasnalcaci, Besitzer eines Textilunternehmens und Sprecher des Unternehmensverbandes: »Der Aufstieg der anatolischen Kapitalisten liegt in ihrer protestantischen Arbeitsethik begründet. Keine persönliche Verschwendung, keine Spekulation, Wiederinvestition von Gewinnen.«[91] Die anatolischen Muslime besannen sich darauf, dass ihr Prophet Mohammed selbst ein Händler war, und argumentieren, »das Streben nach Profit im Dienste der islamischen Gemeinde« komme einem »Gebet«, der Verzicht auf Konsumption dem »Fasten in religiöser Hinsicht« gleich.[92] Said Nursi (1876–1960), der Vordenker der Nurculuk, der konspirativ arbeitenden Lichtbewegung, war es, der die Muslime drängte, sich westliche Wissenschaft und Technik anzueignen, um der Sache des Islam zu dienen. Und so entstand hier eine höchst erfolgreiche Verbindung. Fethullah Gülen, der einflussreiche Prediger und Begründer der »Nurculuk«-Bewegung, verkündet: »Für Ausdauer und Geduld werden wir mit Erfolg belohnt.«[93]

Kayseri liegt genau in der Mitte der Türkei. Nach Osten bis Hakkari, nach Westen bis Edirne sind es jeweils 900 Kilometer, und der Erciyes, der »Hausberg« der Provinz, ist mit 3917 Metern der fünfthöchste Berg des Landes. Als die Römer die Stadt gründeten, hieß sie Caesaria, auch der heilige Gregor, der Gründer der armenischen Kirche, lebte hier, und unter den Seldschuken gab es im 12. Jahrhundert sogar eines der ersten – heute noch erhaltenen – psychiatrischen Krankenhäuser, wo man Musiktherapien zur Heilung einsetzte und eine medizinische Hochschule betrieb. Heute ist die Stadt eine erzkonservative islamische Stadt, die AKP gewinnt hier jede Wahl und gibt höchstens einige Stimmen an die nationalistische MHP ab. Der derzeitige Präsident der Republik, Abdullah Gül, kommt aus Kayseri und ging dort zur Schule. Hinter den dicken Mauern der Zitadelle, die im Zentrum thront, ist alles vereint, was diese Stadt ausmacht: eine Kaserne, eine Moschee, eine Karawanserei und der Basar. Abdullah Gül sagt über die Menschen von Kayseri: »Sie gehen in die Moschee, sie führen ein frommes Leben, aber sie sind gleichzeitig in der Wirtschaft sehr aktiv – das ist Modernität für mich.«

Kayseri war schon immer eine vom armenischen Kaufmannsgeist geprägte Stadt, und dieser merkantile Geist blieb auch erhalten, als die Tscherkessen die Positionen einnahmen, aus denen die Armenier vertrieben worden waren. Ich kenne die Stadt gut, weil meine tscherkessische Familie sich zunächst in der Provinz Kayseri ansiedelte und viele aus anderen Zweigen meiner Verwandtschaft inzwischen in der Stadt wohnen, Unternehmen betreiben und zum konservativen Establishment gehören. Auch schon vor dem Aufschwung galt ein »Kayserianer« in der Türkei als geschäftstüchtig. »Der traditionelle Bewohner von Kayseri verbringt sein Leben mit der Berechnung von Käufen und Verkäufen, seiner Schulden und Kredite, seines Einkommens, seiner Ausgaben. Er kennt seinen Kontostand …«, hat der islamistische ehemalige Bürgermeister Sükrü Karatepe einmal gesagt. Die Menschen dort haben ein ähnliches Image wie bei uns die »fleißigen

Schwaben«, auch wenn ihre Geschäftstüchtigkeit gelegentlich als Bauernschläue verspottet wird.

Vom Markt lernen

Worin besteht nun die Modernität, dieser neue erfolgreiche merkantile Geist? Die von ESI untersuchten Branchen sind die Zucker-, die Möbel- und die Textilproduktion.

Tuche produzierte man in Kayseri seit 1935 in einer Baumwollspinnerei, die von der Sowjetunion finanziert und ausgerüstet wurde. Betrieben wurde die Fabrik von der staatlichen Sümerbank. Das Unternehmen stellte »amerikanisches Tuch« her und übte ein Verkaufsmonopol für alle Textilprodukte in der Türkei aus, zu vom Staat festgelegten Preisen. Nach dem Zweiten Weltkrieg sahen Kaufleute aus Kayseri ihre Chance gekommen, der Firma Konkurrenz zu machen, denn der Käufermarkt wurde durch die rasch wachsende Bevölkerung immer größer. Erfolg stellte sich aber erst ein, als sich Mitte der 1980er Jahre die Regierung Özal entschloss, den türkischen Markt für internationale Joint Ventures zu öffnen. Die private Textilfabrik aus Kayseri fand in Levi's, einem der weltgrößten Jeansproduzenten, einen Partner, engagierte junge, im Ausland ausgebildete Ingenieure und orientierte ihre Produktion an den internationalen Märkten. Inzwischen ist es nicht nur dieser einen Firma, sondern auch anderen Unternehmen gelungen, eigene Produkte, eigene Kreationen international zu vermarkten, wie die Jeansmarke Mavi oder das Herrenmode-Label Vacco.

Ähnlich erfolgreich verlief die Deregulierung in der Zuckerindustrie. 1935 als staatliches Monopol gestartet und jahrzehntelang zentral geführt, konnten die Fabriken mit festen Abnahme- und Abgabepreisen und sicheren Profiten rechnen. Ineffektive Raffinerien wurden aus beschäftigungspolitischen Gründen gehalten; das ganze System überlebte nur durch Subventionen. Auch hier änderte sich die Lage erst im Jahr 2000, als im Zuge einer Landwirtschaftsreform private Fabriken entstanden und Genossenschaften sich auf einem freien Markt bewegen konnten. 2001 wurde der Zuckerpreis freigegeben.

Das dritte Beispiel der Erfolgsgeschichte Kayseris ist der Aufstieg der Möbelindustrie. Er ist ohne die massenhafte Binnenmigration der Türkei, ohne den Zug vom Land in die Stadt, nicht zu verstehen. In den Dörfern braucht man kaum Möbel. Die Einrichtung eines Dorfhauses besteht aus einem *sedir*, einem Podest, auf dem Matratzen, Kelims und Kissen liegen, man isst auf dem Boden von einem *sofra*, einem großen runden Tisch, man schläft auf Matratzen, die tagsüber zusammengerollt werden, und verstaut die Bekleidung in Körben, die man unter das Podest schiebt. In den Etagenwohnungen der Städte sind aber Betten, Schränke, Sofas, Tische und Stühle nötig, allein schon aus Platzgründen.

Als ich in Istanbul eine kurdische Familie in einem *gecekondu* besuchte, bestand die ganze Wohnung wie im Dorf aus einer kleinen Küche und einem großen, mit Kelim-Kissen und Teppich ausgelegten Raum, in dem gegessen, gespielt und geschlafen wurde. Dort waren noch keine Möbel angekommen. Auch meine Eltern, die 1946 vom ländlichen Pinarbashe ins städtische Istanbul zogen, lebten dort in ihrer Einzimmerwohnung zunächst, wie sie es vom Dorf her kannten, mit Strohmatratzen und Kelims. Erst Ende der 1950er Jahre schafften sie sich eine Sitzgarnitur, einen Glastisch, Büfett und Kleiderschrank an. Aber daneben hatten wir in unserem kleinen Haus in Kadiköy ein türkisches Zimmer mit Teppich, Ofen und Diwan. Dort schliefen wir. In der »guten Stube«, dem Salon, standen die italienischen Möbel, die für uns Kinder im Alltag tabu waren.

Kayseri ist eigentlich kein besonders günstiger Standort für die

Möbelproduktion. Das Holz muss von weit hergeholt werden, weil es in der Hochebene um den Erciyes keine Wälder gibt. Einer meiner vielen Cousins machte aus der Not eine Tugend und entwarf eine kleine Serie von genormten Metallmöbeln für die Küche. Er produzierte emaillierte Stand- und Hängeschränke und war innerhalb weniger Jahre Besitzer einer respektablen Fabrik. Die Industrialisierung der Möbelindustrie kam richtig in Schwung, als 1980 die *Cek-yat*-Sofas, die Schlafsofas, auf den Markt kamen. Diese Neuerung eines Kayserianer Möbelbauers entsprach vollkommen den Bedürfnissen der verstädterten Bevölkerung, die nun endlich im Salon eine Schlafstatt für den Verwandtenbesuch einrichten konnte. Die Marke »Istikbal«, Zukunft, revolutionierte die türkische Möbelindustrie, wie es »Ikea« in etlichen anderen Ländern gelang. Erstmals konnte man Möbel aus dem Katalog oder von exklusiven Verkaufsstellen bestellen und nach Hause liefern lassen.

Der Vorteil der Provinz

Der Aufschwung in der Provinz Kayseri verdankt sich den Unternehmen, die innovative Produkte erfanden und die Instrumente des modernen Marketings zu nutzen wussten, während sich der Staat aus der Wirtschaft zurückzog und der Markt gleichzeitig wuchs. An sich war diese Region nicht gerade prädestiniert für den Erfolg. Nicht nur das Holz, auch die Baumwolle muss von weit hergeholt werden. Es gibt keine besondere Nähe zu Märkten oder Finanzplätzen, die Lage der Provinz mitten in Anatolien bietet keine erkennbaren logistischen Vorteile.

Gerade das aber mag doch ein gewisser Vorteil gewesen sein. Zentralanatolien wurde über Jahrzehnte von der zentralistischen Verwaltung in Ankara und der auf die Region Istanbul fixierten kemalistischen Elite und Unternehmerschaft »vergessen«. Die Elite in den Zentren hatte kein Interesse an diesem östlicheren

Teil Anatoliens, er erhielt auch keinen föderalen Finanzausgleich oder andere Fördermittel. Und dass mit dem Banker Abdullah Gül in den Jahren vor dem Aufschwung ein Kayserianer bei der Islamischen Entwicklungsbank im saudi-arabischen Dschidda saß, der vielleicht seinen Brüdern daheim den ein oder anderen Tipp oder Kredit geben konnte, wird nicht von Nachteil gewesen sein.

So konnten ohne Dirigismus und politische Einflussnahme in der »Nische« der Provinz Unternehmen aus sich heraus erfolgreich wachsen. Weil die Kayserianer gute Händler sind, lernten sie von den Märkten, sich den Märkten anzupassen. Sie bauten Schlafsofas für kleine Wohnungen und bezogen sie so, dass es den Leuten gefiel. Die Getränkehersteller begriffen, dass es irgendwann opportuner war, Säfte in kleineren Flaschen abzufüllen, weil sie registrierten, dass es oft nur einer in der Familie ist, der Durst auf Aprikosensaft hat. Die Textilunternehmen produzierten Stoffe, die auch in San Francisco gefielen. Sie dachten vom Markt her. Und wer vom Markt her denkt, der findet auch mit anderen Produzenten Gemeinsamkeiten. So kann man Rohstoffbeschaffung, Logistik und Distribution zusammenlegen, Synergien schaffen.

Islamischer Pragmatismus

Ich sehe in Kayseri keine »protestantische Ethik« im Sinne von Max Weber am Werk, denn dazu gehörte – in seinen Worten – »ein spezifisch gearteter Rationalismus«, der hier ebenso wie in anderen Regionen der Türkei fehlt. Eher scheinen sich die Unternehmer in Kayseri ihre praktischen Erkenntnisse so anzueignen, wie man eben ein Telefon zu benutzen lernt – das kann man schließlich auch, ohne etwas über die grundlegenden Prinzipien drahtloser Kommunikation zu wissen. Es ist ein islamischer Pragmatismus, der die Erkenntnisse der kapitalistischen Ökonomie ebenso selbstverständlich übernimmt, wie er sich die technischen Errungenschaften des Westens zunutze macht.

Es geht, ganz im Sinne von Fethullah Gülens islamischem Pragmatismus, um die *Aneignung* von Wissen; geistige Errungenschaften wie Managementtechniken können schließlich nicht wie Handys oder Computer gekauft – oder geraubt – werden. Gemeint ist dabei kollektives Wissen, nicht individuelle Bildung. Gülen – überzeugt, »dass sich alles dem Menschen fügen wird, solange dieser sich Allah fügt«[94] – zielt langfristig darauf ab, die gottgewollte und »natürliche« Herrschaft des Islam über die Welt zu erlangen.

Dieser Pragmatismus ist einer Stärkung der islamischen Identität in allen gesellschaftlichen Bereichen verpflichtet. So wie die AKP setzen auch die anatolischen Unternehmer darauf, dem eigenen Weltbild entgegenstehende Werte für die beabsichtigten Zwecke nutzbar zu machen und sie gleichzeitig umzudefinieren. Wir erleben das nicht nur im ökonomischen Bereich, sondern auch in anderen Fragen: Aus der individuellen Freiheit wird das Recht, das Kopftuch zu tragen, aus dem Recht auf Religionsfreiheit wird der Anspruch auf Gebetsräume an öffentlichen Orten und in Fabriken abgeleitet.

So ist auch auf wirtschaftlichem Gebiet das Ende der Vorherrschaft der kemalistischen Eliten und die Dominanz einer »islamisch-anatolischen Bourgeoisie« bereits vorgezeichnet. Innerhalb weniger Jahre wurde der auf islamisches Kapital gegründete unabhängige Verband für Industrielle und Unternehmer MÜSIAD zu einer Organisation mit mehreren Tausend Mitgliedsunternehmen, die inzwischen über 12 Prozent des Bruttosozialprodukts erwirtschaften. Dieses Netzwerk, das 1990 geschaffen wurde, um der kemalistischen Vorherrschaft zum Beispiel bei der Vergabe von Staatsaufträgen Paroli zu bieten, ist inzwischen zur einflussreichen Organisation der neuen Elite geworden. Es ist ein offenes Geheimnis, dass Staatsaufträge nur vergeben werden, wenn die

»Voraussetzungen« stimmen. Wer Aufträge bekommen will, ist besser in der »richtigen« Partei, hat besser die »richtige« Zeitung abonniert und weiß deutlich zu machen, dass die Religion in seinem Unternehmen ihren Platz hat. Als ich einem AKP-Politiker diese Vetternwirtschaft vorhielt, lächelte er nur und meinte, dass es doch wohl nur gerecht sei, wenn nach den langen Jahren der kemalistischen Vorherrschaft nun endlich auch einmal die »Brüder und Schwestern« ihren Teil vom Kuchen abbekämen. Zumindest für die »Schwestern« dürfte das allerdings kaum gelten.

Bettvorleger

Das Knüpfen von Teppichen von Hand wie das Tragen von Lasten ist traditionell eine Sache der Frauen auf dem Lande gewesen. Manch anatolischer Tiger und Fasan wurde, in den Paradiesgartenmotiven verarbeitet, zu Wandschmuck oder Bettvorleger. Inzwischen werden auch in Kayseri Teppiche von Maschinen geknüpft. Diese Webstühle werden nicht von Frauen bedient. Das Wirtschaftswunder der Provinz Kayseri hat nur den Männern Beschäftigung gebracht. 74 Prozent der Männer üben eine Erwerbstätigkeit aus, aber nur 37 Prozent der Frauen, meistens in der Landwirtschaft, wo keine berufliche Ausbildung erforderlich ist und schlecht gezahlt wird – oder die Frauen als mithelfende Familienangehörige überhaupt keinen Lohn bekommen. In Führungspositionen waren in der Region Kayseri bei 661.066 Beschäftigten im Jahr 2000 nur 176 Frauen vertreten.[95] Die Beschäftigungsrate von Frauen in der Türkei liegt mit insgesamt 25,5 Prozent bei einem Wert, den die USA in den 1950er Jahren erreicht hatten, zudem ist sie seit Regierungsantritt der AKP auffallend rückläufig. 1990 lag sie noch bei 34,1 Prozent.[96] Zum Vergleich: 2005 waren in den Ländern der Europäischen Union 61 Prozent der Frauen in Arbeit. 44,4 Prozent der jungen türkischen Frauen zwischen 15 und 19 gehen weder zur Schule, noch haben sie einen Beruf. Die Analphabetenrate beträgt bei Frauen 24 Prozent.[97] Nach Schätzungen der Unesco wird über 600.000 Mädchen in der Türkei der Schulbesuch verweigert, und etwa 20 Prozent der Sechs- bis Zwölfjährigen erscheinen nicht zum Unterricht.

Jedes dritte Mädchen unter 18 Jahren wird verheiratet, berichtete die Abgeordnete der CHP Ayse Gülsün Bilehan in einer Debatte zum Internationalen Frauentag 2007 im türkischen Parlament. In den Augen vieler türkischer Männer wirft die Beschäftigung einer Frau außerhalb des Hauses ein schlechtes Licht auf ihren Ehemann – der offenbar nicht in der Lage ist, die Familie zu ernähren.

Am 7. April 2008 ließ der Verband türkischer Industrieller und Unternehmer in der »Frankfurter Allgemeinen Zeitung« deutsche Unternehmer und türkischstämmige Politikerinnen mit einer Hochglanz-Beilage für einen EU-Beitritt der Türkei werben. Unter dem Slogan »Die Richtung stimmt« sitzen türkischstämmige Abgeordnete von der CDU, der SPD und den Grünen in einem schnittigen Motorboot und bescheinigen der Türkei eine rasante Entwicklung. Die Probleme der Mädchen sind diesen Damen fremd, und für die Sorgen türkischer Frauen in Kayseri, in Afyon oder Kaiserslautern ist in dem Boot der Lobbyistinnen türkischer Männerinteressen so wenig Platz wie auf dem Diwan der modernen Paschas aus Kayseri, die ihre Freiheit und ihr Glück beim Betrachten ihrer Kontoauszüge finden.

Der Preis der Freiheit

Die türkische Industrie- und Handelskammer wirbt in deutschen Zeitungen mit der großen Rolle der Frauen in der türkischen Wirtschaft: »Starke Frauen sind ein Argument.«[98] »Es ist Zeit, die Klischees über die Türkei zu überdenken und sich ein realistisches Bild des Landes zu machen«, heißt es dort. Ich bin der Aufforderung gefolgt.

In der anatolischen Stadt Afyon habe ich mich mit Nergis getroffen, einer Frau, die es geschafft hat. Die 32-Jährige hat Chemie studiert und leitet eine Firma mit 45 Mitarbeitern. Das Unternehmen produziert Kunststoffrohre für Kläranlagen und Wasserleitungen. Für die österreichische Firmengruppe, zu der das Unternehmen gehört, war sie »die Beste«, deshalb bekam sie den Job. Sie ist hier Direktorin, genießt Respekt – aber nicht als Frau. Denn Nergis arbeitet dort, wo Frauen ihren Mann mit »Effendi«, »mein Herr«, anreden und dabei zu Boden schauen.

Alle achten darauf, was sie tut

Auf Nergis hören fünf Frauen in der Verwaltung, fünf Betriebsingenieure und 35 Männer in der Produktion. Sie leitet das Werk, organisiert Arbeitsabläufe, überwacht Qualität, Kosten und Termine. Sie verdient gut, hat einen Dienstwagen und eine eigene Wohnung. Nein, das stimmt nicht ganz: Sie *hatte* eine eigene Wohnung, denn die hat sie inzwischen aufgegeben. »Ich hatte große Probleme bei der Wohnungssuche«, erzählt sie. »Als unverheiratete und alleinstehende Frau ist es fast unmöglich, eine Wohnung zu mieten.« Eine türkische Frau in ihrem Alter ist normalerweise verheiratet oder lebt bei ihrer Familie. Ihr Single-Dasein, meint Nergis, sei einfach eine Provokation. Besonders für die Nachbarn. Den Mietvertrag musste schließlich ihr Vater unterschreiben und der Betrieb für sie bürgen. Da sie jedes Wochenende nach Hause fuhr, nach Ankara zu ihren Eltern, konnte sie ihre schöne Wohnung kaum nutzen. Und so packte sie die Sache pragmatisch an, ersparte sich die Mietzahlungen und Gerede der Nachbarn und zog in die eigentlich für auswärtige Monteure oder Besucher gedachte Gästewohnung auf dem Fabrikgelände.

Afyon ist eine westanatolische Provinzstadt mit 100.000 Einwohnern, etwa vier Autostunden von Ankara wie auch von Istanbul entfernt, eine Stadt mit Geschichte. Sie wurde am Fuße eines schroffen, mit schwarzem Trachyt überzogenen Felsens errichtet, auf dessen Spitze eine Zitadelle aus der Zeit der Hethiter steht. Von hier aus wagte Atatürk im Bürgerkrieg den entscheidenden Vorstoß gegen die Griechen, die er 1922 bei Smyrna, heute Izmir, ins Meer jagte. Afyon heißt »schwarzes Opiumschloss«, riesige Mohnfelder finden sich hier, auf denen Opium für medizinische Zwecke gewonnen wird, ein modernes Hotel mit einer Therme am Rande der Stadt, ein Bahnhof an der Strecke, die von Istanbul nach Bagdad führte und heute irgendwo im Osten endet.

Die österreichischen Manager haben die junge Frau zur Chefin gemacht, weil sie die Einzige war, die über die nötigen Fähigkeiten und Sprachkenntnisse verfügte und Flexibilität mitbrachte. Für ihre Arbeiter ist sie der Boss. Was sie sagt, ist Gesetz. Sie haben Respekt vor ihr, denn sie weiß, wovon sie spricht. Respekt hat man in dieser Gesellschaft vor dem Alter oder vor dem Amt, nicht aber vor Frauen. Respekt ist ein Synonym für Gehorsam.

Nergis sieht gut aus, trägt ein ausgesucht schönes Kostüm, über das sie einen weißen Kittel wirft, wenn sie durch die Produktionshalle geht. Sie ist klein, zierlich und trinkt ständig Tee, den ein Junge auf Zuruf bringt und einschenkt. Jeder Betrieb hat so einen Teejungen, der auch sonstige Besorgungen erledigt. Eigentlich ist der Junge noch in einem Alter, in dem er zur Schule gehen müsste, aber niemand überprüft das.

»Der Tee gibt mir Wärme, dann spüre ich mich«, sagt Nergis und lächelt. Cay gibt es in der Türkei zu jeder Gelegenheit. In jedem Laden, jedem Restaurant, jedem Büro und bei jeder Familie steht ein Samowar oder eine Kanne mit kochendem Wasser auf dem Herd, obendrauf ein Kännchen mit einem Sud aus schwarzem Tee, der mit heißem Wasser verdünnt in kleinen Gläsern mit ein oder zwei Würfeln Zucker gereicht wird. Anders als türkischer Mocca, der speziellen Anlässen wie der Brautwerbung vorbehalten ist, wird Tee überall und jederzeit getrunken.

Nergis liebt ihre Arbeit, ihre Verantwortung, ihre Freiheit. Aber einmal im Jahr muss sie all das hinter sich lassen. Dann fährt sie ins Ausland, im letzten Jahr war sie für zehn Tage in China. Allein. Auch von Afyon aus fährt sie manchmal für ein Wochenende allein ans Meer. Im Betrieb erzählt sie dann, sie fahre zu ihren Eltern; ihren Eltern sagt sie, sie müsse arbeiten, denn auch in deren Augen ist es unschicklich, wenn eine Frau allein verreist.

Ganz ohne Bitternis, eher amüsiert, erzählt sie von ihrem Leben in der türkischen Provinz. »Ich kann nicht mit einem fremden Mann ausgehen oder Besuch von einem Mann erhalten. Die Direktorin kennt jeder. Und alle achten darauf, was sie tut. Nicht weil sie die Direktorin, sondern weil sie eine Frau ist.«

Die Familie ist das, was du bist

In der türkisch-muslimischen Gesellschaft, meint Nergis, seien Mann wie Frau selten allein. Das Leben spiele sich im Kollektiv ab, das Ideal sei die Familie, die Gemeinschaft. Von früh auf werde jedem beigebracht: Die Familie sorgt für dich, die Familie schützt dich, die Familie ist das, was du bist. Aber in Wahrheit sei die Familie auch ein Kontrollsystem, in dem das Wort der Väter Gesetz ist und die Brüder die Wächter ihrer Schwestern sind. »Nur ein kleines Erlebnis, das dazu passt: Als mich mein jüngerer Bruder vor einigen Wochen nach einem Besuch in Istanbul ins Taxi zum Flughafen setzte und nicht mitfuhr, fragte mich der Taxifahrer: Wer war das, Abla? Mein Bruder, antwortete ich ihm. Er sah mich an: Das soll ein Bruder sein? Der Sie allein auf die Reise schickt? Ich entgegnete: Ja, er muss doch zur Arbeit, und ich komme auch allein zurecht. Er schüttelte den Kopf und meinte: Was gibt es Wichtigeres, als auf die Schwester aufzupassen? *Das* ist doch seine Arbeit.«

Afyon ist eine Stadt mit vormodernen Werkstätten und Plattenbauten um die verwinkelte Altstadt, dazwischen einige wenige neue Internetcafés und eine Einkaufsstraße. Der Einfluss des Islam ist unschwer schon im Straßenbild an den vielen verschleierten Frauen zu erkennen, die mal unsicher, oft aber geradezu demonstrativ ihren Türban und den langen Mantel tragen, als wollten sie allen anderen damit ein Zeichen geben: Seht her, wir sind rein, und wir sind da. Dabei sind die Kopftücher, die die Gesichter einschnüren, und die schlecht geschnittenen farblosen Mäntel, die die Körper verbergen sollen, modisch das Unvorteilhafteste, was Schneider je zusammengenäht haben – nur noch übertroffen von dem schwarzen Zelt, dem Tschador, der die Frauen total verhüllt und zu einem entpersönlichten Nichts macht.

Die Botschaft des Islam tönt bereits bei Sonnenaufgang von den Minaretten der zahlreichen Moscheen, die fünfmal am Tag – wie inzwischen in jedem Winkel der Türkei – über laute, schnarrende Lautsprecher Allah als einzigen Gott und Mohammed als seinen Propheten ausrufen, ganz so, als könnte jemand das über Nacht vergessen haben.

Afyon ist ziemlich übersichtlich. Man »kümmert« sich und hält das für Fürsorge. Tatsächlich ist es eine Kultur der Kontrolle und des Misstrauens, die die gesamte Gesellschaft beherrscht und besonders in kleineren Städten wirkungsvoll funktioniert. Jeder überwacht jeden und fühlt sich dazu auch berechtigt. Der Koran »gebietet, was recht ist, und verbietet, was verwerflich ist«. Aus diesem Vers leiten die muslimischen Männer seit über tausend Jahren das Recht ab, über andere zu bestimmen. Und über die zu reden, denen sie Verstöße gegen Sitte, Tradition, Glauben unterstellen. Es gibt Tausende – geschriebene und ungeschriebene –

Gesetze, Gebote und Verbote, die das soziale Leben bestimmen, auch den Alltag von Menschen, die säkular eingestellt sind oder den Islam kritisieren. Die Freiheit des Individuums ist in dieser Kultur verdächtig, denn Rechte hat der Einzelne nicht. In den Teehäusern und Moscheen tun die Männer nichts anderes, als sich gegenseitig zu beäugen und über die angeblichen Fehler der anderen zu reden. Besonders die Fehler der Frauen. Das Misstrauen gegen die eigene Frau und die des anderen liegt wie ein Fluch über der türkisch-muslimischen Gesellschaft, es macht sie engherzig und beklemmend.

Unverheiratet – ein Fluch

Am Nachmittag möchte Nergis mit mir ein Restaurant besuchen, das älteste am Platz, dort gebe es wunderbare Süßspeisen. Allein könne sie dort nicht hingehen, es würde auffallen und missbilligt werden. Der Raum ist hoch und versprüht den Charme einer Wartehalle aus der Zeit des europäischen Art déco, den man dereinst überall in der Türkei bis in die Provinz hinein fand, der heute aber inmitten des Ungestalteten wie ein Fremdkörper wirkt. Im Glastresen simmern die vorbereiteten Speisen, aber der Kellner braucht mehrere Aufforderungen, bis er sich endlich aufrafft, uns Frauen zu bedienen. Wir naschen in Zuckerwasser gekochten Kürbis mit *kaymak*, fester Sahne.

Es ist Januar, und draußen ist es kalt. Nach dem Essen schlendern wir durch die Altstadt mit ihren engen Gassen und Häusern, denen man eine rettende Hand wünscht. Drei Männer haben einen Rinderkopf von einem Wagen gehoben. Er liegt jetzt vor der Tür einer Schlachterei, Blut läuft die schmutzige Straße hinunter. Als die Männer uns sehen, rütteln sie an den Hörnern, als wollten sie den Kopf lebendig erscheinen lassen, und lachen uns hinterher. Wir sind die Attraktion in der Straße und werden aus Türen und Fenstern beobachtet. Nergis möchte die schmalen Gassen so schnell wie möglich wieder verlassen. Eine verschleierte Frau in Plastiklatschen und mit einem Kind auf dem Rücken drückt sich an uns vorbei und verschwindet in einer Kellertür.

Ich frage Nergis, wie sie das erträgt, dieses Elend, warum sorge sich denn niemand um diese Frauen und Kinder, die wie verschrecktes Wild hinter Türen und Fenstern sitzen. Sie sieht mich verwundert an und fragt, warum mich das interessiere. Die Frau, die eben an uns vorbeiging, hätte mir doch nichts getan. So weit geht die Fürsorge für andere in einer kontrollierten Gemeinschaft wie dieser offensichtlich dann doch nicht. Nächstenliebe ist auf Verwandte und Bekannte begrenzt, auf Brüder und Schwestern im Geiste, von Ausnahmen abgesehen. Dass Frauen hier ausgegrenzt werden, das ist ihr Schicksal.

Wir fahren zurück in die Firma, zum Tee. Die Mitarbeiter des kleinen Unternehmens wechseln oft, denn Heirat und Familienangelegenheiten sind wichtiger als Job und Karriere. »Die häufigsten Probleme der Mitarbeiter drehen sich nicht um Arbeit, Ausbildung, Gesundheit oder Gehalt, sondern ums Heiraten«, sagt Nergis. »Entweder wollen sie Urlaub, um zu einer Hochzeit zu fahren, oder sie heiraten selbst.« Schon ganz junge Männer kämen zu ihr, um ihr mitzuteilen, dass sie in diesem Jahr heiraten und dafür zwei Wochen Urlaub im Juli brauchen würden. Wir sind schon auf der Suche, sagen sie, was heißt: Die Familie ist auf der Suche nach einer Braut.

Wer finanziell bessergestellt ist, heiratet ein Mädchen aus der Umgebung. Die ärmeren Familien sparen auf eine Braut aus dem Osten der Türkei. Die Frauen von dort sind billiger und gelten als weniger anspruchsvoll. Unverheiratet ist in ihrer Firma kaum jemand. Nur eben die Direktorin. Und das weiß jeder. Dass Nergis nicht verheiratet ist, halten ihre Familie, ihre Mitarbeiter für einen Fluch. Man würde ihr gern helfen, einen Partner zu finden, aber Nergis will sich nicht helfen lassen. Und das missfällt, denn es widerspricht dem gesellschaftlichen Bild von gottgegebener Sitte und Anstand. Heirat – ja oder nein, diese Frage stellt sich in der muslimischen Gesellschaft nicht. Die Ehe gilt als einzig angemessene Lebensform. Sie ist die natürliche Bestimmung eines gottgefälligen Lebens. Und deshalb wird Nergis argwöhnisch beobachtet. Sie könnte ja ein (schlechtes) Beispiel für andere sein.

»Im Prinzip«, sagt sie, »hat der Junge, der den Tee bringt, mehr Macht über mein Leben als ich selbst. Wenn ich den Leuten hier Schande machen würde, indem ich mich beispielsweise mit einem Mann träfe, würden sie mich, ohne zu zögern, davonjagen – selbst wenn es sie den Job und die Firma die Existenz kosten würde. Denn die eigentliche Berufung der Männer in dieser Welt ist die Kontrolle der Frau. Ich bin hier nur Direktorin, weil ich keine Frau bin. Ich lebe hier als geschlechtsloses Wesen. Das weiß ich«, sagt sie, »das ist der Preis meiner Freiheit.«

Reich ist sie bisher nicht geworden, obwohl sie sehr gut verdient und das Leben hier billig ist. Die Österreicher beherzigen das Prinzip des gleichen Lohns für gleiche Arbeit. Aber sie hat Eltern, die krank sind und deren Arztrechnungen bezahlt werden müssen. Und sie hat eine Schwester, deren Studium sie finanziert. Auch für Nergis gilt: Die Familie ist alles, was du hast und was du bist, selbst als Direktorin und erwachsene Frau. Selbstverantwortlich tun und lassen, was man will, würde mit sozialer Ächtung bestraft werden. Nergis genießt mehr Freiheit als die meisten anderen Frauen, aber es ist die Freiheit des Vogels, im Käfig zu singen.

An den Wochenenden in Ankara ist Nergis wieder Tochter. Sie passt bei ihren Eltern auf das Baby der älteren Schwester auf – weil sie ja nichts zu tun hat. Wenn sie einkaufen oder essen gehen will, raunzt ihr Vater hinter ihr her: »Du kommst ja ohnehin nur her, um dich zu amüsieren.« Er leidet darunter, dass sie nicht verheiratet ist und bereits als *kartalos*, als sitzengebliebenes

»Suppenhuhn«, gilt. Das setzt ihm, dem Oberhaupt der Familie, zu. Und Nergis' Mutter kann es kaum ertragen, wenn die Tochter bei ihnen weder Fleisch noch Tomaten und Zwiebeln isst, sogar Baklava verschmäht und sich stattdessen von Tee und Zwieback ernährt. »Nicht zu heiraten und nicht zu essen – das sind die Dinge, mit denen man seine Eltern bei uns quälen kann«, sagt Nergis, lacht und trinkt den Tee, den der Junge gebracht hat.

Die Heirat wird verschoben

Im Oktober 2005 wurden nach langem diplomatischen Gezerre die Beitrittsverhandlungen mit der Türkei im sogenannten »offenen Verfahren« aufgenommen, der Ausgang dieser Verhandlungen wird davon abhängig gemacht, ob das Land die »Kopenhagener Kriterien« erfüllt – dazu gehören rechtsstaatliche und demokratische Strukturen, institutionelle Stabilität, Wahrung der Menschen- und Bürgerrechte, Schutz von Minderheiten, Korruptionsbekämpfung und marktwirtschaftliche Bedingungen.[99] Das Verhandlungspaket wurde in 35 Kapitel aufgeteilt, die meisten davon hat man noch gar nicht angepackt, zehn sind noch in Verhandlung. Nach drei Jahren Diskussion und Monitoring würde nur das Kapitel über Wissenschaft und Forschung geschlossen, und zwar mangels Masse. Der Weg der Türkei nach Europa ist noch weit, sehr weit.

Der Streit um die Aufnahme der Türkei in die Europäische Union ist für den türkischen Ministerpräsidenten Tayyip Recep Erdogan bereits entschieden. Die Türken seien doch längst in Europa, sagte er bei seinem Auftritt in der Köln-Arena am 10. Februar 2008. »Wir haben derzeit fast fünf Millionen Staatsbürger, die sich in der Europäischen Union befinden.« Dass viele dieser türkischstämmigen Bürger inzwischen Deutsche, Schweizer oder Italiener, jedenfalls nicht mehr türkische Staatsbürger sind, hielt der AKP-Führer für vernachlässigenswert. Er sprach wie selbstverständlich als »ihr« Ministerpräsident. Und für den ist der Beitritt seines Landes zur Europäischen Union bereits abgemachte Sache. »Seit 1963«, so behauptete er in seiner Kölner Rede, befände sich sein Land »vertraglich im Prozess der Europäischen Einigung«. Hier allerdings irrt der Ministerpräsident. Der Vertrag, der 1963 zwischen der damaligen Europäischen Wirtschaftsgemeinschaft (EWG) und der kemalistischen Regierung geschlossen wurde, verspricht nur, dass »die Vertragsparteien die Möglichkeit eines Beitritts prüfen« werden. Mehr nicht.

Mit dem Assoziierungsabkommen zur Europäischen Wirtschaftsgemeinschaft von 1963 wurde der Türkei die Entsendung von Arbeitskräften ermöglicht. Seit dieser Zeit ist Europa, vor allem Deutschland, das Ventil, um Druck aus der enormen Binnenmigration des anatolischen Kessels zu nehmen.

Denn als die türkische Republik 1950 das Zuzugsverbot für die großen Städte aufhob, kam es zu einer bis heute andauernden Landflucht. 1950 lebten von den knapp 21 Millionen Türken noch drei Viertel auf dem Land – inzwischen leben 45 Millionen in den großen Städten, hauptsächlich in den Ballungsgebieten Istanbul, Izmir und Ankara, aber auch »kleinere« Städte, wie Bursa oder Gaziantep, sind längst zu Millionenstädten geworden; nur noch ein Viertel der türkischen Bevölkerung, etwa 23 Millionen Menschen, sind in ländlichen Regionen zu Hause.[100] Eine Metropole wie Ankara wuchs von 35.000 Einwohnern im Jahr 1923 auf 3,6 Millionen heute – ein Anstieg um das Hundertfache. In Istanbul wohnten 1914 909.978 Menschen.[101] Heute rechnet man der Stadt über 11 Millionen Einwohner zu und dem Großraum Istanbul etwa 15 Millionen. Diese enorme Binnenwanderung schafft wirtschaftliche und soziale Probleme – jeder Aderlass, der dazu noch versprach, dass begehrte Devisen in das Land zurückflossen, konnte da nur willkommen sein.

Erdogan stellte das in Köln allerdings anders dar: »Die türkische Gemeinschaft hat sich volle 47 Jahre für dieses Land verausgabt.« Dabei bot das Abkommen beiden Ländern Vorteile: Die Türkei erhielt damals dringend benötigte Devisen, die Deutschen profitierten von den billigen Arbeitskräften. Es war eine, wie man heute sagen würde, Win-Win-Situation. Und, so bekannte der seinerzeit zuständige Staatspräsident Demirel im April 1994 freimütig, man wollte auch »eine Lobby in Europa haben«.[102] Es ist die Lobby, auf die sich Erdogan heute beruft. Die braucht er auch zur Unterstützung seines Anspruchs auf EU-Mitgliedschaft. Denn die Zweifel in Europa sind groß. »Nach geografischer Lage, historischer Vergangenheit, Religion, Mentalität«, so das Fazit der Historiker Hans-Ulrich Wehler und Heinrich August Winkler, »ist die Türkei kein Teil Europas.«[103] Und das sind keine Einzelstimmen.

Zwangsheirat

Nach Einschätzung vieler Beobachter ist die Europäische Union mit der Osterweiterung vorerst an die Grenze ihrer Aufnahmemöglichkeiten gegangen. »Wir erweitern uns zu Tode«, kritisiert Heinrich August Winkler. Die bisher ungewöhnliche Maßnahme, anhand von Fortschrittsberichten die Entwicklung der beiden jüngsten Mitglieder, Rumänien und Bulgarien, zu überprüfen, war schon ein Indiz für die wachsende Skepsis unter den EU-Mitgliedern. In Rumänien, das zeigen die Fortschrittsberichte, haben bisher weder Maßnahmen zur entschiedenen Demokratisierung noch zur Verrechtlichung der Wirtschaft, sprich: zur Eindämmung der Korruption, Früchte getragen. Die von der EU kassierten Strukturmittel versickern offensichtlich in den Niederungen des Donaudeltas und der Walachei.

Aber Rumänien ist mit 21 Millionen Einwohnern ein relativ kleines Mitgliedsland, den ihr entstehenden Schaden kann die Union verkraften. Ganz anders die Türkei, die als Mitglied mit der größten Bevölkerung auch zum größten Empfänger von Subventionen werden, die meisten Abgeordneten im Europaparlament stellen und die europäische Politik maßgeblich beeinflussen würde.

Der Beitritt der Türkei, die bisher nur 30 Prozent des durchschnittlichen Bruttoinlandsprodukts ihrer europäischen Partner erwirtschaftet, würde die Union nach den bisherigen Schätzungen der EU-Kommission zwischen 16 und 27 Milliarden Euro jährlich kosten. Davon würden etwa 11 Milliarden allein für Strukturhilfen in der Landwirtschaft fällig werden. Deutschland wäre an diesen Kosten je nach Entwicklung mit 3 bis 5 Milliarden Euro jährlich beteiligt.[104]

Würde ein solches Abenteuer von den Mitgliedern der Europäischen Union mitgetragen werden? Einstimmigkeit ist bei der Aufnahme neuer Mitglieder erforderlich, die derzeit kaum zu erzielen sein dürfte. Der Europäische Rat hat denn auch im Kopenhagener Vertrag mit dem Prinzip der Aufnahmekapazität der EU eine Ausstiegsklausel formuliert: »Die Fähigkeit der Union, neue Mitglieder aufzunehmen, dabei jedoch die Stoßkraft der europäischen Integration zu erhalten und ihren inneren Zusammenhalt und ihre grundlegenden Prinzipien zu wahren, stellt ebenfalls einen sowohl für die Union als auch für die Beitrittskandidaten wichtigen Gesichtspunkt dar.«[105] Diese Frage dürfte letztlich ausschlaggebend sein.

Die französische Politikprofessorin Sylvie Goulard, die 2001–2004 in der Europäischen Kommission gearbeitet und wesentlichen Anteil an der Haltung hat, die die französische Regierung zur Mitgliedschaft der Türkei in der EU bisher einnahm, hat einen treffenden Vergleich für den Beitrittsprozess gefunden, wenn sie fragt, ob er nicht eher der Vorbereitung einer Zwangsheirat gleiche. Ihrem Buch stellt sie als Motto ein Zitat aus Molières »Geizhals« voran: »Ich habe ein wunderbares Talent zum Verheiraten … Ich glaube, wenn ich es mir in den Kopf setzte, könnte ich sogar den Großtürken mit der Republik Venedig verheiraten.«[106] Sie argumentiert nicht gegen die Aufnahme der Türkei, sondern stellt fest, dass Europa sich die »Mitgift« für diese Ehe derzeit weder politisch noch ökonomisch leisten könne.

Teurer Mocca

Die Beitrittsverhandlungen mit der Türkei sind so etwas wie das »Moccatrinken« vor einer türkischen Ehe. Beim Mocca wird Brautwerbung betrieben, vor allem der Brautpreis ausgehandelt. Dass er hoch ist, wissen die EU-Mitglieder, und auch aus diesem Grund ist die Skepsis bei vielen Europäern groß. Erdogan kanzelt solche Bedenken gern als Ausdruck von Feindseligkeit ab, um seinerseits zu drohen: »Sollte die Europäische Union nicht die von uns gewünschte Entscheidung treffen, wird es der Türkei nicht schwerfallen, auf Grund ihres immensen Potenzials einen anderen Weg einzuschlagen.«[107]

Das hört der deutsche Außenminister Steinmeier gar nicht gern. Mit sorgenvoller Stirn pflegt er – wie schon sein Vorgänger Joschka Fischer – auf die negativen Folgen einer Ablehnung hinzuweisen. Zu wichtig sei die geopolitische Bedeutung des Landes für die westliche Staatengemeinschaft. Ganz so, als sei die Türkei nicht jetzt schon Nato-Partner und eng mit der EU verbunden. Die Optionen für die Türkei, sich anders zu orientieren, sind überschaubar. Sie könnte sich stärker an die USA anlehnen, die mit Nachdruck einen EU-Beitritt der Türkei unterstützt; die Amerikaner haben ein großes Interesse daran, die politische und militärische Flanke in Kleinasien durch einen verlässlichen Partner abgedeckt zu sehen, und schätzen den vermeintlich »milden Islam« der AKP-Regierung als Bollwerk gegen den islamischen Radikalismus. Ein allzu enges Bündnis mit Amerika dürfte im muslimischen Land allerdings auf wenig Gegenliebe stoßen, antiamerikanische Stimmungen sind weit verbreitet. Die Türkei könnte vielleicht auch die panislamische Idee von einer Gemeinschaft aller islamischen Staaten wieder aufleben lassen oder befördern. Aber die ideologischen Unterschiede, die religiösen Differenzen und die unterschiedlichen politischen wie wirtschaftlichen Interessen machen dies zu einer Idee von gestern.

Die türkische Regierung weiß nur zu genau, dass es für sie keinen vielversprechenderen Partner gibt als die EU – weder bei den muslimischen Brüdern in Saudi-Arabien oder im Iran noch in einer Allianz mit Russland fände sie eine solch weitgehende und fördernde Unterstützung. Mit der EU möchte man sich verheiraten, denn diese Ehe eröffnet die Aussicht auf einen lukrativen Geldsegen. Schon das Moccatrinken, der Verhandlungsprozess, lohnt sich: Er wird von der EU mit jährlich ein bis drei Milliarden Euro für Strukturmaßnahmen unterstützt und bringt, wie ich auf meinen Reisen erfahren durfte, erfreuliche Ergebnisse hervor. So wird der türkischen Administration nicht nur bei der Formulierung von Gesetzen geholfen, sondern es werden auch Frauenhilfsorganisationen unterstützt und historische Stätten restauriert.

Die Türkei braucht die EU

Die Türkei braucht die EU. Die Wirtschaft des Landes wird zum größten Teil von internationalem Kapital finanziert und existiert zu 50 Prozent nur als Schattenwirtschaft. Mehrfach ist das Land knapp an einem Staatsbankrott vorbeigeschrammt, zuletzt im Jahr 2000. Nur die internationale Hilfe, der Internationale Währungsfonds IWF, die Unterstützung der Islamischen Entwicklungsbank, die Strukturhilfen der EU, die Zollunion, die Einbindung in den europäischen Markt versetzen die türkische Wirtschaft in die Lage, mittelfristig stabile Strukturen zu entwickeln. Die Wachstumsraten der letzten Jahre signalisieren keine Produktivitätsfortschritte, sondern verdanken sich größtenteils Korrekturen an den lähmenden Weichenstellungen der Vergangenheit. Es sind »Struktureffekte«, die durch die Deregulierung staatlicher Warenwirtschaft, durch die Legalisierung von Schattenwirtschaft und die Öffnung der Märkte entstanden sind. Real ist die aktuelle Lage der türkischen Wirtschaft durch mangelnde Kaufkraft, Kapitalflucht und eine wieder zunehmende Inflation bestimmt.

So drängt der türkische Ministerpräsident auf Mitgliedschaft in dem von ihm sonst auch gern einmal geschmähten »Christenclub«, dem er vorwirft, einem muslimischen Land die Aufnahme zu verweigern. Nicht weil die Türkei ein muslimisches Land ist, erfüllt sie bisher nicht die Bedingungen, sondern weil sie Staat und Religion nicht trennt, weil die Rechte der Frauen nicht respektiert, keine religiöse Toleranz gewährt werden und weil die politische Lage in der Türkei jene Stabilität vermissen lässt, die sie zu einem zuverlässigen Partner macht.

Christenclub und Islamverein

Einer der prominentesten Warner vor einer Aufnahme der Türkei in die EU kommt tatsächlich aus dem »Christenclub«. »Historisch und kulturell hat die Türkei mit Europa nur wenig gemeinsam«, hat Papst Benedikt XVI. formuliert. »Es wäre ein Fehler, sie in die Union einzugliedern. Es wäre besser, die Türkei würde eine Brücke zwischen Europa und der arabischen Welt. Die Türkei hat ein islamisches Fundament. Sie unterscheidet sich sehr stark von Europa, das eine Gemeinschaft säkularisierter Staaten mit christlichen Fundamenten ist.«[108] Präzise hat der Papst den entscheidenden Unterschied benannt: Nicht die religiösen Differenzen sind das eigentliche Problem, nicht das Christentum allein unterscheidet Europa von der Türkei, sondern der darauf aufbauende Prozess der Säkularisierung mit seiner Trennung von Staat und Religion.

In dem AKP-geführten Land gibt es faktisch keine Trennung von Staat und Religion. Eine Behörde, die Diyanet, entscheidet unter Aufsicht des Ministerpräsidenten quasi als oberste islamische Rechtsinstanz mit *fatwas*, Rechtsgutachten, was im Sinne des sunnitischen Diyanet-Islam muslimisch korrekt ist. Der Staat bezahlt und bestimmt die Vorbeter, deren Ausbildung wie auch den Bau und den Unterhalt von Moscheen. Sogar das Militär, der selbst ernannte Hüter der Säkularität, hat die Trennung von Staat und Religion immer wieder hintertrieben. Dass eine Verfassungskommission unwidersprochen festgestellt hat, dass Türke nur sein kann, wer auch Muslim ist, unterstreicht die unauflösliche Verbindung von Staat und Islam.

»Denn die Ordnung der Welt ist gottgewollt«, schreibt der Islamwissenschaftler Peter Heine, »Al-Islam din wa daula, Islam ist Religion und staatliche Macht, ist einer der Kernsätze des islamischen Staatsverständnisses.«[109] Dass ohne den Bezug auf den Propheten und den Koran regiert werden könnte, ist den Muslimen immer fremd gewesen. *Siyasal*, Politik, dieser Begriff galt lange als eine Sache von Ungläubigen. Wenn Erdogan die Differenzen religiös begründet sieht – als Gegensatz zwischen einem »muslimischen Land« und den »christlichen« europäischen Ländern –, dann reiht er sich ganz in die Tradition der Gotteskrieger ein, die die Welt in gläubige Muslime und *gavur*, Ungläubige, einteilen.

Solange der Islam nicht entstaatlicht wird, solange nicht allen – den orthodoxen, katholischen, evangelischen Konfessionen des Christentums und anderen Glaubensrichtungen – Religionsfreiheit gewährt wird, der Staat sich nicht aus dem Bau von Moscheen, dem Unterhalt von Koranschulen zurückzieht und die Diyanet, das Amt für religiöse Angelegenheiten, entweder auflöst, privatisiert oder in eine Stiftung umwandelt, scheint ein Beitritt der Türkei in die EU nicht möglich. Auch wenn »Säkularität« oder »Laizismus« in den Kopenhagener Kriterien nicht ausdrücklich benannt werden – weil sich auch die Mitglieder der Europäischen Union darüber nicht einigen konnten –, so ist doch für alle bisherigen Mitglieder der Union die Trennung von Staat und Religion ein selbstverständlicher Bestandteil ihres demokratischen, rechtsstaatlichen Gemeinwesens. Religion ist Teil unserer Freiheit, sie steht nicht über dem Recht.

Demokratie ohne Demokraten

Die europäischen Gesellschaften sind säkulare Gemeinwesen, in denen der Glaube und seine Ausübung geschützt sind, den Menschen aber keine verbindlichen Vorschriften mehr durch die Religion gemacht werden. Unsere Werte und Normen verdanken sich in wesentlichen Bestandteilen dem Christentum und dem Humanismus der Aufklärung. Beide haben, auf unterschiedliche Weise, zur Befreiung des Einzelnen von jedweder Vormundschaft beigetragen, uns beigebracht, die unantastbare Würde des Menschen zu achten, Männer und Frauen als gleichberechtigt anzuerkennen und die Grenzen unserer individuellen Freiheit dort zu sehen, wo sie die Freiheit eines anderen verletzt. Die Rechte des Individuums stehen im Zentrum unserer Verfassung. Durch Rechtsstaatlichkeit werden sie garantiert, durch Gesetze »von außen« geschützt, über »internalisierte« Werte haben wir sie uns als moralische Orientierung »zu eigen« gemacht. Wir wissen – auch wenn viele es nicht immer wahrhaben wollen –, dass jeder für sein Tun verantwortlich ist.

Der islamischen Rechtsauffassung ist das eigenverantwortliche Individuum fremd. Es ist immer einer Gruppe, einer Gemeinschaft untergeordnet – dem Vater, der Umma, dem Staat –, und dahinter haben die Rechte des Einzelnen zurückzustehen. Die türkische Journalistin Ece Temelkuran nennt das »Korporatokratie«, die Herrschaft der Gruppen, der Körperschaften, in der die Demokratie immer nur so weit gewährt wird, wie das von oben definierte Gemeininteresse gewahrt bleibt. Was Freiheit ist, definiert die Gruppe. Es ist eine »Demokratie« ohne Demokraten.

Die türkische Verfassung gewährt dem Einzelnen zwar Grundrechte, schränkt diese aber immer wieder ein – nicht nur das Recht auf Meinungsfreiheit. »Von den Grundrechten und -freiheiten dieser Verfassung darf keines gebraucht werden, um Aktivitäten mit dem Ziel zu entfalten, die unteilbare Einheit von Staatsgebiet und Staatsvolk zu zerstören«, heißt es in Artikel 14 der Verfassung der Türkei.[110] Die »Einheit des Staatsvolkes« – anders gesagt: das »Türkentum« – aber verdankt sich einer dem Vielvölkerstaat des Osmanischen Reiches von oben aufgezwungenen Zwangstürkisierung. Bis heute wird dieses Verfassungsgebot immer wieder gegen Minderheiten – Aleviten, Kurden, Armenier – eingesetzt. In den europäischen Gesellschaften, von denen viele mit starken Minderheiten durchmischt sind, gilt die Anerkennung der Vielfalt, nicht der Gedanke der »Einheit«.

Die Unterordnung unter ein »Höheres«, sei es das Türkentum oder die türkische Nation oder der Islam, ist Europa fremd – hier kann jeder einzelne Bürger seine Rechte gegen 25 Staaten einklagen, und die rechtsstaatliche Gesellschaft schützt ihn dabei. Dieser fundamentale Gegensatz ist dafür verantwortlich, dass die Türkei und Europa sich letztlich immer noch so fremd sind.

Dem vom Islam geprägten Kollektivgedanken hängen Islamisten wie Kemalisten an. Keine dieser Gruppen – weder die kemalistischen Erben in Militär, Verwaltung und Wirtschaft, die ihre alte Vormachtstellung bedroht sehen, noch die aufstrebenden islamischen Populisten um Erdogan und Gül und schon gar nicht die Rechtsnationalisten der MHP, die sich mal an der Seite der einen, mal an der Seite der anderen finden – will dem Bürger zu mehr Rechten verhelfen. Jeder dieser Parteien geht es nur um die Erringung oder Behauptung der Vormachtstellung der eigenen Gruppe – man könnte auch sagen: des eigenen Stammes. Für die einen ist die »Freiheit«, das Kopftuch zu tragen, das Vehikel, mit dem sie hoffen, den Laizismus zu Fall zu bringen und durch den Islam zu ersetzen; für die anderen ist »die Fahne« das Symbol für den Machterhalt. Dass die von den Kemalisten propagierte Identität »Wir Türken« heute mehr und mehr von »Wir Muslime« abgelöst wird, ändert daran nichts, denn auch die ist nur wieder eine neue – andere ausgrenzende – Bevormundung.

In den achtzig Jahren ihrer Existenz hat es solche »Stammesfehden« in der türkischen Republik immer wieder gegeben. Für jeden Stamm teilt sich die Welt – nach innen wie nach außen – manichäisch in »Freund« und »Feind«, in »wir« und »die anderen«. Entweder gehört man zu »uns«, dann wird man protegiert, oder man gehört zu den »anderen«, dann wird man ausgegrenzt. Differenzierung gibt es nicht, Rosa Luxemburgs unübertroffene Definition von Freiheit, die immer die Freiheit der Andersdenkenden ist, kennt man nicht. Nicht Freiheit und Toleranz zählen, sondern Türkentum, Ehre, Umma, Einheit, Nation. Sie werden zu Staatsprinzipien erhoben. Auf der Strecke bleibt die Entwicklung einer Bürgergesellschaft. Und mit ihr die Anerkennung von Minderheiten, die sich dieser verordneten Zwangsidentität nicht fügen wollen.

Das pädagogische Modell

Wer den möglichst raschen EU-Beitritt der Türkei befürwortet, argumentiert meist mit der »pädagogischen« Wirkung, die das Vorbild Europa für die türkische Gesellschaft haben könnte: Die europäischen Werte und Normen würden ihren eigenen Anpassungsdruck entfalten und die türkische Gesellschaft mit der Zeit modernisieren.

Ich zweifle daran. In dieser Annahme steckt die schlichte Übertragung des Modells der »Modernitätsdifferenz«, das Migrationsforscher, wie beispielsweise Werner Schiffauer, jahrelang propagiert haben, obwohl die Empirie sie längst eines Besseren belehrt haben sollte. Es hat sich nicht verwirklicht, worauf Schiffauer und andere hofften – dass bei den Migranten die kollektiven Strukturen vom Individualismus, die Großfamilien von Kleinfamilien abgelöst werden und eine Lebensweise Platz greift, die in hohem Maße von Eigenverantwortlichkeit geprägt ist.[111] Solche Assimilierungen gab es höchstens in den Anfangsjahren der muslimischen Migrationsbewegung, als Einzelpersonen oder Kleinfamilien nach Deutschland kamen und lernten, sich anzupassen. Für viele war der Weg von Anatolien nach Deutschland nicht nur eine Reise in die Fremde, sondern auch eine Möglichkeit, sich aus der Kontrolle der Familie zu lösen, sich selbst zu finden – oder zu verlieren. Sie mussten sich mit der neuen Gesellschaft auseinandersetzen, wenn sie hier zurechtkommen wollten.

Inzwischen aber hat sich das verändert. Zuwanderer, die aus Urfa nach Nürnberg oder nach Berlin-Neukölln kommen, finden dort dieselben Sozialstrukturen vor, die sie in ihrem Heimatort verlassen haben: Die »Familie«, die Nachbarschaft, der Hodscha, der Clanfürst sind immer schon da, man ist »unter sich«. Das führt dazu, dass die Communitys sich nach außen verschließen. Man braucht »die anderen« nicht, sie verstehen einen ohnehin nicht, sie sind fremd, sie pflegen andere Sitten und Gebräuche, die man nicht teilt.

Trotz Kindergarten, Schulpflicht und Sprachförderung müssen wir nach vierzig Jahren feststellen, dass die Integration einer großen Gruppe von Migranten, und zwar vornehmlich der türkischen, kurdischen und arabischen Muslime, gescheitert ist. Ursache sind neben den Versäumnissen der Politik – die lange ihre Aufgabe nicht wahrnahm, weil sie glaubte, die Migranten würden wieder gehen – vor allem auch die durch den Islam vorgegebenen und für rechtens erklärten patriarchalischen Stammes- und Clanstrukturen. Die Integration gelingt, wo Einzelne, auch einzelne Familien in der Lage sind, sich dem sozialen Druck und der Kontrolle der Herkunftsgemeinschaft zu entziehen. Dann greifen auch die Angebote der Gesellschaft auf Bildung und Teilhabe. Dort aber, wo die Umma, die Familie, der Respekt vor den Älteren dominieren, fallen diese Menschen zurück in die überkommenen Muster, grenzen sich selbst aus und richten sich in Gegengesellschaften ein. Die deutsche Gesellschaft lehnen sie ab.

Wie aber soll die Integration von mehr als 70 Millionen Muslimen in die Wertegemeinschaft Europas funktionieren, wenn deren grundlegende Pfeiler – wie Gleichberechtigung, Rechtsstaatlichkeit, die Freiheit des für sich selbst verantwortlichen Individuums – abgelehnt werden? Wie soll ein Zusammenleben funktionieren, in dem eine ganze Gruppe eben das, was die westliche Zivilgesellschaft ausmacht, für Teufelswerk hält?

Tatsächlich ist die Mitgliedschaft der Türkei in der EU zum gegenwärtigen Zeitpunkt unwahrscheinlich. Eine für die Öffnung nach Europa nötige grundlegende Demokratisierung und Säkularisierung der türkischen Gesellschaft scheint in weiter Ferne zu liegen, bei der Mehrheit der Bevölkerung dürfte sie auch auf wenig Resonanz stoßen. Eine Kompromisslösung, wie die von der CDU vorgeschlagene »privilegierte Partnerschaft«, lehnt Erdogan ab. Dabei kann das Ergebnis der Beitrittsverhandlungen, sollen diese nicht in einer großen Frustration enden, nur dort oder in einer »abgestuften Integration« liegen, die der Türkei die Zeit gibt, die gesellschaftlichen Reformen anzupacken, und der Union die Möglichkeit, die schrittweise Eingliederung von dem Fortschritt solcher Veränderungen abhängig zu machen. Cemal Karakas von der Hessischen Stiftung für Friedens- und Konfliktforschung hat dieses Modell bereits 2005 entwickelt.[112] Es formuliert über die Kopenhagener Kriterien hinaus Bedingungen und Einschränkungen der Integration, entwickelt aber auch Anreize für eine Gesellschaftsreform.

Die infantile Gesellschaft

Ich bin gegen den Zwang zur Ehe, bei jungen Leuten wie bei Staaten. Für mich ist die türkische Braut noch nicht im heiratsfähigen Alter. Sie steckt noch mitten in der Pubertät, mit all den bockigen Verweigerungen und infantilen Regressionswünschen, die man aus dieser Phase kennt. Sie erinnert mich an die ängstliche Braut, einerseits voller Vorfreude auf all die Geschenke, die sie erhalten wird, andererseits voller Angst vor den Zumutungen, die ihr von dem Mann drohen.

Auch die Europäische Union hatte sich nach dem Scheitern des Verfassungsprozesses eine Zeit des Nachdenkens über die eigenen Möglichkeiten verordnet. Sylvie Goulard resümiert ihre Überlegungen zum EU-Beitritt der Türkei so: »Die Europäische Union ist, objektiv betrachtet, nicht in der Lage und wird es auch in zehn oder zwölf Jahren nicht sein, die Türken aufzunehmen … Es ist nicht einfach, den Türken zu sagen, dass wir uns geirrt haben.« Aber »seinen eigenen Schwächen aus dem Wege zu gehen, so zu tun, als sähe man nicht das Desaster, das sich abzeichnet, weiter versprechen, was nicht einzulösen ist, wäre … unverantwortlich«.[113]

Man muss gar nicht für oder gegen einen Beitritt der Türkei in die Europäische Union sein. Es würde genügen, sich zu einem Entschluss durchzuringen: Die Heirat wird verschoben – zum Nutzen beider Parteien.

Die Türkei hat sich immer noch nicht von den Autoritäten emanzipiert, weder vom Übervater Atatürk, noch vom Propheten. Sie setzt nicht auf mündige Bürger, sondern auf »die Nation«. Sie duldet einen »Staat im Staate«, das Militär, das wie der große Abi, der die Ehre seiner Schwester kontrolliert, eifersüchtig über jede Veränderung wacht. Sie weigert sich, die Erblasten der Vergangenheit aufzuarbeiten, ihre Traumata zu bearbeiten und sich für das von ihr begangene Unrecht zu entschuldigen. Sie stellt den Gehorsam höher als die Verantwortung, das Kollektiv über den Einzelnen; sie ist nicht wirklich dialogfähig – auf Kritik, Ironie oder Spott reagiert sie beleidigt oder gewalttätig; die, die anderen Glaubens sind, grenzt sie aus; Frauen kann sie nicht als gleichberechtigt akzeptieren. Die Türkei ist noch nicht reif für eine dauerhafte Beziehung mit einem Partner, der anders ist als sie. Eingeklemmt zwischen der autoritären Herrschaft der alten kemalistischen Elite, die laizistisch, aber nicht demokratisch ist, und der politisch konservativen neuen Elite, die zwar europäisch »modern« ist, aber nicht laizistisch werden will, verharrt sie im ungeklärten Sowohl-als-auch. Sie fördert den Islam als Leitkultur und spielt Demokratie.

Aber es genügt nicht, sich das europäische Brautkleid über den Tschador zu werfen, es genügt nicht, um die Chancen auf Europa zu erhöhen, kosmetische »Verschönerungen« an den Gesetzen vorzunehmen, ohne zugleich die innere Bereitschaft aufzubringen, damit auch die Lebenswirklichkeit zu verändern. Wenn Ehrenmorde einerseits zwar durch ein neues Gesetz strafrechtlich schärfer geahndet werden sollen, zugleich aber die »Selbstmord«-Rate junger Frauen wahrnehmbar ansteigt, dann zeigt dies, wie die neuen Gesetze faktisch unterlaufen werden. Die Reformen, die in der Türkei verabschiedet werden, um EU-kompatibel zu werden, bleiben papierne Versprechen, wenn sie nicht mit Leben erfüllt werden. Demokratie ist kein Schattenspiel, wie das anatolische Karagöz, und Europa kein bloßes äußeres Gesetzeswerk.

Die Krise der Türkei ist die Krise einer Gesellschaft, die sich selbst nichts zutraut; einer Regierungspartei, die sich mit den in ihren Augen »Ungläubigen« verbündet, um die Macht zu erhalten; einer Opposition, die nur rückwärtsgewandte Vorstellungen hat; eines Militärs, das dem eigenen Volk misstraut. Die Türkei wäre gut beraten, erst einmal das eigene Haus zu ordnen, sich eine Art Moratorium zu genehmigen, um über die eigene Zukunft nachzudenken. Denn wenn sie ein Teil Europas werden will, dann stehen ihr große Aufgaben bevor: Sie müsste sich von Grund auf reformieren. Die Türkei braucht einen neuen Gesellschaftsvertrag, der die Grundrechte und die Würde des Einzelnen in den Mittelpunkt stellt.

Das heißt, demokratische Strukturen entwickeln, das Erziehungssystem reformieren, Gleichberechtigung durchsetzen, andere Religionen tolerieren, die Trennung von Staat und Religion ernst nehmen und die verdrängte Geschichte aufarbeiten. Europa kann mit seinen Erfahrungen und Ermahnungen, vielleicht auch mit Geld helfen. Aber die Türkei muss die Notwendigkeit zur Veränderung erkennen, sie sich zu eigen machen und ihren eigenen Weg dabei gehen. Wer ihren Beitritt unter den jetzigen Bedingungen befürwortet und darauf vertraut, dass das Land sich schon demokratisieren werde, wenn es erst einmal zur Union gehöre, spricht ihr von vornherein jede Möglichkeit ab, diesen Prozess aus eigener Kraft zu bewerkstelligen.

Ich bin mir sicher, dass eine Entscheidung der in Deutschland lebenden Türken, Bürger Deutschlands mit allen Rechten und Pflichten zu werden, für alle von Vorteil ist. Für die Türken selbst, weil sie dadurch Verantwortung übernehmen können und nicht länger in einem Identitätskonflikt verharren müssen. Für Deutschland, weil die neuen Bürger an den demokratischen Entscheidungen teilhaben und sie mitverantworten. Für die Türkei, weil sie die Türken im Ausland nicht länger als »fünfte Kolonne« ihrer Interessen betrachten kann.

Migranten können, wenn sie sich auf die »neue Heimat« einlassen, überall Erfolg haben. Sie sind in zwei Kulturen zu Hause, können aus beiden das Beste schöpfen, zu ihrem eigenen Nutzen und dem der aufnehmenden Gesellschaft.

Darauf muss man sich einlassen und von der neuen Gesellschaft die guten Dinge annehmen, Verantwortung für sich selbst und die Gesellschaft übernehmen. Die deutsche Gesellschaft ist offen für Neues, sie verändert sich ständig. Wir Migranten sollten diese Chance nutzen; ob wir dies tun, hängt nur von uns selbst ab. Und wenn es uns misslingt, ist daran auch niemand schuld als wir selbst.

Die alte Heimat Türkei wird profitieren. Von unserem Wissen, von unserer Erfahrung mit einem Sozialstaat, einer demokratischen Gesellschaft, mit der Gleichberechtigung und dem Schutz des Einzelnen. Schon heute profitiert die Türkei von der Auseinandersetzung um die Aufnahmekriterien.

Nicht weil es um die EU geht, sondern weil damit für die Idee einer demokratischen Zivilgesellschaft auch in der Türkei geworben wird. Weil wir Migranten unserer Herkunftskultur die Vision einer menschenfreundlichen Gesellschaft vermitteln können, zum Nutzen der Schwachen, zum Wohl der Menschenrechte und der Menschen in Anatolien.

Heimat ist da, wo man sich verantwortlich fühlt. Ich fühle mich für Deutschland verantwortlich, mische mich ein. Aber ich fühle mich auch für die bittersüße Heimat Türkei verantwortlich wie für eine kleine Schwester. Sie soll ihren eigenen Weg gehen dürfen.

Glücklich ist, wer wie ich sagen kann: Ich bin eine Deutsche, eine Europäerin mehr, aber deshalb keine Türkin weniger.

Dank

Ich danke meinem Lebenspartner und Lektor Peter Mathews, der sich auf jedes Abenteuer mit mir einlässt und dieses Mal mit mir bis an die Grenzen Anatoliens ging. Ohne ihn wäre dieses Buch nicht entstanden.

Ich danke Ingke Brodersen, die das Buch und meine Arbeit unerschütterlich begleitet, die mitgefiebert und mitgestaltet hat.

Ebenfalls danke ich meiner Familie und all meinen Verwandten, die in guten wie in schlechten Tagen zu mir halten.

Bedanken möchte ich mich bei meinen Gesprächspartnerinnen für ihre Ehrlichkeit und Offenheit und für das Vertrauen, das sie mir geschenkt haben.

Ich danke Annette Frey. Ohne ihre Hartnäckigkeit und Unerschütterlichkeit könnte Fatma heute nicht in Deutschland »frei« über ihr Leben bestimmen.

Danken möchte ich Alice Schwarzer, meiner großen deutschen »Abla«, die als Erste das Thema »Migrantinnen und Islam« in die Öffentlichkeit trug und mir stets ein Vorbild war und ist.

Dazu allen Freundinnen und Freunden, die mich in meiner Arbeit unterstützen und mir die Kraft geben, weiterzumachen …

Anmerkungen

1 Seyran Ates, Der Multikulti-Irrtum, Berlin 2008, S. 7

2 Kai Strittmatter, Ich bin keine Mutter, aber ein Mensch, in: Emma, Mai/Juni 2008, S. 30 f.

3 Antje Harders, Prokofjew statt Kopftuch, in: Der Spiegel 21/2008, S. 176

4 Orhan Pamuk, Istanbul, Erinnerungen an eine Stadt, München 2003, S. 202

5 Cemal Karakas, Türkei: Islam und Laizismus zwischen Staats-, Politik- und Gesellschaftsinteressen, HSFK-Report 1/2007, S. 17

6 Diyanet, Aralik 2007, Dr. Ömer Yilmaz, »Hz. Peygamber Sevgisi«, S. 30

7 Hürriyet vom 13. Dezember 2006

8 www.diyanet.gov.tr/german/tantimistatistik.asp

9 Fatma Demirelli, in: Ali Bardakoglu: Religion and Society, Ankara 2006, S. 127

10 ebenda, S. 129

11 Nach: Necla Arat, Kadin sorunu, Istanbul 1986, S. 98 ff.

12 Suraiya Faroqhi, Kultur und Alltag im Osmanischen Reich. Vom Mittelalter bis zum 20. Jahrhundert, München 1995

13 Josef Matuz, Das Osmanische Reich, Darmstadt 2006

14 Klaus Kreiser, Istanbul, Ein historisch-literarischer Stadtführer, München 2001, S. 231 f.

15 Nermin Abadan-Unat; Türk Toplumunda Kadin, Türk Sosyal Bilimler Dernegi, Istanbul 1982

16 ebenda

17 Marjorie Housepian, Smyrna 1922, The Destruction of a City, London 1966. Sie schildert ausführlich die Einnahme und Plünderung der Stadt durch türkische Truppen, das Schicksal der Bevölkerung und das Verhalten der Alliierten.

18 Ipek Calislar, Latife Hanim, Istanbul 2006

19 Atatürk, Sein Leben und sein Werk, Türkische Nationale Kommission für Unesco, 1981, S. 218

20 Sabine Küper-Basgöl, Frauen in der Türkei, Münster 1992, S. 121

21 Das Gespräch fand im Juni 2007 statt.

22 zitiert nach der türkischen Zeitschrift »Haber« vom 27. 4. 2007

23 Necla Kelek, Die verlorenen Söhne, Köln 2006, S 149 ff.

24 Farideh Akashe-Böhme, Sexualität und Körperpraxis im Islam, Frankfurt a. M. 2006, S. 46

25 Werner Schiffauer, Die Bauern von Subay. Das Leben in einem türkischen Dorf, Stuttgart 1987, S. 23 f.

26 Hürriyet vom 18. September 2006

27 Istersek Biter, Ka-mer »Namus« Adina Islenen Cinayetler 2006 Raporu, Istanbul 2006, S. 175

28 Max Weber, Wirtschaft und Gesellschaft, Tübingen 1980, S. 822

29 Istersek Biter, a.a.O., S. 181

30 Christiane Schlötzer, Ehren-Morde in der Türkei, in: Süddeutsche Zeitung vom 19. Januar 2004

31 Die Namen sind verändert, die Fälle dokumentiert.

32 Deutsche Ausgabe: Zülfü Livaneli, Glückseligkeit, Stuttgart 2008

33 Orhan Veli Kanik, Fremdartig – Garip: Gedichte in zwei Sprachen. Herausgegeben und übersetzt von Yüksel Pazarkaya, Berlin 2006; Abdruck mit freundlicher Genehmigung des J & D Dagyeli Verlages.

34 Vgl.: Elisabeth Siedel, Die moderne türkische Literatur, Kindlers Neues Literaturlexikon, Band 20, Köln 2001, S. 635 ff.

35 George Tabori, Das Opfer, Göttingen 1996, S. 239

36 Politisches Archiv des Auswärtigen Amtes (R 204797)

37 Udo Steinbach, Geschichte der Türkei, München 2001, S. 65

38 Politisches Archiv des Auswärtigen Amtes (C 121), Reichsgesetzblatt Nr. 28 vom 16. 7. 1941, S. 261

39 Siehe hierzu: Haymatloz – Exil in der Türkei 1933–1945. Katalog zur Ausstellung, erschienen in der Schriftenreihe des »Vereins aktives Museum«, Band 8, Berlin 2000, darin: Christine Fischer-Defoy, Exil in der Türkei, S. 10 ff.; Christiane Hoss, Vogelfrei – die Verfolgung der Emigrantinnen und Emigranten in der Türkei durch das Deutsche Reich, S. 130 ff.

40 Sehr umfassend berichtet Jürgen Rohwer in seinem Aufsatz »Jüdische Flüchtlingsschiffe im Schwarzen Meer (1934–1944)« über diese Aktionen, in Ursula Büttner (Hrsg.), Das Unrechtsregime, Band 2, Verfolgung/Exil/Belasteter Neubeginn, Hamburg 1986, S. 197–248

41 Douglas Frantz and Catherine Collins, Death on the Black Sea. The Untold Story of the Struma and World Wars II's Holocaust at Sea, New York 2003

42 The Saturday Evening Post vom 29. März 1941, zitiert nach: ebenda, S. 131

43 Im November 1942 führte die türkische Regierung eine »Varliklivergisi«, eine Vermögenssteuer, für alle »Nicht-Türken« ein, die den ethnischen und religiösen Minderheiten hohe Steuerlasten aufbürdete. »Ein türkischer Kaufmann zahlt an Vermögenssteuer nicht ganz 5 Prozent seines jährlichen Verdienstes. Ein Kaufmann griechischer Nationalität zahlt von seinem ganzen Vermögen 156 Prozent der jährlichen Einnahmen. Ein jüdischer Kaufmann 179 Prozent, ein armenischer Kaufmann 232 Prozent des jährlichen Verdienstes.« (zit. nach Haymatloz, a.a.O., S. 40 f.) In einem Bericht an das Landesfinanzamt in Berlin vom 20.1.1943 heißt es, dass diese Steuer, die auch für die Reichsdeutschen und Immigranten galt, »bei weitem den Betrag [übertrifft], den sie unter Einsatz ihres gesamten hiesigen Vermögens aufbringen können«. Wer nicht zahlen konnte oder wollte, wurde in Arbeitslager im Osten nach Askale bei Erzurum deportiert. Allein wegen dieser Maßnahme sollen bis 1948 30.000 Juden die Türkei Richtung Palästina verlassen haben.

44 George Tabori, a. a. O., S. 266 f.

45 Auswärtiges Amt Mf Nr. 5701: Deutsche Gesandtschaft Bukarest. Berater für Judenfragen an das AA Berlin BII 8–1/5 Betrifft: Judenfrage in der Türkei, Bukarest 5.2.1942. Zitiert nach Haymatloz, a.a.O., S. 158

46 Douglas Frantz and Catherine Collins, a.a.O.

47 Cumhürriyet vom 25. Februar 1942

48 Auswärtiges Amt, 12.7.1973

49 Corry Guttstadt, Türkische Juden im besetzten Europa und die Haltung der Türkei, Hamburg 2008

50 Von Papen soll, so die Aussage eines Zeugen bei den Kriegsverbrecherprozessen in Nürnberg, in Berlin gegen die Deportation von

10.000 türkischen Juden protestiert haben. Tatsächlich aber antwortete er auf ein Telegramm des Auswärtigen Amtes wegen einer bevorstehenden Deportation von 2400 Juden türkischer Herkunft aus Frankreich, dass von diesen nur 631 als türkische Staatsbürger anerkannt seien, die übrigen aber nicht. Sofern »die erwähnten 631 ausgenommen würden«, sei er mit der Internierung der anderen einverstanden. »Türkische Regierung erklärte, nur an solchen Juden Interesse zu nehmen, bei denen türkische Staatsangehörigkeit durch türkisches Innenministerium einwandfrei festgestellt«, schrieb von Papen. (zit. nach Haymatloz, a.a.O., S. 160) Dazu merkt Mirjam Schmidt in ihrem Aufsatz »Türkinnen und Türken im Holocaust« (zit. nach Haymatloz, a.a.O., S. 157) an, dass viele von diesen Migranten als staatenlos galten, weil sie sich nicht in regelmäßigen Abständen bei den türkischen Konsulaten registrieren ließen, ihre Pässe damit ungültig wurden oder sie inzwischen französische Staatsbürger geworden waren, was später aber von den Nazis nicht anerkannt wurde.

51 Nachruf Selahattin Ülkümen von Hans-Peter Laqueur, www.hagalil. com

52 Tugrul Savkay, Die türkische Küche im zivilisatorischen und geografischen Wandel, in: Allzeit neue Gaumenfreuden, Geschichte und Kultur der türkischen Küche, Istanbul 2001, S. 86

53 Nezihe Araz, Süß gegessen, süß gesprochen, in: ebenda, S. 18

54 Helmuth von Moltke, Unter dem Halbmond, Tübingen 1981, S. 105

55 Tugrul Savkay, a.a.O., S. 86

56 Ibn Warraq, Warum ich kein Muslim bin, Berlin 2004, S. 455

57 Rolf Hosfeld, Operation Nemesis, Köln 2005, S. 251

58 Klaus Kreiser, Christoph K. Neumann, Kleine Geschichte der Türkei, Stuttgart 2003, S. 143

59 Hierzu ausführlich Rolf Hosfeld, a.a.O., S. 41 ff.

60 Helmuth von Moltke, a.a.O., S. 111

61 Stanford J. Shaw, Studies in Ottoman and Turkish History. Life with the Ottomans, Istanbul 2000, S. 367 ff. Shaw dokumentiert die Landverluste und Bevölkerungsbewegungen für den Zeitraum 1885 bis 1914.

62 Taner Akcam, Demographic Policy and Ethnic Cleansing in the Late Ottoman Period, Lecture, 4.3.2008, School of Oriental and African Studies

63 ebenda, S. 9

64 Akten zur deutschen auswärtigen Politik 1918–1945, Serie D (1937–1945), Bd. VII: Die letzten Wochen vor Kriegsausbruch. 9. August bis 3. September 1939, Nr. 193 Signatur(en): SEL B 2388. Mitschrift einer Ansprache Hitlers vor Offizieren der Wehrmacht, 22. August 1939

65 Vgl. die Protokolle der 83. Sitzung der Türkischen Nationalversammlung, zitiert nach Gabriel Goltz, Das Jahr 2005: Ein Meilenstein in der Debatte in der Türkei über das Schicksal der Armenier im Osmanischen Reich 1915/16, in: Hans-Lukas Kieser, Elmar Plozza (Hrsg.), Der Völkermord an den Armeniern, die Türkei und Europa, Zürich 2006, S. 26

66 ebenda

67 ebenda

68 ebenda

69 Alexander und Margarete Mitscherlich, Die Unfähigkeit zu trauern. Grundlagen kollektiven Verhaltens, München 1967, S. 24 f.

70 György Konrád, Zukunft braucht Erinnerung, in: Kafka, Zeitschrift für Mitteleuropa Nr. 1, 2001, S. 8 f.

71 Alexander und Margarete Mitscherlich, a.a.O. S. 82

72 Wolfdieter Bihl, Die Armenische Frage im Ersten Weltkrieg, in: 1915–1985: Gedanken über einen Völkermord, Wien 1985, S. 14 f.

73 Wolfgang Gust (Hrsg.), Der Völkermord an den Armeniern 1915/16. Dokumente aus dem Politischen Archiv des deutschen Auswärtigen Amts, 2005, S. 17–109 (89 f.)

74 Jacob Allerhand, Die sephardische Diaspora im osmanischen Reiche und die sephardisch-türkische Gemeinde in Wien. In: Auf den Spuren der Osmanen in der österreichischen Geschichte. Wiener Studien Band 14, Frankfurt am Main 2002, S. 21 ff.

75 Gesetz Nr. 2007 (türkisches Amtsblatt vom 16. 6. 1937) über »Gewerbe und Dienstleistungen, die in der Türkei türkischen Staatsangehörigen vorbehalten sind«

76 www.goethe.de/istanbul, August 2007

77 Haymatloz – Exil in der Türkei 1933–1945. Katalog zur Ausstellung, erschienen in der Schriftenreihe des »Vereins Aktives Museum«, Band 8, Berlin 2000. Haymatloz Özgürlüge giden yol, Istanbul 2007

78 Im deutschen Katalog werden vorgestellt: Robert Anhegger; Rudolf Belling; Hans und Martha Bodlaender: Alfred Braun; Carl Ebert; Erna Eckstein; Ernst Engelberg; Alfred Joachim Fischer; Rosemarie Heyd-Burkart; Paul Hindemith; Clemens Holzmeister; Gustav Oelsner; Ernst Praetorius; Ernst Reuter; Silvia Rohde; Walter, Carlotta, Gerhard und Wolfgang Ruben; Margarete Schütte-Lihotzky; Ruth Sello; Julius Stern; George Tabori; Bruno Taut; Martin Wagner; Eduard Zuckmayer.

79 Zitiert nach dem Rundbrief des Vereins Aktives Museum, Nr. 43, Mai 2000

80 Deutscher Bundestag, Drucksache 15/5689, 15. Wahlperiode, 15.06.2005

81 Übersetzung durch die Autorin

82 Carol Delaney, The Seed and the Soil – Gender and Cosmology, in: Turkish Village Society, 1991, S. 239

83 Der Anthropologe Werner Schiffauer hat längere Zeit in dem türkischen Dorf Subay gelebt. Er hat das Verhältnis von Individuum, Familie und Gemeinschaft untersucht und die gesellschaftlichen und ethischen Wertsysteme analysiert. Arbeit ist »Teil der Verpflichtungen, *görev*, die man dem Haushaltsvorstand schuldet« – Schuld im Sinne von Daseinsschuld, die besteht, weil die Eltern das Kind unter Schmerzen und Entbehrungen geboren und aufgezogen haben. »In und durch seine Arbeit drückt man aus, dass man bereit ist, seiner Stellung im Haus Rechnung zu tragen, seine Pflichten als Person zu erfüllen.« Hierbei spielt wiederum das Verhältnis von Männern und Frauen eine entscheidende Rolle. Die nach außen gerichteten, die »Ehre« bewahrenden Tätigkeiten übernehmen die Männer, während die Frauen im Haus arbeiten. Siehe: Werner Schiffauer, Die Bauern von Subay. Das Leben in einem türkischen Dorf, Stuttgart 1987

84 Max Weber, Die protestantische Ethik, München 2004, S. 45

85 Simone de Beauvoir, Pyrrhus und Cineas, in: Soll man de Sade verbrennen?, München 1964, S. 224

86 Richard Sennett, Handwerk, Berlin 2008, S. 390

87 Helmuth von Moltke, a.a.O. S. 93

88 ebenda, S. 94

89 http://yogm.meb.gov.tr

90 ESI, Islamische Calvinisten. Umbruch und Konservatismus in Zentralanatolien, Berlin – Istanbul September 2005

91 ebenda

92 ebenda

93 Fethullah Gülen, Grundlagen des islamischen Glaubens, Istanbul 2003, S. 346 ff.

94 ebenda

95 ebenda

96 Istanbul-Post vom 13. März 2008

97 Zitiert nach Dagmar Koblischke, EU-Kandidat Türkei, Wirtschaftliche Lage und Beitrittsvoraussetzungen, in Grenzenlose EU, Österreichisches Institut für Europäische Sicherheitspolitik, Wien/Münster 2007, S. 346

98 Anzeige in der »Frankfurter Allgemeinen Zeitung« vom 30. Mai 2008

99 Die »Kopenhagener Kriterien« sind als Schlussfolgerungen des Europäischen Rates im Juni 1993 in Kopenhagen formuliert worden, um die Beitrittsbedingungen für die ehemals sozialistischen Länder des Ostblocks zu definieren, von denen zehn die Kriterien zum Zeitpunkt ihres Beitritts im Mai 2004 erfüllten.

100 Turkish Statistical Institute

101 Stanford J. Shaw, a.a.O., S. 384

102 dpa-Meldung vom 16. April 1994, zitiert nach Stefan Luft, Abschied von Multikulti. Wege aus der Integrationskrise, Gräfelfing 2006, S. 443

103 Hans-Ulrich Wehler, Das Türkenproblem, in: Die Zeit, Nr. 38, vom 12. September 2002, und Heinrich August Winkler, Wir erweitern uns zu Tode, in: Die Zeit, Nr. 46, vom 7. November 2002

104 Dagmar Koblischke/Erich Hochleitner, Die Kosten einer Türkei-Mitgliedschaft für die EU und ihre Finanzierung, in: Grenzenlose EU, a. a. O., S. 173

105 Kopenhagener Kriterien, Artikel 7A iii, Schlussfolgerung des Europäischen Rates in Kopenhagen, 21./22. Juni 1993; zitiert nach: Cemal

Karakas, Für eine abgestufte Integration, Hessische Stiftung Friedens-
und Konfliktforschung, Nr. 4/2005, S. 3

106 Sylvie Goulard, EU-Türkei. Eine Zwangsheirat?, Berlin 2006

107 Recep Tayyip Erdogan, http://euobserver.com vom 6. Mai 2004

108 Sylvie Goulard, a.a.O., S. 59. Es gibt keinen internationalen »Christenclub«, der, wie Erdogan unterstellt, den Beitritt der Türkei deshalb ab-
lehnt, weil es ein muslimisches Land ist. Sehr wohl aber gibt es, um
im Jargon zu bleiben, einen »Islamverein« der muslimischen Staaten.
Das ist die »Organisation der Islamischen Konferenz«, die 1969 in Ma-
rokko von 57 muslimischen Staaten gegründet wurde und ihren Sitz
im saudi-arabischen Dschidda hat. Sie finanziert und unterstützt die
Missionsarbeit mit Milliarden Petrodollars in aller Welt und fördert
über eine eigene Bank muslimische Projekte.

109 Siehe Adel Khoury, Theodor Hagemann, Peter Heine, Islam-Lexikon,
Freiburg i. Br. 2006, S. 519

110 Die Verfassung der Republik Türkei. Zur türkischen Verfassung vgl.
ausführlich: Christian Rumpf, Das türkische Verfassungssystem, Wies-
baden 1996

111 Vgl. Werner Schiffauer, a.a.O.

112 HSFK Standpunkte Nr. 4/2005

113 Sylvie Goulard, a.a.O., S. 81 ff.

Quellen

Abadan-Unat, Nermin: *Türk Toplumunda Kadin Türk Sosyal Bilimler Dernegi*, Istanbul 1982

Akashe-Böhme, Farideh: *Sexualität und Körperpraxis im Islam*, Frankfurt a. Main 2006

Akcam, Taner. *Demographic Policy and Ethnic Cleansing in the Late Ottoman Period*, Lecture, 4. 3. 2008, School of Oriental and African Studies (SOAS)

Ders.: *Armenien und der Völkermord, Die Istanbuler Prozesse und die türkische Nationalbewegung*, Hamburg 2004

Akten zur deutschen auswärtigen Politik 1918–1945, Serie D (1937–1945), Bd. VII: Die letzten Wochen vor Kriegsausbruch. 9. August bis 3. September 1939, Nr. 193. Signatur(en): SEL B 2388 Mitschrift einer Ansprache Hitlers vor Offizieren der Wehrmacht, 22. August 1939; Gesetz Nr. 2007 (türkisches Amtsblatt vom 16. 6. 1937)

Akyüz, Gabriyel: *Tüm Yönleriyle Süryaniler*, Mardin 2005

Allerhand, Jacob: *Die sephardische Diaspora im osmanischen Reiche und die sephardisch-türkische Gemeinde in Wien*, in: Auf den Spuren der Osmanen in der österreichischen Geschichte. Wiener Studien Band 14, Frankfurt am Main 2002

Allzeit neue Gaumenfreuden. Geschichte und Kultur der türkischen Küche, Istanbul 2001

Andersen, Hans-Christian: *Eines Dichters Basar*, Leipzig und Weimar 1984

Arat, Necla: *Kadin sorunu*, Istanbul 1986

Asena, Duygu: *Die Frau hat keinen Namen*, München 1992

Atatürk. *Sein Leben und sein Werk*, Türkische Nationale Kommission für Unesco, 1981

Ates, Seyran: *Der Multikulti-Irrtum*, Berlin 2007

Bardakoglu Ali: *Religion and Society*, Ankara 2006

Beauvoir, Simone: *Soll man de Sade verbrennen?*, München 1964

Bihl, Wolfdieter: *Die Armenische Frage im Ersten Weltkrieg*, in: 1915–1985: *Gedanken über einen Völkermord*. (Hrsg. von Artem Ohandjanian), Wien 1985

Calislar, Ipek: *Latife Hanim*, Istanbul 2006

Cumhurriyet vom 25. Februar 1942

Delaney, Carol: *The Seed and the Soil. Gender and Cosmology in Turkish Village Society*, Berkeley 1991

Der Koran. Übersetzt von Rudi Paret, Stuttgart 2004

Der Koran, erschlossen und kommentiert von Adel Theodor Khoury, Düsseldorf 2005

Deutscher Bundestag. Drucksache 15/568915. Wahlperiode 15.6.2005

Diyanet-Aralik 2007, *Dr. Ömer Yilmaz*, »Hz. Peygamber Sevgisi«

ESI, *Islamische Calvinisten. Umbruch und Konservatismus in Zentralanatolien*, September 2005

Faroqhi, Suraiya: *Kultur und Alltag im Osmanischen Reich. Vom Mittelalter bis zum 20. Jahrhundert*, München 1995

Frantz, Douglas und Collins, Catherine: *Death on the Black Sea. The Untold Story of the Struma and World Wars II's Holocaust at Sea*, New York 2003

Gökalp, Ziya: *Türkcülügün esaslari*. Haz. M. Kaplan, Kültur Yay, Istanbul 1972

Goulard, Sylvie: *EU-Türkei. Eine Zwangsheirat?*, Berlin 2006

Gust, Wolfgang (Hrsg.): *Der Völkermord an den Armeniern 1915/16*. Dokumente aus dem Politischen Archiv des deutschen Auswärtigen Amts, Springe 2005

Guttstadt, Corry: *Türkische Juden im besetzten Europa und die Haltung der Türkei*, Hamburg 2008

Harders, Antje: *Prokofjew statt Kopftuch*, in: Der Spiegel 21/2008

Haymatloz – Exil in der Türkei 1933–1945. Katalog zur Ausstellung, erschienen in der Schriftenreihe des »Vereins aktives Museum«, Band 8, Berlin 2000

Haymatloz – Özgürlüge giden yol, Istanbul 2007

Heller, Erdmute/Mosbahi, Hassouna: *Hinter den Schleiern des Islam*, München 1993

Hirsi Ali, Ayaan: *Mein Leben, meine Freiheit*, München 2006

Hosfeld, Rolf: *Operation Nemesis. Die Türkei, Deutschland und der Völkermord an den Armeniern*, Köln 2005

Housepian, Marjorie: *Smyrna 1922, The Destruction of a City*, London 1966

Hürriyet vom 13. Dezember 2006

Ka-mer: *Istersek Biter, »Namus« Adina Islenen Cinayetler 2006 Raporu*, Istanbul 2006

Kaplan, Mehmet: *Iki Destan ve iki insan Tipi, Dede korkut kitabinda, Türkiyat Dergisi*, Istanbul 1952

Karakas, Cemal: *Türkei: Islam und Laizismus zwischen Staats-, Politik- und Gesellschaftsinteressen*, HSFK-Report 1/2007

Kelek, Necla: *Die fremde Braut*, Köln 2005

Dies.: *Die verlorenen Söhne*, Köln 2006

Kieser, Hans-Lukas/Plozza, Elmar (Hrsg.): *Der Völkermord an den Armeniern, die Türkei und Europa*, Zürich 2006

Koblischke, Dagmar / Hochleitner, Erich: *Die Kosten einer Türkei-Mitgliedschaft für die EU und ihre Finanzierung*, in: Grenzenlose EU, a. a. O.

Konrád, György, *Zukunft braucht Erinnerung*, in: Kafka. Zeitschrift für Mitteleuropa Nr. 1, 2001

Krämer, Gudrun: *Geschichte des Islam*, München 2007

Kreiser, Klaus: *Istanbul. Ein historisch-literarischer Stadtführer*, München 2001

Ders.: *Die Osmanische Literatur*, in: Kindlers Neues Literatur-Lexikon, Band 20, Köln 2001

Kreiser, Klaus/Neumann, Christoph K.: *Kleine Geschichte der Türkei*, Stuttgart 2003

Küper-Basgöl, Sabine: *Frauen in der Türkei*, Münster 1992

Laqueur, Hans-Peter: *Nachruf: Selahattin Ülkümen*, www.hagalil.com

Livaneli, Zülfü: *Mutluluk*, Istanbul 2002 (deutsch: Glückseligkeit, Stuttgart 2008)

Luft, Stefan: *Abschied von Multikulti. Wege aus der Integrationskrise*, Gräfelfing 2006

Maron, Monika: *Pawels Briefe*, Frankfurt am Main 2001

Matuz, Josef: *Das Osmanische Reich*, Darmstadt 2006

Mernissi, Fatima: *Geschlecht, Ideologie, Islam*, München 1987

Mitscherlich, Alexander und Margarete: *Die Unfähigkeit zu trauern. Grundlagen des kollektiven Verhaltens*, München 1967

Moltke, Helmuth von: *Unter dem Halbmond. Erlebnisse in der alten Türkei 1835 bis 1839*, Tübingen 1981

Nagel, Tilman: *Mohammed. Leben und Legende*, München 2008

Ders.: *Allahs Liebling. Ursprung und Erscheinungsformen des Mohammedglaubens*, München 2008

Özdamar, Emine Sevgi: *Das Leben ist eine Karawanserei*, Köln 1998

Pamuk, Orhan: *Cevdet bey ve ogullari*, Istanbul 1982

Ders.: *Rot ist mein Name*, München 2003

Ders.: *Istanbul. Erinnerungen an eine Stadt*, München 2006

Politisches Archiv des Auswärtigen Amtes, Berlin

Raddatz, Hans-Peter: *Allahs Schleier. Die Frau im Kampf der Kulturen*, München 2004

Reichsgesetzblatt Nr. 28 vom 16. 7. 41, Seite 261 (Pol. Archiv d. AA C 121)

Rill, Bernd: *Kemal Atatürk*, Reinbek 2001

Rohwer, Jürgen: *Jüdische Flüchtlingsschiffe im Schwarzen Meer (1934–1944)*, in: Ursula Büttner (Hrsg.): *Das Unrechtsregime. Band 2 Verfolgung/Exil/Belasteter Neubeginn*, Hamburg 1986

Schiffauer, Werner: *Die Bauern von Subay. Das Leben in einem türkischen Dorf*, Stuttgart 1987

Ders.: *Die Migranten aus Subay, Türken in Deutschland: eine Ethnographie*, Stuttgart 1991

Ders.: *Fremde in der Stadt*, Frankfurt am Main 1997

Schlötzer, Christiane: *Ehren-Morde in der Türkei*, in: Süddeutsche Zeitung vom 19.1.2004

Schwarzer, Alice: *Simone de Beauvoir. Ein Lesebuch mit Bildern*, Reinbek 2007

Sennett, Richard: *Handwerk*, Berlin 2008

Siedel, Elisabeth: *Die moderne türkische Literatur*, in: Kindlers Neues Literaturlexikon, Band 20, Köln 2001

Stanford, J. Shaw: *Studies in Ottoman and Turkish History. Life with the Ottomans*, Istanbul 2000

Steinbach, Udo: *Geschichte der Türkei*, München 2001

Strittmatter, Kai: *Ich bin keine Mutter, aber ein Mensch*, in: Emma, Mai/Juni 2008

Tabori, George: *Das Opfer*, Göttingen 1996

Tröndle, Dirk: *Die Freitagspredigten (hutbe) des Präsidiums für Religiöse Angelegenheiten (Diyanet Isleri Baskanligi) in der Türkei*, KAS-AI 4/06

Veli Kamik, Orhan: *Fremdartig – Garip*. Herausgegeben und übersetzt von Yüksel Pazarkaya, Berlin 2006

Verein Aktives Museum Rundbrief Nr. 43, Mai 2000

Voss, Huberta von: *Porträt einer Hoffnung. Die Armenier*, Berlin 2005

Weber, Max: *Die protestantische Ethik und der Geist des Kapitalismus.* Herausgegeben und eingeleitet von Dirk Käsler, München 2004

Ders.: *Wirtschaft und Gesellschaft. Grundriß der verstehenden Soziologie*, Tübingen 1980

Wehler, Hans-Ulrich: *Das Türkenproblem*, in: Die Zeit vom 12. September 2002

Wildt, Michael: *Volksgemeinschaft als Selbstermächtigung. Gewalt gegen Juden in der deutschen Provinz 1919 bis 1939*, Hamburg 2007

Winkler, Heinrich August: *Wir erweitern uns zu Tode*, in: Die Zeit vom 7. November 2002

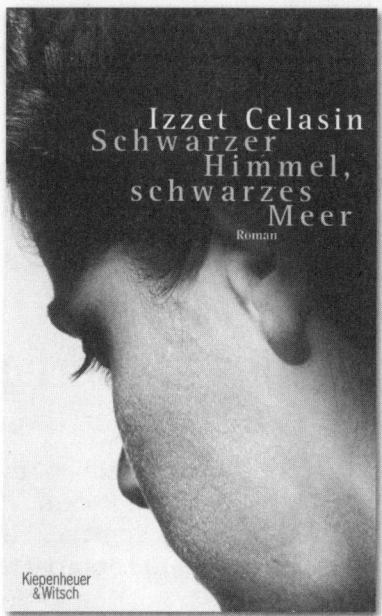

Izzet Celasin. Schwarzer Himmel, schwarzes Meer.
Roman. Deutsch von Günther Frauenlob. Gebunden

Istanbul in den 70er-Jahren – ein Roman über die Liebe,
die Loyalität und das politische Erwachen, vor allem der
Frauen.
Als der 18-jährige Schüler Eiche auf einer 1.-Mai-Kundge-
bung die charismatische Zuhal kennenlernt und sich in sie
verliebt, merkt er, dass das Leben klare Positionen verlangt.
Ein Roman über die politischen Wirren in der Türkei Ende
der 70er-Jahre und über die persönlichen Entscheidungen,
die ein junger Mensch treffen muss.

www.kiwi-verlag.de

Kiepenheuer
&Witsch

Die ganze Welt des Taschenbuchs
unter
www.goldmann-verlag.de

Literatur deutschsprachiger und
internationaler Autoren,
**Unterhaltung, Kriminalromane, Thriller,
Historische Romane** und **Fantasy-Literatur**

Aktuelle **Sachbücher** und **Ratgeber**

Bücher zu **Politik, Gesellschaft,
Naturwissenschaft** und **Umwelt**

Alles aus den Bereichen **Body, Mind + Spirit**
und **Psychologie**

Überall, wo es Bücher gibt und   unter www.goldmann-verlag.de

Goldmann Verlag • Neumarkter Straße 28 • 81673 München